ENTERPRISE
STRATEGIC
THINKING

企业战略思维

任厚升◎著

人民出版社

目　录

前　言

　　这是一个奔腾的年代。人们满怀希望地从事着创业和创新活动。很多人依靠企业经营而获得财富。企业经营者为什么能迅速致富？回答这一问题时，经营者常常忽略这个特殊年代，把赚钱的理由归结为自己的"战略"。战略已经成为使用频率最高的商业概念。在人们的心目中，战略犹如一道"魔咒"，可以保佑企业的成功。于是，有人研究"战略规律"，也有人讲解"战略技术"，更多的人相信"战略科学"。其实，商业的战略技巧自古就有，只是某些人把战略吹得神乎其神，以至于各种花里胡哨的战略泛滥成祸。

　　什么是商业战略呢？战略理论家们普遍认为，战略＝目标＋路径＋执行。这种"切片式"的解释无法准确反映战略的本质。我认为，战略的本质是"略"而不是"战"，战略的基本含义是人们对重要行为的谋划。在汉语中，"战略"是一个约定俗成的词汇，本应称作"谋略""策略""方略"或者"韬略"，而不是"战略"。也许是因为人类在战争中大规模使用了策略，所以，人们把"行为谋划"的现象统一称作"战略"。

　　有关行为谋划的学问被学者们尊称为"战略科学"。战略科学只对一些"高大上"的战略进行切片分析，而把那些不够切片级别的战略现象，诸如尚未成熟的战略构思、天马行空的战略猜想、游移不定的战略思路，统统扔出战略的大门，导致了人类的战略研究非常狭隘。这种狭隘的战略研究看到的是某些战略的"高大形象"，却看不到战略背后的真实本质。

　　在本质上，战略是人们在行动中的一种思维现象。行为的性质不同，战略的特点不同。比如，军事战略的特点是"谋命"，商业战略的特点是"谋利"。人们完全不必从军事战略的角度来定义和解释商业战略。作为一种独立的战略现象，商业战略是人们对商业利益行为的谋划，其中，企业战略可以理解为"企业的商业战略"。

专门研究企业战略的学科被称为"企业战略（管理）学"。在这一学术领域，多数学者从军事战略中引申出企业战略的概念，并把成功的企业战略模式作为统一的战略模板，因而忽视了企业战略与军事战略的差异性，以及企业的战略形成是一种"由蛹化碟"的思维过程。其后果是，即使非常重视战略的作用，企业决策者却无法依据战略管理学的原理提出自己的战略。人们普遍感觉企业战略管理学"中看不中用"。这就说明，强调战略统一性的科学战略研究，已经走到了尽头。人类需要从新的视角研究战略现象。

实际上，任何战略都来自人的思维过程。承认这一事实，人们可以找到研究战略的新视角，即把战略作为一种主观思维现象，强调研究战略的特殊性。通过新的战略视角，人们可以发现，曾经作为"科学"的战略学，只是关于正确行动的理性思维的学问而已。这种学问属于人类生存的普遍学问，它的基本原理是，凡事谋定而后动。这一原理的精髓可以概括为，行为的成败主要取决于行动决策者的战略思考。

企业决策者思考商业战略的过程，就是本书阐述的"企业战略思维"现象。目前，人类关于企业战略思维的认识，仍然属于一种"黑箱"情形。人们只能像"围棋复盘"一样，回忆和揣摩一个战略形成的思维路径。因此，个体的战略思想成为这一领域学术研究的主流，学术界对一般的战略思维现象的研究鲜有突破。这令普通人非常尴尬：假若"战略思想"属于商业名人的专利，除了模仿名人的战略思想，普通人怎样进行企业战略思维？

在思考战略时，个体的战略思维路径虽然是不同的，但是，不同个体的思维路径可以拥有相似的过程和特点。这一结论为研究一般的企业战略思维现象提供了依据。根据这一结论，本书主要阐述了企业战略思维的基本过程和主要特点，以便为人们思考企业战略提供一些启示，从而避免出现思考方向的错误。概括地说，企业战略思维的基本过程分为战略构思、战略思考、战略思想、战略反思四个阶段，企业战略思维的主要特点包括逻辑性、博弈性、个体性三个方面。总之，作者论证了商业成功的一个重要现象：精彩的战略是企业决策者绝妙思考的结果，外加稍许的幸运。

迄今为止，人类对企业战略的研究已经历六十多年的历史。从最初模仿军事战略，到形成企业战略的模板，再到探索企业战略的技术，企业战略学正在不断成熟和日臻完善。专门研究企业战略思维的基本过程和主要特点，是企业战略学领域的一次新探索。作者探索的动机只有一个：把企业战略学从战略模式研究引向战略思维研究，以增强企业战略学的实践价值。

战略现象没有普遍的规律，战略形成没有统一的技术。战略的所有问题都取决于你想出一个好的战略。可见，熟悉企业战略的思维过程，了解企业战略思维的特点，构成企业战略决策学问的重要内容。本书的出版，可以满足创业者学习企业战略决策的需要，也有助于企业决策者提高战略思维水平。

既然这是一次理论探索，本书的观点不可能完美无缺，其中不乏粗糙的分析过程和片面的结论。因此，对于本书的任何建议和批评，作者都非常感谢，并愿意深入交流。

任厚升

2019 年 5 月 17 日

第一章　战略构思

当企业经营进入"战略管理"时代之后，企业的决策者们越来越重视战略在经营中的作用。遗憾的是，从企业战略学形成到现在的六十多年的时间里，战略的概念层出不穷，学术界却没有提出一种权威和有效的战略判断标准。如何看待这种学术窘况？一方面，企业战略学是一门年轻的学科，人们对企业战略具有不同的理解是非常自然的事情；另一方面，学者们对什么是企业战略的解释不同，导致企业决策者在判断战略行为时变得无所适从，这必然削弱战略在经营中的作用。

显然，企业战略的学术研究与实践应用之间严重脱节。这种状况表明，人类需要形成统一的企业战略判断标准，只要我们稍微转换一下观察战略的角度。

第一节　企业战略解码

人们常说：商场如战场。第二次世界大战之后，人们在商业活动中提出的战略概念，源于战争过程中的军事战略。截止到目前，企业战略学方面的教科书，基本上都是仿照军事战略规定商业战略的概念。这种定义方法也有道理，其中的道理也许就是"商场如战场"。可是，商场毕竟不是战场。商业战略在性质上也不同于军事战略。①

---

① 很多人认为，对于一个成功的企业来说，只要能够实现商业目的，什么手段都是可行的，任何代价都是可以接受的，商业市场是一种"不见硝烟的战场"，《孙子兵法》完全可以作为商业战略的理论根据。这就是现代社会的"商业战略悲剧"。造成这种悲剧的主要原因是，迄今为止，人类没有形成独立和系统的商业战略理论，导致企业决策者错把市场当战场，误将"兵略"作"商略"。其结果是，除了战争的战场之外，商业不幸成为人间的"第二种战场"。

军事战略只是战略现象的一种情形，是指将军指挥战争的谋略，其目的是消灭敌方的力量。大多数学者认为，军事战略是战略研究的基础概念。假若我们不是把军事战略作为"战略的一般"，而是作为"战略的个别"，人类的战略研究可以避免两个错误的认知行为：一是，从军事战略的概念中仿制商业（××）战略；二是，忽略对军事战略概念的属性内容的解释。分析这两个错误的认知行为，人们可以清楚地发现：第一，军事战略和商业战略是两个不同的概念，两个概念之间的交集部分是"战略"；第二，从概念的属种关系来看，作为个别概念的军事战略的属性是"谋略"。因此，人们定义"战略"，必须解释"谋略"。

在汉语中，与谋略相近的词汇还有方略、策略或者韬略。它们的共同含义是，人们对重要行为的谋划。可见，战略无非就是人们对重要行为的预想而已。它以不同的形式存在于战略思考者的头脑之中，比如，一个行动思路，几个行动要点，或完整的行动方案。另外，战略广泛作用于人类的各种生活行为，以及存在于不同的生活领域，只要人们对重要的行为做出预想，生活就可以出现战略的现象。

现在看来，"战略"只是一个约定俗成的词汇，成为人们表达各种各样的"行为谋划"的统一词语。战略并不限于战争行为，每个生活领域都伴随独特的战略现象。人类社会拥有丰富多彩的战略文化。[①]

任何战略都来自人的思考过程。在本质上，战略是人们在行动中的一种思维现象。行为的性质不同，战略的特点不同；行动的阶段不同，战略的内容不同。战略学问的核心内容，就是设计出一个有效和独特的战略。长期以来，学者们习惯将某些个体的战略思想进行"切片"分析，找出其中的合理之处与不足之处，形成统一的战略"标准"，作为人们学习和应用战略的"模板"，称之为"科学战略"。

商业战略泛滥的现状表明，科学的战略研究已经走到尽头。导致如此结

[①]　齐善鸿：《最古老的商经：计然之策》，《中国经营报》2013 年 12 月 2 日。中国的商业战略文化源远流长。据该文介绍，计然是我国春秋时期的著名战略家、思想家和经济学家，是范蠡的老师，曾教范蠡"七策"。结果，范蠡仅用其中的五策便成为"商人祖师"。"计然之策"应该是中国最早的商业战略，堪比军事战略的《孙子兵法》。

局的重要原因是，人们喜欢从客观角度观察战略现象，总以为研究战略客观过程，才属于科学的战略研究。在这一视角下，人类的战略研究主要探索战略的外在表现，诸如战略分析、选择、决定和执行的行为，尝试发现和总结战略运行的普遍规律。这种研究可以看到某些成功战略的"高大形象"，却看不到战略普遍现象的真正本质和真实特点。

人类的战略研究需要转换视角，从以往的科学视角转向新的思维角度，重新观察生活中的战略现象。具体来说，战略研究的新视角是指，人们在主观思维的层面分析战略现象，把战略作为一种思维过程，根据行为的性质总结战略的特点，适应行为的场景决定战略的内容。同时，人们需要运用"理性"代替"科学"判断战略内容，使用"个性"代替"模板"评价战略行为。经过这样一番转换之后，战略学不再是行为管理的科学，而是人们关于正确行动的理性思维的学问。

从新的视角分析企业战略，必须从企业行为的性质开始，探索企业战略的特点。与战争行为的杀戮性不同，企业经营是一种"趋利求生"的仿生行为。这就好比植物生长需要阳光和水分，非洲草原上的狮子需要吃掉野牛一样（注意：在狮子的眼里，野牛是食物而不是它的敌人）。也就是说，商业活动不是企业之间的相互残杀，而是企业之间生存能力的相互竞争。在战场上，只有敌人死了，你才能生存。而在商场上，你的对手死了，你却未必能活。①

当然，在逐利的过程中，企业之间相互竞争是不可避免的。这与狮子们在追逐野牛过程中的相互争斗一样，只要野牛的数量足够多，狮子们会相安无事的。一旦野牛稀少，一部分狮子因为吃不到野牛会被饿死，而不是被其他的狮子吃掉。

---

① 黄仁勋：《打败对手不是目标》，《人民日报》2008 年 1 月 15 日。作为 NVIDIA 公司的总裁，作者的商业感受是，"对手既不会给你提供研发的方向，更不会告诉你客户的新需求，而这两者才恰恰是一家企业生存的根本"。在大多数的市场中，"对手总会不停地涌现，甚至会多到让你看都看不过来，而一个健康的公司，不能总把目光放在对手身上。老盯着对手，就会失去自我"。

第二节 企业战略的概念

企业属于一种特殊的"生命体",它具有趋利避害的生命本性和追求利润的生存欲望。自然界的生命体对生态环境的变化可以做出反应。同样道理,企业对商业环境的变化可以做出应对。正是因为追逐利润和适应环境的需要,企业的经营过程产生了战略现象。

企业战略,是企业决策者对获取商业利益行为的谋划。从战略的分类来看,企业战略属于"商业战略"的范围。为了生存和发展,从最简单到最复杂的战略,每个企业都有自己的生存技巧和经营智慧,战略已经成为人类商业活动的普遍现象。

伴随战略的普及,企业界出现了一股"战略泛滥"的风气。企业的决策者们不断提出一些花里胡哨的战略,比如营销战略、价格战略、财务战略、人才战略、文化战略、品牌战略等,举不胜举。这些战略词汇的大量使用,并不说明企业战略的重要性,只是表明企业战略的概念已经变得相当混乱。实际上,作为企业生存的商业智慧,战略计谋一直存在于企业决策者的头脑之中。一旦进入商业的现实生活,战略就不能称之为"战略",而只能是"战略的诠释"。这种战略诠释除了列举的××战略之外,还包括战略××之类,比如,战略计划、战略宗旨、战略使命、战略目标、战略口号等,准确地说,这些可以称为"战略的宣传"。在商业竞争中,企业向外界不断抛出各种战略,故弄玄虚,如果不是迷惑自己的竞争对手,那一定是决策者对战略的无知。

现代企业的运营分为两个部分,即"战略领导和基础管理"。战略领导与基础管理的根本区别在于,企业决策者的思想观点以及企业的商务行为是否具有战略性。"战略"实际上来自人们思想与行为的战略性,决策者主要利用战略来引导企业的经营,故曰"战略领导"。显然,战略领导不是企业经营的全部,它只相当于企业经营的灵魂部分,"肉体部分"则是指企业的基础管理。在企业运营过程中,灵魂和肉体不可相互替代。一旦将经营灵魂具体化,企业往往容易毁掉灵魂的指导性,结果造成"战略"到处都是,甚至替代基础管理的某些功能,成为企业包治百病的救命稻草。这是"战略决定一切"观点错误的根源。

在战略管理的时代，企业经营缺少战略，可能没有明确的发展方向。那些战略失败的企业，则面临生存的危机。有时，剧情正好相反。没有战略的企业，也会因经营的行为暗合了商业环境的特点而活得挺好。虽然如此，任何企业都需要自己的灵魂——战略，拥有正确战略的企业可以灵活生存和长远发展。

一、企业战略的特征

教科书一般是从战略对企业经营影响的角度，描述企业战略的特征。主要包括这样几个方面：

一是长期性，没有长期性的特征，不足以表示战略对企业发展的作用；

二是全局性，没有全局性的特征，无法显示战略在企业经营过程中的地位；

三是重要性，没有重要性的特征，不能体现战略在企业管理行为中的意义。

在传统的战略管理学看来，企业战略应该是"高大上"的。可惜，这些特征没有反映企业战略的特殊性质，也不能帮助企业决策者判断哪些企业行为属于战略行为，哪些行为不属于战略行为。进一步地说，"高大上"的战略特征误导了人们对企业战略现象的理解，以至于企业在战略实践中经常出现错误的行为和做法，严重影响了战略在企业经营过程的作用。可以分为以下几种情形：

其一，小企业无战略。认为战略是企业长期和大局的事情，可以吓退大多数的小企业主。一个人的企业，车库大小的公司，怎么好意思提出战略问题呢？历史上，恰恰是在车库里经营的小企业，因为重视了战略行为的选择，结果快速成长为大企业，比如，盖茨创立的微软公司，乔布斯创立的苹果公司。

其二，战略决定一切。在战略疯狂的年代，有人无限夸大了战略在企业经营中的作用，提出战略决定一切。实际上，企业经营由不同的行为构成，企业经营的成功是不同因素共同作用的结果。"战略决定成败"与"细节决定成败"一样,都将企业经营中的全局行为和局部行为对立起来,是两个走向极端的错误观点。如果不是把全局性作为企业战略的一个根本特征,从某种角度来看,企业的某个细节动作可能就是企业一个重要的战略行为。

其三,战略必须拥有时间跨度。在现代的商业环境中,影响企业战略的因素和条件随时变化。企业战略规划只能是大致安排,用时间的长短来划分企业的战略行为和非战略性行为是错误的。这好比一头狮子在草原上追逐野牛是一样的道理,继续追逐还是放弃追逐,完全取决于这头狮子对追逐形势的瞬间判断。时间长短不能作为企业战略的判断标准。

其四,战略必须公示。挂在墙上的、印在手册中的,都是企业战略的宣传材料,其目的是迷惑他人或者自我炫耀。战略既然是企业决策者的谋略,那么,企业战略具有"见光死"的特点。据我观察,在实施某一战略时,企业或多或少地掩盖了自己的战略计谋,等到事后宣传出来,多数情况属于一种商业广告。许多企业从来没有公开自己的商业战略,我们照样可以发现这些企业的战略轨迹。我们甚至可以在餐巾纸上发现企业战略,比如,美国两个著名企业西南航空公司和亚马逊公司,战略最初都是写在餐巾纸上的。

其五,战略可以花钱购买。教科书没有告诉人们,企业战略决策者的头脑如何活动才能产生战略思想。企业决策者花钱购买别人提供的战略是很正常的事情。这也催生了一种现代的企业咨询产业——战略咨询。可是,让别人来决定自己企业的生死,毕竟是一件非常危险的事情。企业遇到一个好手那是幸运的,遇到一个孬手可就麻烦大了。实际上,企业花钱可以买到的只是战略的点子或者建议,企业的战略最终必须由企业决策者自己做出决定。

企业界之所以出现上述的战略混乱现象,其根源在于人们没有正确认识企业战略的本质和特点。按照本书的定义,战略就是一个企业如何获利的谋划。与军事战略谋"命"不同,企业战略谋"利"。围绕企业战略的特殊性质,企业战略的特征表现在以下三个方面:

1.经济利益性。作为社会的一种经济主体,企业行为在性质上属于经济行为。追求价值和避免风险的特征,可以把企业战略和其他战略区分开来。

2.市场生存性。市场是企业生存的空间。企业战略的必要性在于,企业凭借战略有效性获得自己的市场份额,企业战略的成败决定企业的存亡。

3.商业智慧性。企业战略是决策者商业智慧的体现。实际上，任何战略都是人们对未来行为的理智思考。企业战略主要体现企业决策者的"商业智慧"。

根据这些特征，企业的战略行动就应该是那些"价值的、关键的和明智的"经营行为。长期以来，人们给了战略太多的赞誉，诸如科学战略、宏伟战略、天才战略等，几乎达到神圣和神奇的地步。商业实践中的"战略乱象"恰恰说明，人们没有真正认识企业战略的本质和特征。

二、企业战略的作用

当下，关于企业战略作用的讨论可谓众说纷纭，以至于有一位企业经营者曾说：失败了，什么都是狗屁；成功了，狗屁也是战略。[①] 科学合理地评价战略的作用，人们首先需要正确理解战略的本质。对于企业经营来说，战略相当于一个坚定的商业理想。因此，战略的作用可以归纳为这样几个方面：

1.战略已经成为企业运营的核心。企业管理可以拆分为生产管理、人力资源管理、财务管理、市场营销管理等，对于这些基础管理行为，企业主都可以找到自己的替代者，唯有企业的战略决策行为必须由企业主自己来完成。在战略决策过程中，企业主可以广泛听取下属和战略顾问们的建议，但是，最后必须由自己来拍板战略（公众企业可能由企业的实际控制者拍板）。也就是说，在一个企业的组织中，战略决策是企业最高层次的决策，企业主（含企业实际控制人）就是"企业战略的拍板者"。在本书中，企业的战略决策人被称为"企业（战略）决策者"。

2.战略是企业选择经营行为的标准。商业世界充满了各种诱惑。在资源和能力有限的情况下，企业该做什么行为，不该做什么行为，先做什么，后做什么，以及怎样做出有价值和有特色的行为，这些必须根据企业的战略进行选择。观察狮子追逐野牛的情景可以发现，狮子不是盲目地扑向一群野牛，而是死盯住其中的一头野牛，奋力直追。在整个追逐的过程中，狮子不会轻易改变方向和节奏，直到捕获猎物。企业的战略行为也是如此，舍弃什

---

① 李善友：《创业 5 年的那些苦水》，2012 年 8 月 17 日，blog.sina.cn。

么和追求什么已经由战略决定，制定战略的决策者不会轻易改变。

3.战略是企业持续经营的信心保证。企业经营遇到困难或挫折，是一件不可避免的事情。这时，明确的战略可以给决策者提供经营的方向和动力，并且产生一种积极的心理支撑作用。战略相当于"望梅止渴"中的那颗"梅"。当然，战略决策者也必须认识到，不是有了战略就可以顺利解决经营中所有的困难，也不是所有的战略最终都可以获得成功。但是，好的战略通常是企业成功的一个必要条件。

把战略奉为神灵，或者把战略踩在脚下，都是错误地评价了企业战略的作用。这两种错误观点都是将企业战略行为简单化的结果。对于现代的企业决策者来说，制定战略是企业在复杂商业环境中生存的一种必备技能。

三、企业战略思维的概念

强调"物质决定意识"，人们可以运用科学原理，解释生活发生的一切客观现象。然而，每个人都想活出自己的精彩，是自己的想法直接决定一个人的行为特点。与个人的想法比较，统一的物质世界与普遍的科学规律，实际上对个体行动的作用是有限的。

（一）什么是企业战略思维

"思维"作为人们观察、分析各种现象的大脑活动过程，是一切理论、知识、科学、文化和艺术产生的渠道。可是，这些并非人类思维的目的。从普遍的角度分析，人的思维目的是完成一种特别的行动。在人类的生活中，思维因为行动的需要而开始，伴随行动的结束而停止。只要人们渴望行动，思维就是一种必然发生的生活现象。

企业战略思维，是指企业决策者提出和决定战略的思考过程。在企业经营中，战略是一种计谋而不是"计划"，是一种谋划而不是"规划"。① 战略的计划或者战略的规划属于企业战略的具体化过程，而战略的计谋或者谋划代表企业战略的形成过程，也就是本书所指的企业战略思维。虽然人们普遍

---

① "计谋"和"计划"不可同日而语。每个人都可以制定计划，而计划背后的谋略则由智者完成。反之，计划行事可以体现一个人的谋略，按部就班的行事者则可能是一个傻瓜。

推崇战略的"头脑风暴"（brain storming）方式，但是，慎重的战略一定来自企业决策者的系统思考，而不是办公室人员的热烈讨论。

当中国的资本原始积累时代结束之后，单凭力气或者冒险获取财富的机会大门永远关闭。企业决策者只有不断地观察商业环境的变化，分析企业生存的机遇和挑战，才有可能赢得财富。企业战略思维，从本质上说，就是企业决策者研究商业战略机遇的过程。

对于公众来说，个体的思维过程就像"黑箱"一样，我们可以知道一个人思维的结果，却无法了解一个人思维发生时的细节。因此人们不能这样设想：依靠某种科学的思维公式，企业战略就会从人脑中源源不断地流淌出来。战略思维没有普遍有效的技术，也没有统一标准的模式。战略思维通常需要企业决策者的仔细观察、潜心研究和艰苦思考。

本书不是"快餐类"的企业战略书籍，它不提供战略思维的方法和技术，而是对企业决策者的战略思维活动进行解剖，分析企业战略思维现象的特点，描述这种战略思维的真实状态。这可以帮助人们积极思考企业的战略问题，应对战略思考中的苦恼。

在开始描述企业战略思维之前，我们需要弄清楚这种思维现象的基本特征，以便判断怎样的思维才能算作"企业的战略思维"。

1.企业战略思维是企业决策者的思维。这是企业战略思维主体的特殊性。在企业组织中，战略决策者是企业的最高决策人，比如，小企业的企业主或者大企业的董事长，联合创始人或者实际控制人。企业战略思维的种子或者果实，多数产生于企业战略决策者的头脑。小企业的决策者可以由自己将战略种子思考成熟，大企业的决策者则可能需要集体努力将战略的种子培养成熟。企业战略的产生既不是"自上而下"的过程，也不是"自下而上"的过程，它主要是战略决策者个体思考的结果。企业决策者之所以被称为企业的灵魂人物，就是因为他们掌握企业的灵魂——战略。在企业战略决策过程中，即使旁人提供了战略的种子，也无法替代企业决策者思考战略与决定战略的行为。

2.企业战略思维是关于企业生存的思考。这是企业战略思维内容的特殊性。一个企业决策者每天考虑的问题很多，其中涉及企业生存和发展的，都可以算作战略思考的内容。有时，什么属于企业的生存行为？什么不属于企业的生存行为？这可能很难区分开来。但事后想起来，决策者可以看清当初琢磨的问题是否具有战略性，比如，当初幸亏想到的，或者当初怎么没想到的，即那些决策者扬扬得意或者悔之不迭的商业设想，都可能属于企业的战略问题。在内容方面，战略思维涉及的具体问题经常是变动的，战略思维活动也呈现出天马行空的状态，但是，决策者的战略思考一定围绕企业生存这个核心。

3. 企业战略思维彰显决策者的商业智慧。这是企业战略思维结果的特殊性。在企业经营过程中，每个决策者都无法避免犯个小错误，随之可能损失一些钱财。然而，企业决策者一旦犯下战略性错误，损失的可能就不是一些钱财，战略错误有可能毁掉整个企业。一个企业可以活得很精彩，也可能死得很难看，这主要由企业决策者的商业智慧决定。一般来说，决策者聪明，企业战略巧妙，商业成就辉煌。

通过以上三个方面的分析，我们可以发现，不是任何人的战略思考都可以称为"企业战略思维"，本书只把企业的最高决策者作为企业的战略思维者；不是企业决策者的任何思维都算作"企业战略思维"，只有关于企业生存和发展问题的思考才算作战略思维；不是任何关于企业生存问题的思考都具有真正的战略意义，只有闪烁着智慧光芒的生存技巧才可以作为企业的战略思想。

（二）企业战略思维的触发点

在经营过程中，企业决策者在什么情况下切入战略的思维过程？理论上需要寻找启动战略思维的触发点。一般来说，生活在哪里出现问题，那里就是人们思维过程的起点，即思维的触发点。企业战略思维的触发点，是指那些能够引起企业决策者开始战略思考的问题。经营企业是个千头万绪的事情，什么样的问题算作企业的战略性问题，什么样的问题算作企业的日常性问题，在不同的企业，以及在同一企业的不同时期，这并没有一个固定不变的标准。

如果把战略看作企业生存的谋略，那么，决定企业生存的资源和商机问题，应该是大多数企业决策者启动战略思维的触发点。准确地说，资源是企业生存的内部条件，商机就是企业生存的外部条件，资源和商机是思考企业战略的两个基本触点。对于企业决策者来说，无论是思考企业经营的资源问题，还是思考企业经营的商机问题，都可能引起一个战略思维的过程。

巧妇难为无米之炊。资源是企业经营的基础。企业经营需要的资源主要包括：人力资源、财务资源和设备资源，简称企业的人、财、物。另外，技术、工艺、知识产权，以及网络社会中的平台、入口，也成为企业资源的一部分。在创业时期，企业决策者需要利用这些资源搭建一个企业组织。在发展过程中，企业决策者需要调配这些资源完成各种经营项目。总之，企业决策者的每一次战略决策，都需要围绕"资源配置"来进行，抛开经营的资源，任何战略思想都是战略上的一种幻想而已。

作为一种商业生命体，企业有赚钱的业务才能生存，即企业拥有生存和发展的商业机会。无论企业的经营处于什么样的状况，企业决策者都要时刻关注企业生存的商机。例如：

1.哪些商机是真实的？哪些商机是虚假的？

2.哪些商机属于时机？哪些商机属于危机？

3.哪些商机是自己的？哪些商机是别人的？

对商机进行捕捉、观察、鉴别、判断和选择，常常是企业决策者先于战略思考所要触及的敏感问题，而且决策者对"战略机遇"的判断总是先于"战略资源"的估量。在随后开始的战略思维过程中，决策者可能因为战略资源的限制而放弃某些战略机遇。一旦机遇和资源都合适，一个雄心勃勃的商业战略就正式进入决策者的谋划过程。

从性质来判断，战略思维的触发点只是一个企业战略思维过程的起点。企业战略思维过程，则是指决策者形成一个具体企业战略的持续思考的状态。站在逻辑的角度分析，一个完整的企业战略思维过程可以大致划分为四个阶段，它们依次是：战略构思，战略思考，战略思想，战略反思。其中，战略构思主要是指那些"战略种子"的形成；战略思考代表决策者对"战略种子"的选择；战略思想代表一个战略思维果实的产生；战略反思则是对战略思维结果的检查。无论是做一个企业，还是做一个企业项目，这四个阶段都构成企业决策者战略思维的基本步骤。

依照这种逻辑划分，本书的前四章分别剖析了企业战略的思维过程，即企业战略的构思、论证、成熟和反思的四个阶段。至于企业战略是如何实施的，则超出了本书的讨论范围。①

第三节　企业战略设想

根据思维决定行动原理的要求，在行动之前，人们必须对未来的行动提出假设与想法，简称"设想"。具体到企业战略领域，"企业战略设想"代表了决策者对企业未来商务活动的基本构思。它就像一颗思想种子一样，包含了有关企业战略的关键内容。撇开企业之间经营的特殊性，企业的战略设想可以分为四个方面的内容。

一、捕捉机遇

企业是一种商业生命体，市场需求则是企业生存的营养来源，产品（服务）相当于企业为获取营养而抛向市场的诱饵。在商业生活中，企业与消费者之间是一种互利互动的关系。企业主动迎合市场上消费者的需求，提供满足这种需求的产品（服务），经过双方互动的过程，消费者满足生活需要的同时，企业也获得了利润。利润是企业生存的营养剂。为了获取企业生存的营养，决策者进行战略设想的第一步，就是琢磨市场需求，并把具有商业前景的市场需求衍化为可以赚钱的企业产品。

"需求"是一个经济学和管理学共同研究的概念。经济学研究"需求"，是因为需求构成人类经济活动的起点，企业满足生活需求的行为可以刺激社会的经济发展。管理学研究"需求"，则是因为它代表了企业活动的目的，企业满足市场需求才能获得利润回报。从经济学的意义上说，需求代表市场上没有被满足的社会需要。但是在企业决策者眼里，需求代表商业利润的来

① 战略决策已经成为现代企业运营的核心内容。企业的战略决策过程可以分解成这样几个步骤：识别现象、提出问题、设定目标、拟出方案、战略评估、战略选择、战略执行、战略反馈。在本质上，企业战略决策就是形成一种战略思想，然后坚定地执行这种战略思想，并根据反馈不断修正原先的战略思想的过程。

源。企业决策者琢磨市场需求的行为，实际上就是企业在战略上寻求生存机遇的过程。

需求是一个内涵与外延都非常丰富的概念。同样的一种市场需求，从不同角度，可以被划分为不同类型的消费需求。这是市场需求的模糊性特点。构思一种企业战略，决策者首先将模糊的市场需求明确化，找到真正属于自己企业的商业机会。

1.市场需求从总体上可以划分为物质需求和精神需求两大类。满足物质需求的方式是产品，满足精神需求的则是服务，企业如果同时满足物质需求和精神需求，则应该是产品加服务。这种划分决定企业满足市场需求的方式。

2.市场需求可以按照空间标准划分。根据由近到远的顺序，市场需求空间可以划分为社区需求、本地需求、国内需求和国外需求。这种划分决定企业产品（服务）的经营范围。

3.市场需求可以按照时间标准划分。按照持续时间不同，市场需求可以划分为季节性需求和日常性需求。这种划分决定企业提供产品（服务）的频率。

4.市场需求可以按照生理标准划分。其中，按性别不同，市场需求可以划分为男性需求、女性需求和中性需求；按年龄不同，需求可以划分为儿童需求、青年需求、中年需求和老年需求。这些划分决定企业产品（服务）的设计特点。

5.市场需求可以按照消费的主体标准划分。按照消费主体的不同，市场需求可以划分为组织需求和个人需求。这种划分决定企业经营产品（服务）的模式。

6.在个人需求中，按照需求的目的不同，个人需求又可以划分为生存需求、健康需求、安全需求和荣誉需求。这样的市场划分，决定企业提供产品（服务）的质量、档次、包装、规格等。

我们通常假设，在对市场需求进行划类分析之前，战略决策者已经了解自己企业的资源状况，也了解市场需求的当前状态。即使这样，在决定投资或者研发产品之前，决策者还需要客观地、反复地对同一种市场需求进行多角度圈划。对市场需求进行反复圈划的目的是，帮助决策者进一步确认这种市场需求在某个消费层面上的真实状态：空白？灰白？还是过剩？显然，当市场上某种产品（服务）已经过剩，企业没有必要再蹚浑水；灰白状态，表明企业还有进入市场的机会，但必须找到切入市场的合理角度；空白状态，对企业来说则是有机可乘的商情。

在完成投资或产品研发之后，对市场需求进行反复研究和圈划，也是企业决策者经常要做的战略思考行为。作为企业的战略决策者，有时看起来比较闲散。其实，在这种闲散的背后，战略决策者需要时间来观察产业变化的特点和方向，分析消费者的消费痛点与消费追求，以便在第一时间内判断市场需求的当前状态和未来趋势。

明确市场需求之后，企业决策者还需要思考什么样的产品（服务）特点，可以更好地满足这种需求。人们普遍认为，研发行为是企业的技术人员将技术转化为产品（服务）的过程。其实，广义的企业研发工作，是企业向市场提供合适产品（服务）的准备过程。研发的人员不仅包括技术人员，企业的营销、生产、财务人员等都要参与研发过程。现代企业的产品（服务）研发组织通常是一个项目团队。这样的组织结构可以满足企业把市场需求快速转化成产品（服务）的要求。企业的战略决策者是企业基本或重大产品（服务）研发团队的灵魂。新产品（服务）往往构成企业战略设想的载体。

经过研发之后，新产品（服务）还必须经过试销和检验。产品（服务）经过反复修改和完善，形成显著的卖点和竞争力，企业决策者才能最终确定某种产品（服务）投放市场。

令人伤心的是，企业经过千辛万苦研发的产品有时并不具备战略意义。例如，方便面产品在 2007 年的销量达到 498 亿包，"康师傅"和"统一"成为方便面的两大巨头。两大巨头为了争霸方便面市场，变着花样提供新的方便面。但是，随着人们消费观念的转变，以及外卖食品的发展，方便面产品已经衰落。现在，方便面的两大巨头已经开始变卖资产。方便面产品的兴衰历史再次证明，企业的战略设想必须从市场的真实需求开始，有效的产品（服务）可以为企业战略提供坚定的舞台。

二、利基判断

利基（niche）是个翻译词汇，表示企业可以在市场中享有的利益空间。利基判断，意指决策者思考企业的产品（服务）是否可以给企业提供生存的利益空间，以及这种利益空间对企业是否合适。说白了，利基判断就是决策者要断定，企业提供某种产品（服务），能否赚到自己想赚的钱。如果说市场需求相当于企业生存的营养源，那么，市场利基就是这种营养源的规模。利基太小，企业无法生存；利基太大，市场份额可能被强势企业抢走。对利基的判断与选择，体现了企业决策者的战略智慧。

首先，企业决策者需要判断利基是否真实。有句话非常有道理，不是捡到篮子里的都是菜。当决策者决定投资某项产品（服务）时，要匡算产品（服务）的经营成本、销售规模、销售价格，其中，（销售价格－经营成本）×销售规模＝企业利润。在扣除风险成本之后，决策者应将企业利润和企业资源的自然增值进行比较，比如说，企业经营一年的利润收入为10万元，而企业因此投入300万资本的自然增值按银行存款利率3%计算，自然利息是9万元，说明企业投资的市场利基太小。在一般情况下，企业决策者应该果断终止这种投资行为，另作投资的选择和打算。即使某些互联网企业祭出"免费"大旗，企业的决策者也要清楚未来的利润来自何方。没有一种利基的诱惑，企业决策者绝不会用钱狂砸市场。

其次，企业决策者需要判断市场利基和企业地位是否匹配。当企业面对多个投资意向时，决策者需要把不同投资可能形成的市场利基做个比较。对于企业来说，不是利基越大越好。当市场上一个大的利基市场出现时，可能招来巨无霸式的企业，没有一定招数，中小企业抵挡不住大企业掠夺利基。即使没有大企业，诱人的市场利基，也可能招来一大群小企业，蜂拥而来的小企业照样可以迅速将市场利基肢解。企业进入新的市场，最好选择与企业地位相配的市场利基。否则，企业必须建立严密的行业壁垒，以抵抗大企业的进攻或者其他小企业的挤占。

最后，企业决策者要判断利基市场是否能够满足企业成长的需要。当选定某个利基市场时，决策者还要评估这个利基市场的成长潜力。市场需求扩容,企业产品(服务)销售随之扩大,企业获取的利润就会越来越多,这样的市场利基可以满足企业成长对于利润的需求。一般来说,企业切入一个细分市场时,某种单一商业需求所对应的稳定的市场利基,对于企业的生存非常重要。随着企业的成长和市场的成熟,决策者的战略思考必须从一种需求逐渐扩展到多种需求,也就是说,在广阔的市场内为企业寻求几种理想的市场利基,以便满足企业成长的需要。

总之,利基是企业生存的利润基础。在利基判断的过程中,决策者最佳的战略构想是,选择一个与企业当前地位相配的利基市场。随着企业的成长,这个利基市场又可以进一步扩大。然而,商业总是没有最佳的选择。大多数的商业投资者感觉利润能够超过货币利息,就是可以接受的利基选择。

在个别情况下,利基和商业的生态状况联系在一起,比如互联网商业平台,起初,人们只是预估这种平台的未来市场规模或者消费规模,利基也只是一种猜想,随着越来越多的人进入这种平台购物,改变了消费习惯和市场格局,最终聚成庞大的利基,像阿里与京东的网络商业平台,带给人们惊喜的同时,也给商业投资带来巨大的刺激。由此可见,利基判断有时就是一种运气,决策者完全看清利基的状况几乎是不可能的事情。

三、企业定位

对中国的企业决策者们来说,企业定位是一个既熟悉又陌生的话题。所谓熟悉,大家都知道,在全球经济体系中,中国企业大多处于世界廉价工厂的位置,这是一种痛苦和无奈的定位;所谓陌生,则是说中国很多企业对于这种低端的定位非常麻木,更不用提中国企业应该如何找到自己的理想位置。中国企业普遍热衷于"抢饭碗"的游戏,比如,家电热,大家抢电器机会;汽车热,抢造车机会;互联网热,抢网商机会……企业忙于抢饭碗,全然不顾抢到饭碗之后,坐在哪里吃饭的问题。企业定位的理论在中国流传已经很久,大多数的企业决策者却忽视定位的作用。

定位来源于人类社会的分工现象。分工是一种关于劳动划分的概念。人类最初的分工只是氏族(家庭)内部的劳动分工,比如封建社会家庭的"男耕女织",这种分工可以称为"自然分工"。当人们走出家庭,进入社会范围内从事单一的劳动，导致各种职业的形成，以及由相同职业所组成的行业的产生，这就是社会意义上的劳动分工现象。应该说，职业和行业的出现是社会分工产生的标志。从此之后，一种产品的全部劳动环节不再由同一个或者同一群劳动者承担，而是由不同人群或组织共同完成，人类劳动的熟练程度和效率大大提高。在社会分工体系中，劳动环节和劳动角色不同，劳动者（或企业）可以占有的价值不同。随着社会分工出现而产生的一种必然现象是，劳动者（或企业）对不同的分工进行竞争。人类进入现代社会之后，资本过剩，产能过剩，供应过剩，企业在社会分工方面的竞争越来越激烈。于是，企业定位的概念逐渐被人们重视起来。

企业定位，简单地说，就是企业对商业位置的选择与确定。从狭义上说，定位包括企业的行业定位、产品（服务）定位和价格定位。从广义上说，企业定位除了选择位置的行为之外，还包括抢占位置、转换位置以及退出原来的位置等相关的行为。因此，定位泛指企业在商业竞争过程中的择位、守位、移位和退位等诸多行为的组合。

定位属于生命体的一种本性。在物种的进化过程中，所有生命体的竞争在本质上都是一样的：只有那些争得生存位置的物种，才能留在这个充满竞争的世界里。从这个意义上说，定位是企业们的一种宿命，它们一生注定要在商业的世界中不断地寻求有利的生存位置。

企业定位与生物定位也存在不同之处，生物定位是直接获取生命存续的能量，企业则是因为可以满足特定消费群体的特殊需求而获得一种有利的生存位置。[①] 一般来说，企业的定位不同，享有的市场资源不同，获取的利润不同，成长的速度不同，发展的结局不同。这可能是一个漫长而又富有变化的过程。每个人都无法看清选择的最后结果，但是，主动定位是企业自己决定命运的一种战略行为。

---

① 王永强：《驾驭传媒，"售卖"准车主》，《中国经营报》2012 年 2 月 13 日。作者对企业定位做了某种程度的解释，分众（传媒公司）通过媒介创新，将大众传播中模糊的"大众"定位细化至楼宇中的白领"分众"。通过立足驾校"准车主"人群，驾驭传媒（公司）希望将白领人群进一步垂直细分，精确至汽车领域短期内有购车需求的"精众"人群，最终通过满足这种特殊人群的汽车消费需求而生存。

1.行业定位。行业是提供相似产品（服务）的企业的集合，它代表一种相似的市场需求，又构成同类企业聚集的空间。行业定位，就是企业进入某个行业的选择行为。行业一般分为朝阳行业和夕阳行业两个基本类型，分别代表有发展前景的行业和逐渐衰败的行业。企业定位首先面临朝阳行业和夕阳行业的选择。

在企业和行业之间，企业无法决定行业的盛衰。相反，行业可以决定企业的命运。虽然有人说过，只有不景气的行业，没有不景气的企业，但是，企业决策者在决定进入某个行业之前，一定要考虑清楚这个行业究竟是朝阳行业还是夕阳行业，避免进入一个前景无望的夕阳行业。在商业领域，努力避开不景气的行业，并不意味着投资者就可以进入一个非常景气的行业。大多数人最终进入的行业可能是一种灰色状态，是一种既有发展机会又有生存压力的商业环境。在这种情况下，企业的定位问题开始"行业定位"转变为"产品定位"。此时，那种"只有不景气的行业，没有不景气的企业"的观点，也许具有一定的道理。

2.产品（服务）定位。在同一个行业里，行业的产业功能被进一步分解为不同的经营角色，企业面临提供产品还是服务，提供什么样的产品（服务），以及向谁提供产品（服务）等一系列的选择行为。这些选择可以统称为"产品（服务）定位"。人们参与社会经济活动的道理从来就是这样的，"一个人不能给舞会带来什么，也别指望从舞会上带走什么"。只有提供有价值的产品（服务），企业才能从市场中获取自己生存所需要的利润。

企业选择经营的具体产品（服务），主要取决于企业决策者对不同产品（服务）的市场价值的判断。通常，一个行业中的产品经营通常可以构成一个完整的价值链，比如，在老福特主政的时期，美国福特汽车公司的经营是从开采铁矿、炼钢、汽车零部件加工一直到整车组装，独霸一个完整的汽车产品价值链。然而，到了现代社会，绝大多数行业的绝大多数企业，只能选择一个产品价值链的某个价值环节。特别是，当一个行业里的企业越来越多，或者一个行业的规模越来越大，企业只能经营产品某个价值环节的一部分。

另外，在一个行业体系中，企业分为供应商、生产商或经销商等不同的经营角色，到底哪种角色可以获取更多的市场价值，最终由企业实力和市场形势共同决定。有人说，生产商是价值链的低端，这是一种出力不赚钱的无奈定位。其实，中国企业的悲剧并不在于生产商定位，应该说，中国企业正在失去生产商的竞争优势。对于中国的生产企业来说，生产低端产品的企业面临劳动成本的迅速上涨，生产高端产品的企业又缺乏技术和品牌优势，因此定位于生产商的中国企业可谓"进退两难"。破解这种两难处境的战略思路，就是当下的"产业升级"行为，即把廉价生产模式输送到未开发的世界市场，像小米公司将廉价智能手机经营模式推到印度；把优质产品变成世界著名的品牌，像华为公司依靠品质征服欧洲市场。如果企业不能做到产业升级，又缺乏低端产业的竞争优势，只是一味地抱怨自己的定位错误，中国是无法解决企业在世界经济中的定位问题的。①

在企业选择经营角色之后，企业决策者还需要进一步确定向哪类消费者提供产品（服务）。对于一个消费市场来说，几乎所有的产品消费，都可以划分为高档、中档和低档三个类型。企业向高档消费者提供高端的产品（服务），单位产品（服务）的利润率较高，但是，高档消费属于小众消费，这样，销售规模的限制，可能影响企业的利润总量。企业向普通消费者提供廉价的产品（服务），单位产品（服务）的利润率较低，但是大众消费形成的销售总量庞大，仍然能给企业带来巨大的利润总量。因此，企业选择自己产品（服务）的消费群体，决策者要综合考虑企业的竞争能力、利基规模与市场机会。

3.价格定位。企业为不同的产品（服务）选择一个合适的价格水平，或者为同一产品（服务）在不同时期、不同地域规定不同的市场价格，这些行为可以称为"价格定位"。一般来说，价格定位从属于企业的产品（服务）定位。产品的消费层次和品质不同，其成本和价格水平也就不同；反之，企业的产品（服务）定位通过价格定位来实现，价格差异可以限制产品的消费

---

① 中国制造业的优势与人口红利有关，中国的人口红利一方面是指劳动成本低，另一方面是指劳动力素质高。当这样的人口红利消失之后，同样基于人口优势所形成的消费市场与工程师队伍，可以继续为中国制造企业的转型升级创造历史契机。

对象。

有时，价格定位取决于企业获取市场价值的方式。有些企业渴望趁机收割市场利润，可能因此割掉自己的产品（服务）市场；而有些企业依靠低利润、慢赚钱的方式，可以为自己赢得一片属于自己的市场。还有的时候，价格定位取决于企业的竞争能力。强势企业定高价有道理，弱势企业定低价也有道理，大多数企业模仿领导企业定价还是有道理的。

综上所述，企业的行业定位、产品（服务）定位和价格定位分别代表了企业定位的三种维度。其中，行业定位决定企业经营行为是否具有商业价值，企业凭借行业定位可以寻求一个利润最丰厚的市场；产品（服务）定位影响企业竞争位置的优劣，企业凭借产品定位可以寻求一种角色最轻松的经营环节；价格定位则代表企业获取市场价值的方式，企业凭借价格定位可以寻求一个赚钱最容易的卖点。在逻辑上，这三种定位是依次进行的。没有行业定位，企业就无法设计产品（服务）定位；在行业定位之后，企业应该先进行产品（服务）定位，然后再考虑价格定位。企业定位的逻辑顺序，通常是决策者为企业选择最佳商业位置的思考顺序。

在商业竞争过程中，这三种定位是一种相互影响的关系。其中任何一种定位的失策，都会影响企业整体定位的成功。比如，行业定位失误，企业处于一个衰败的行业里，犹如英雄无用武之地，产品（服务）和价格定位再合理也白搭；再比如，价格定位失策，不能显示企业的产品（服务）定位的特点，企业可能逐渐失去忠诚的消费群体和所占有的市场份额，还可能导致企业退出行业。理想的定位表现为这样一种状态，企业处于一个优越的行业，占据一个优势的角色，拥有一个优先的卖点。

为了实现这种理想的定位，企业的决策者需要始终关注和不断调整企业的商业位置。因此，定位是一个动态过程。企业定位从来不存在"一定（位）终身"的情况。决策者必须学会处理各种定位行为之间的关系，保证企业处于一个合理的定位状态之中。这些关系主要包括：

一是，抢位与守位之间的关系。在这里，"守"是防守的意思。一旦某个企业要闯入新的行业，这个新闯入的企业可称为"新进入企业"，已经在行业内经营的企业可称为"在位企业"。这时，新进入企业必然要在市场中

"抢占位置"，在位企业自然要"守住位置"。这种现象与外来物种进入新的生态环境的道理一样，如果企业闯入一种新的行业时没有特殊能力，那么，新进入企业根本就没有生存的机会。反之，一旦新进入企业找到了自己生存的有利位置，某些在位企业就可能面临生存的危机。

二是，换位与守位的关系。在这里，"守"是坚守的意思。企业定位是企业的一种价值选择行为。在同一个市场里，供应商、生产商、经销商之间，谁更容易获得市场的价值，这是一个复杂问题。企业可以在行业的供应、生产和销售等不同经营环节之间游弋，不断变换自己的经营角色，这就是企业的"转换位置"现象。IBM 公司在卖掉个人电脑业务之后，开始由IT 产业的生产商转成服务商，结果，"大象"也可以跳舞，惊艳全球。在经营角色的转变中，企业没有勇气更换自己的角色定位，坚守一个已经没有价值的经营位置，无疑是企业没有竞争力的表现。

三是，退位与守位的关系。在这里，"守"是留守的意思。当某个行业进入衰落阶段，企业与其留守在没有希望的行业，不如趁早退出这种不幸的行业。企业生存在很大程度上受到市场和环境的影响，像恐龙在地球上灭绝一样，企业随着行业突变而消失，这也是一种无奈的结局。做企业应该像鳄鱼那样，当大多数恐龙因为环境突变无法生存时，鳄鱼尝试改变自己以适应环境的变化，继续生存下来。

上述三种关系表明，商业环境的复杂性、市场竞争的残酷性以及行业变化的突发性，决定了企业定位不可能是一个纯粹的主观选择行为，也决定了企业定位不是一蹴而就的简单挑选行为。理想的企业定位实际上是不存在的。从长远来说，企业定位是企业为了生存而对环境变化的适应行为，最终成为一种决策者主观选择与商业客观机会混合的结果。这其中包含了非常多的无奈、幸运和错误。决策者们没有必要为一时的定位不当而后悔，只要机会允许，完全可以重新选择企业的商业位置。

在企业定位方面，定位不是企业对市场地位的确认。"一定（位）升天"的观点是有害的。企业的市场地位不能靠选择，也不能说企业定位可以提高企业的地位。要让自己的企业出人头地，我们应该相信"行行出状元"的真理。企业要想成为一个行业里的状元，决策者首先需要设计企业的战略愿景。

四、设计愿景

种豆得豆，种瓜得瓜。然而，在商业这块土地里，人们常常发现，明明种下的是瓜，最终却只获得了豆，令人大跌眼镜。"种瓜得豆"的现象说明商业的成功率并不高。这一现象却不妨碍商业人士在种瓜时许下一个美好的愿望，这就是企业愿景。企业愿景，是决策者对企业未来发展状态的设计。在过生日的时候，无论是大人还是小孩，面对生日蜡烛，人们都会对未来的生活默默许愿。同样，无论是大企业还是小企业，决策者们也都会对未来的商业生活许下自己的愿望。街边卖馄饨小贩的愿望可能是每天多卖十碗馄饨，而办公室的大企业老总正在猜想买下对手企业的盛况。什么是企业的普遍愿望呢？

作为战略设想的一部分，企业发展的愿景包含这样几个方面的内容：

1. 企业的生存。做企业和做人之间有一个共同的道理：活着总是美好的。但是，很多人忽视了这个简单的道理，舍掉性命也要追逐钱财，最终落得"人为财死"的下场。企业的战略愿景的设计也是如此。战略教科书大谈企业战略愿景的创新性，却忽视了生存才是企业的第一要务和第一战略愿景。必须强调，在战略愿景中，企业的发展方向比发展速度重要，赚钱比名气更重要，生存比什么都重要。

2. 经营的规模。孩子们在生日宴会上的许愿总少不了这样一条内容：希望自己快快长大。小企业的决策者们也是这样想的，总以为快快长大，企业才能抵御风险，自己才能赚更多的钱。大企业的决策者似乎还是如此，做本地市场第一，做全国市场第一，做全球市场第一。结果，企业总是在不断扩大规模中走向死亡。我们可以从这种现象中悟出一个道理：成长的步伐慢一些，保持一种合理的规模，企业也许会活得久一些。

3. 理想的事业。把经营企业作为生活的理想，这是企业愿景内容的高尚部分。比如，把"一门生意"做成"一项事业"；给人们提供更多的就业机会；与他人共同分享企业财富；为社会做慈善活动；等等。当然，决策者为企业设计这些美好愿望的同时，也可以追求个人的美好生活。

在企业的战略设想中，如果说定位是对企业经营的"起点"设计，那么，愿景就是对企业经营一段时间的"终点"设计。一般来说，企业决策者重视战略定位的设计，愿景经常处于模糊状态。不仅如此，愿景设计容易出现以下两种认识误区。

第一，战略愿景等同于经营计划。在企业战略决策过程中，愿景设计被混同为企业发展的计划安排，例如，企业的三年计划、五年规划常常被认为是企业的愿景。其实，愿景的含义在于"愿"字，愿景即决策者"心中原本的想法"。战略愿景代表决策者对企业未来的愿望，是决策者头脑中的一种主观猜想和理想追求。在企业愿景和企业计划之间，计划是企业实现愿景的手段，愿景是企业制定计划的目的。

第二，把愿景描绘成企业所有人员的愿望。这种观点具有某种欺骗性。企业愿景代表企业的未来发展状态，只有和企业属于一体的战略决策层，才会认真思考企业未来的命运。企业的其他人员可能关注企业愿景中的某些内容，这些内容影响自己在企业中的职业发展，他们并不真正关心企业愿景的合理性。

另外，愿景作为决策者经营企业的心愿，没有科学与非科学的区别，这完全是一种主观猜想。这种主观猜想随着决策者的心情和商业环境变化而不断变化。人们没有必要对此太认真，拥有宏伟愿景的企业照样破产，缺乏愿景设计的企业有时也会活得挺好。

既然这样，在开始经营企业（项目）之初，决策者为什么对企业未来的发展进行许愿呢？这是因为企业的战略愿景具有以下作用。

其一，激励企业的决策者们努力拼搏。企业经营的路途崎岖坎坷，担心、苦恼、郁闷、恐惧，企业决策者几乎要尝遍世间的千辛万苦，身心俱累。这时，（战略）愿景能够支撑企业决策者不断克服困难，并引导决策者的行动方向，一步一步，推动企业向"愿景"发展。

其二，为企业选择经营行为提供标准。愿景构成企业战略的重要组成部分，而战略是企业选择商业行为的基本标准。一般来说，符合企业愿景的经营行为必然受到决策者的支持，违背企业愿景的行为则可能受到决策者的反对。

其三，有利于企业凝聚商业力量。企业愿景经过包装、诠释，进一步分解成企业的宗旨、使命、计划等具体内容，它们可以更好地展示出企业发展的商业魅力。这种商业魅力能够吸引商业伙伴对企业之间的合作更有信心，员工对企业的发展更有盼头，社区、政府对企业的经营更加支持，从而为企业战略的实现创造良好的内部和外部环境。

如果要发挥企业愿景的上述作用，企业决策者必须合理设计企业愿景的内容。战略决策者设计企业愿景的基本原则包括：

首先，不要幻想，要理想。企业愿景中的想法太大，不切实际，决策者就会变成思想上的巨人，行动上的矮子。企业决策者在愿景中的想法要有一定的理性，比如，街边摆摊卖馄饨的小贩设想开个馄饨店，比搞个五星级酒店更容易实现。

其次，愿景是不断变动的。小孩子的生日许愿是快快长大，小伙子的生日许愿恐怕要变成娶个漂亮媳妇。企业的成长是分阶段的，处于不同阶段的企业，其发展愿景也不相同，不能让过去的愿景变成今天企业发展的桎梏。

最后，模糊的愿景要比清晰的愿景更美好。[①] 愿景代表决策者经营企业的梦想。梦想的特点是，越是模糊的地方，越有想象的空间。企业决策者总要留给愿景一些想象的空间，上一代决策者没有实现的企业愿景，也许可以由下一代决策者继续追求。

对于创立一个企业或者设立一个项目来说，当决策者完成机遇选择、利基判断、企业定位和愿景设计之后，大约可以完成一个企业战略的初步构思。在战略设想方面，第一个想到的，并不一定是最后想成的。"战略想法"从"想到"到"想成"，中间要经历许多环节，甚至最后可能没有想成。比如，"网络售书"是查尔斯·斯塔克于1991年首先想到的，他是美国俄亥俄州一个书店的店主。但是，一直到1995年亚马逊开辟了在线售书市场，这个重要的想法才最终由贝佐斯想成。

---

① 著名画家毕加索曾说："对于你要做什么，你应该有个想法，但这个想法应该是模糊的。"而且"画一幅画不可能事先什么都想好，而是一边画一边想"。毕加索关于绘画的道理，也可用在战略制定之中。完美的战略其实根本就不存在，大胆的战略构思的开头也许就是一种嬉戏。转引自〔美〕罗伯特·凯德尔：《战略几何学》，丁丹译，东方出版社2018年版，第189页。

　　可见，战略构思仅仅是企业战略思维的第一步。接下来，决策者还需要对初步的战略构思进行自我论证，证明构思的合理性以及寻求实现这种构思的有效路径。这种论证的过程可以称为"战略思考"。

第二章　战略思考

在战略思维过程中，"思考"是一种比"构思"更深刻的思维活动。战略构思可能是决策者头脑的灵光一闪，战略思考则代表决策者沉下心来考虑先前的构思是否可行。在理论上，所谓战略思考，是指企业决策者对影响战略设想的相关因素进行分析和论证的思维活动。一般来说，在战略构思阶段，决策者需要大胆和灵气，能够想到某个战略。进入战略思考阶段之后，决策者需要缜密和耐心，可以想透某个战略。因此战略思考是一种辛苦而又漫长的思维阶段。

企业决策者需要考虑的战略因素，按照由远而近的层次，大致可以划分为社会因素、行业因素、竞争对手的情况以及企业自身的情况。相应地，战略思考行为可以分为四个层面：社会环境扫描，行业特点观察，竞争对手分析，企业自我评价。通过这四个层面的思考，企业决策者需要将不同的影响因素加入最初的战略设想中，促使这种"战略设想"进一步成熟。

在战略思考阶段，曾经作为战略构思内容的商业需求、市场利基、企业定位、战略愿景，经过一个细化的过程，逐渐演变成决策者头脑中的不同"战略模块"，即战略设想变成战略行动的基本条件。这些战略模块主要分为三个方面，一是战略关系，二是市场品牌，三是商业模式。任何商业战略的实现，总是利用一种特定的战略关系发力，借助一种特殊的市场品牌造势，依靠一种特别的商业模式赚钱。

严格来讲，"战略模块"仅仅是战略思维过程中的"半成品"，相当于一个企业战略的基本构件。企业战略思维的"成品"，是指企业决策者根据具体商业行为的需要，对战略模块进行整合，从而形成一个具有企业自身特色的战略方案。企业战略方案的确定，标志着决策者战略思考的完成。

第一节　扫描社会环境

　　企业是社会生活中的企业，社会生活是所有企业共同面对的外部环境。从企业经营的角度分析，社会环境是指影响企业经营的各种社会生活因素的集合。作为一种庞大的系统，社会环境在整体上可以分割为经济环境、政治环境、文化环境三个部分。另外，由于生态环境是自然与社会的结合部分，所以，影响企业经营的社会环境的第四部分因素是生态环境。

　　在影响企业战略的所有环境因素中，社会环境是影响企业经营的最外部和最广泛的因素。社会环境对企业战略的影响具有两个特点。

　　其一，社会环境对企业的影响程度是普遍的。当社会生活某个因素突然变化，经过一系列的发酵，这种社会因素最终可能波及整个社会中所有的企业。既然社会环境变化对所有企业的影响不可避免，企业决策者就需要不断扫描社会环境，以便于及早发现社会因素的变化。

　　其二，社会环境对企业的影响过程是间接的。通常，社会生活的改变首先影响某些行业的整体生存条件，经历市场和行业的变化之后，才会进一步冲击到企业的经营活动。正是因为有了一种缓冲地带，对于社会环境的变化，企业的战略决策者只需保持一定的社会敏感度即可。

　　另外，社会环境对战略的影响，最终可能是各种社会因素的交叉作用。在思考社会因素对企业战略的影响时，战略决策者既要注意不同社会因素的差异性，又要注意这些因素之间的关联性。

一、经济环境

　　经济环境，是指影响企业的社会经济生活因素的集合。企业行为本身就是社会经济活动的一部分，对于企业战略决策来说，经济环境是一种非常相近的社会因素。正因为如此，企业决策者对经济环境扫描的角度一定要合理。如果选择的角度太大，把太多的经济因素纳入思考范围，企业家就会变成经济学家，这不利于企业家战略思维的聚焦和迅速做出战略决策。如果选择的角度太小，经济环境分析很容易变成一种行业因素的分析，决策者因此可能忽略某些经济因素对本行业的深远影响。

身处社会经济环境之中，又要看准企业战略面临的经济形势。这就是决策者观察和思考社会经济环境的特别之处。在战略思考中，企业决策者应该关注的社会经济因素包括：

1.经济政策，包括国家（地方）的总体经济政策、产业政策、税收政策、就业政策、分配政策、人口政策、货币政策、财政政策以及贸易政策。

2.经济形势，包括 GDP 及其增长率、通货膨胀率、生产者物价指数、经济景气指数、就业率、财政赤字水平、利率、税率、汇率。

3.经济结构，包括国家的产业结构及其变化、投资趋势、消费结构、贸易结构。

4.经济布局，包括区域的经济差异、资源分布、区域经济发展潜力、区域经济合作。

5.经济趋势，包括国民收入、工资与物价、消费偏好、失业率变化、储蓄状况。

以上五个方面的内容是影响企业战略决策的主要经济因素。企业决策者浏览这些经济因素，可以判断影响战略机会的有利经济因素是什么，不利经济因素是什么，并形成关于当前及今后一段时间内的经济环境的整体判断。在通常情况下，社会的经济因素不是一个企业战略决策的直接理由，却构成企业战略决策的重要契机。

二、政治环境

在有人类群体生活的地方，政治是一种必然存在的社会现象。即使一个成熟的市场经济社会，如果认为企业和政治不搭界，从而忽略政治环境对企业的影响，这种观点也是十分荒唐的。

在企业决策者的战略思考中，政治环境主要是指影响企业经营的社会制度、政党、政策和法律等因素的集合，亦称为"政治法律环境"。不同的国家具有不同的社会制度和法律系统。不同的国家对同一种企业行为有着不同的规范和要求。即使在同一国家，由于执政党的不同或者政府的改组，国家对企业的态度也是经常变化的。因此，相比较经济环境而言，政治环境对企业战略的影响更复杂一些。

企业家不是政治家。企业家关心政治，主要是关注政治因素对企业战略的影响程度。主要包括：

1.政治制度，包括宪法、执政党、政治派别及其政治主张、政治管理体制。

2.政治环境，包括社会的腐败程度、民主水平、国家或当地的治安状况和司法状况。

3.政治局势，包括执政党的政策和方针、社会稳定程度、国际关系状况。

4.法律体系，包括反垄断法、税法、劳资法、质量法、环保法、消费法等，法律的公正性与可操作性。

关注上述的政治因素，企业决策者可以观察社会生活环境的稳定程度，判断企业是否能够保持经营的连续性，以及避免投资的政策和法律风险。在此基础上，如果能够争取政府的政策支持或者资金帮助，企业决策者自然求之不得。

三、文化环境

文化是一种复杂的社会现象。人们可以从不同角度谈论社会的文化现象，对文化做出不同的解释。结果，"文化"成为一个人们既熟悉又不易说清楚的概念。例如，文化水平影响劳动力素质，文化背景不同导致经营冲突和消费差异，文化娱乐可以成为某些企业经营的产品，等等。另外，在相同的文化环境中，文化因素对大多数企业经营的影响是潜在的和细微的，因而人们常常感觉不到文化因素对企业战略的影响力。所以，对于企业的战略决策来说，文化因素可能是一种复杂而且深远的影响。

在企业战略决策中，文化环境泛指影响企业经营的文化水平、文化传统、文化差异、文化趋势等一系列因素的集合。其中，企业战略决策者应该重点关注的文化因素是：

1.文化水平，包括当地居民的知识水平、教育结构、道德水准、文明程度、审美观念。

2.文化传统，包括生活方式、婚姻特点、妇女生育率、社会保障方式。

3.文化差异，包括宗教信仰、风俗习惯、价值观念、职业态度、生活态度、代沟状况以及不同文化的冲突状况。

4.文化趋势，包括消费时尚、生活习惯的转变、储蓄倾向、投资倾向、不同文化的融合特点。

在稳定和一致的文化背景下，文化因素对企业经营的影响并不明显。一旦涉及不同的文化背景，特别是企业遭遇文化冲突，这种冲突可以将不同文化的企业员工扯成两派或者多派，造成一个企业的运营过程陷入崩溃。同时，文明冲突也可以将企业的消费者变成企业产品的抵制者，从而导致企业失去市场竞争的优势。因此，世上没有可以超越文化影响的企业，不同文化环境中的企业战略存在明显差异。

当互联网文化形成之后，网络文化必将对企业战略产生广泛的影响。目前，网络正在改变人们的沟通方式和购物习惯，也在改变人们的时尚选择与价值判断。由此可以断定，掌握网络文化的真谛，企业决策者才能拥有网络商业战略的思考能力。

四、生态环境

越来越多的生态灾难向人们昭示一个道理：人类对自然界的索取和破坏不可能是无限的，人类发展与自然界承载能力之间必须保持平衡。20 世纪 80 年代，中国人开始无节制地利用自然资源和自然环境，以满足大规模经济发展的需要。三十多年之后，中国开始面临资源枯竭、环境污染、灾难频发的生态危机。[①] 中国生态环境的现状，已经不能允许今后的中国企业可以继续忽略生态代价，片面追求企业的经济效益。生态状况已经成为绝大多数中国企业决策者必须思考的战略因素。

生态环境，是指企业经营行为与人类生存环境相互影响的因素集合。总

---

① 如何解释生态环境悲剧的原因？英国哈丁教授 1968 年提出"公地悲剧"理论。他认为，"公地"作为一种公共资源本身拥有很多拥有者，他们中的每一个都有使用权，但没有权力阻止其他人使用，结果，每一个人都倾向于过度使用，从而造成"公地"资源的枯竭。没有产权的，像空气、水、普通的动植物；没有明确产权的，比如山地、某些矿产，都不幸成为"公地"资源。中国的人口数量庞大，"公地悲剧"效应特别明显。

体来说，企业经营活动对自然环境是一种负担。随着社会的生态问题越来越严重，企业决策者必须重视下列生态因素：

1.自然资源，包括资源的数量与分布、资源可利用的程度、资源可替代的程度、资源可持续利用的方式。

2.自然环境，包括各种污染的程度、环境的承载能力、环境灾害、环境治理。

3.自然灾难，包括自然灾难的种类和后果、气候突变、全球温室效应。

4.自然保护，包括人们对生态环境的要求、防止污染的技术与设备、环境保护法律法规、媒体和环保组织的关注度。

与社会环境的其他部分不同，生态环境对企业战略影响的特殊性在于，不同企业感受到生态环境的压力不同。当某一生态危机爆发时，有的行业感觉是一场灾难，而有的行业则可能感到这是一种新的商机。在同一行业或同一市场里，处于不同经营环节的企业对同一生态灾难的感受程度也不相同。因此，企业决策者对生态环境的关注程度存在差异。

当代中国，企业家欢呼这是赚钱的"最好时代"，普通人咒骂这是生态的"最坏时代"。对于未来的企业决策者来说，企业曾经的"生态原罪"已经无法避免，将来的"生态犯罪"绝不可饶恕。

按照经典的企业战略分析理论，上述关于社会环境扫描的内容一般统称为"企业的宏观环境分析"。这种企业宏观环境分析通常被细化为"PEST分析"，即分析一个企业战略所面临的政治因素（Political）、经济因素（Economic）、社会因素（Social）和技术因素（Technological）。在此基础上，还有人在企业宏观环境分析中又加上了环境因素（Environmental）和法律因素（Legal），从而将所谓的"PEST分析"进一步变成"PESTEL分析"。其实，无论是"PEST分析"还是"PESTEL分析"，由于分析的内容属于不同的系统，导致战略分析过程中出现重复和无序的情况，比如，其中的"技术因素"明显应该属于行业环境分析的一个内容，却出现在社会环境因素的分析之中；再比如，其中的"社会因素"的分析，实际上也只是分析了社会中的文化因素。可见，传统的企业战略理论关于宏观环境的分析方法，必然给实际的企业战略分析造成混乱。

本书放弃使用"宏观环境"的概念，取而代之以"社会环境"的概念，作为企业决策者对不同社会因素分析的整体概念，并根据企业受到社会因素影响的性质不同，将社会环境所包含的全部因素具体分解为经济因素、政治因素、文化因素和生态因素四个层面，分别称作社会的"经济环境、政治环境、文化环境和生态环境"，集中反映企业战略产生的社会背景。这种分析层次分明、系统全面，在逻辑上是比较合理的。

另外，在经典的企业战略分析理论中，有人将影响企业战略不同的社会环境因素施行加权打分，再进行精确的数字估算，作为分析的结论。这种做法实在没有必要。社会环境是不断变动的，对企业的影响是间接的和不确定的。按照从不重要、次重要、重要到非常重要的等级，即使可以列出某一社会环境因素对企业战略的影响程度，等到人们计算出环境因素的精确影响程度之后，恐怕这种社会环境因素又会发生进一步的新变化。实际上，企业战略决策者只需反复地扫描社会环境，做到对社会环境现状的全面把握以及对未来社会发展趋势的基本判断，这就应该属于比较可靠的社会环境分析。

第二节　观察行业特点

行业的概念代表了人们对社会不同企业的总体划分。与过去不同，现代企业之间的行业边界并不是固定的。随着观察视角的转换，同一个企业可能分属于不同的行业，例如，从核心业务来说，阿里集团应属于电子商务的行业，但是，阿里集团因为对网络市场资源的控制优势，不断发展自己的金融、数据和物流业务，所以，阿里集团也属于金融行业、数据行业和物流行业，甚至涉足文化、科技、娱乐和体育等行业。以前的人们认为，世间三百六十行，隔行如隔山。今天，对于那些强势企业来说，行业界限早已不是相隔一座大山，只要拥有资金的优势，强势企业可以随意跨入某个行业的门槛。这就是现代商业竞争中的"赢者通吃"现象。

然而，对于大多数的企业来说，行业是企业的一个相对独立的生存空间。行业的衰败也给行业内所有企业带来经营的苦恼与压力，像传统相机行业的衰落，导致传统相机企业的整体消失。观察、了解、判断某个行业的变动特点和趋势，为企业寻求一个理想的生存空间，是企业战略决策者的长期功课。为此，企业决策者需要将行业视为一种系统，观察这个行业的变化能够给自己的企业带来怎样的机遇和压力。

在这方面，美国企业战略管理专家迈克尔·波特的"五力分析模型"，是人们分析行业特点的重要工具。见图2-1。

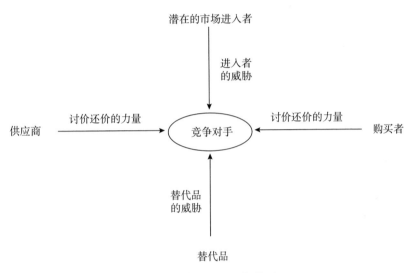

图 2-1　波特的五力分析模型图

"五力分析模型"是波特20世纪80年代提出的。其中，"五力"是指一个企业在行业中受到的五种竞争压力，具体包括：供应商的议价能力、购买者的议价能力、潜在进入者的威胁、替代品的威胁以及同行企业间的竞争程度。除了这五种压力之外，在商业实践中，具有互补关系的产业之间可以发生某种程度的影响力。其中，先行产品的消费增长，会拉动互补产品产业的发展，比如，房产的发展拉动家居产业的发展。这样看来，"五力分析模型"也可以称为"六力分析模型"，甚至可以称为"X力分析模型"。

一、行业的竞争压力

在同一个行业里，企业受到的压力来自行业的不同方向，形成内容不同的商业竞争。波特的"五力分析模型"，集中分析了企业在行业中可能遇到的五种竞争压力以及由此形成的竞争特点。

（一）潜在进入者的威胁

对于一个行业的全体在位企业来说，潜在进入或新进入的企业是一种竞争威胁。这种威胁一方面表现为新企业分享行业利润，另一方面新企业又争夺经营资源，可能恶化行业整体的经营环境，从而危及在位企业的生存。因此，在位企业垄断行业的欲望与潜在进入者的投资冲动之间，相互构成一种行业竞争压力。

对于在位企业来说，消除和抵御潜在进入者的威胁，主要取决于三个方面的因素：

1.行业本身的成长程度。行业规模和市场容量是对立统一的关系，行业规模代表企业供应，市场容量则代表消费需求，两者相互依赖又相互牵制。当一个行业迅速增长，意味着市场的扩容，足够的利润空间可以让更多的企业生存，这时，在位企业往往忽视潜在进入者与自己分享市场的问题。反之，市场增长的空间狭小，行业发展缓慢，在位企业一般不愿容忍新进入的企业与自己分享市场。

2.行业的进入壁垒。对于在位企业来说，行业门槛的提高可以有效阻挡新企业进入行业经营。构成行业进入门槛（也称为"市场壁垒"）的主要因素包括：

（1）规模经济。规模经济是指企业扩大经营规模，导致成本下降、效益提高的现象。当某个行业的规模经济已经形成的时候，潜在进入者可能面临投资的两难选择：以大规模进入行业，必然存在投资过大的风险；以小规模进入行业，则必须忍受经营成本过高的劣势。

（2）产品差异化。产品差异是指用户对产品（服务）质量和信誉的忠诚，导致不同企业的产品（服务）在市场接受程度上存在的差别。当一个行业里的企业产品存在显著的差异化，新进入企业要克服这种差异，形成自己企业产品的忠诚用户，必然要付出成本、技术和时间上的代价，甚至要忍受一段时期内的亏损，也可能等不到用户的普遍认可，某些新进的企业就已经在这个行业中消失。

（3）资本需求量。在不同行业里，行业最小投资需求量是不同的。对于资本密集型行业，企业如果筹集不到足够的资金，就很难进入该行业。即使以过高的资金成本贸然进入该行业，新进入的企业则必须承担巨大的资本投入的风险。

（4）转换成本。转换行业经营，企业需要承担经营成本增加的不利后果。转换成本在企业跨界经营中是普遍的现象和代价。企业进入一个新的行业的转换成本包括：市场和资源的考察成本，场地和设备的购置成本，企业宣传和产品营销的成本，员工的培训成本，等等。只有克服了这些转换成本的不利影响，新进入企业才可以在新的行业里生存。

（5）销售渠道。在一个买方市场里，企业的销售渠道就是企业的生存渠道。特别是，当在位企业的经营已经成熟和稳定的时候，新进入企业必须通过让利、补贴等方式，让市场中的销售渠道接受本企业的产品（服务）。这种做法有两种风险：一是导致企业之间的恶性竞争；二是导致新进入企业的长期微利。

除了以上主要因素外，政府（政策）的保护、专利技术的垄断、自然资源的控制、地理环境的限制等，也不同程度地影响了企业进入一个新的行业。

3.在位企业的报复行为。面对新进企业，在位企业一般不能容忍别人动自己的"奶酪"（市场份额）。在位企业对新进入企业的报复是可想而知的。通常，在位企业对新进企业的报复手段是，价格的陡降或者对关键的资源进行控制。对于新进入的企业来说，也不必为此过分担心，因为决定实施报复行为时，在位企业必须考虑自己报复行为的受益、代价与风险之间的平衡。

市场经济的优势在于"市场进出的自由"。从根本上说，市场不是任何企业的私有市场。市场经济社会的繁荣和发展完全依赖于市场竞争的活力。无论是在位企业还是新进企业，都应该凭借竞争力来生存。对于大多数行业的在位企业来说，潜在进入者的威胁会一直存在下去，而且必须存在下去，这样才有利于社会的发展以及企业的成长。

（二）替代品的威胁

替代品，是指功能、质量、作用可以相互替代的产品（服务）。比如，自行车、摩托车、汽车之间的相互替代，或者在汽车客运服务业中，出租车与公交车之间的相互替代。同一个行业或不同行业之间的企业，只要发生产品的相互替代，必然导致生产或提供替代品企业之间的竞争。所以替代品的出现，对被替代产品的企业构成一种威胁。这种被替代的威胁包括：

1. 被替代产品企业提高价格的行为受到牵制，进而影响到这些企业的赢利潜力。

2. 被替代产品企业的经营成本增长。为了避免市场份额的下降，被替代产品企业需要提高广告费用、渠道维护费用等，这必然增加这些企业继续经营的困难。

3. 被替代产品企业的生存受影响。当产品之间经常可以相互替代时，被替代产品企业需要努力提高产品（服务）质量以求生存下去。如果被替代产品功能被完全覆盖或彻底取代，被替代产品的企业只能黯然退出市场。

与行业的其他压力不同，替代品的出现不是现有企业可以预测的，并且这种生存压力也不是经营被替代产品的企业可以完全克服的。在商业替代竞争的过程中，不可预测并不等于不要抉择。当市场出现替代品的时候，精明的企业决策者通常顺势而为，科学估计产品被替代的程度，客观比较替代品和被替代品之间的优势，从而选择其中优秀的产品或者产品经营的模式，作为企业的经营方向。一味地死守着被淘汰的产品，战略决策者有可能将企业拖入经营的死胡同。

（三）供应商的议价能力

供应商泛指向企业提供经营要素的组织或个人，具体可以分为原料供应商、零件供应商、技术提供商、服务提供商等。供应商提供的经营要素如何，直接影响企业产品的质量和价格。因此，供应商的议价能力就是企业必须面对的一种行业压力。对于企业来说，供应商的威胁主要有三个方面：提高供应价格，限制供应数量，降低供应质量。在商务实践中，能够增强供应商议价能力的因素包括：

1. 供应商企业所在行业的集中度。少数几家供应商控制卖方市场，彼此之间容易形成战略联盟。在这种情况下，如果供应商产品的下游消费市场分散，采购企业就会处于不利的地位。

2. 供应商所供产品是企业经营的重要条件。供应商的产品是企业生产的重要原料，或者构成企业成本的主要部分，这时，采购企业就必须依靠供应商生存。

3.供应商产品的差异化程度较高。当采购企业已经形成了很高的转换成本，例如，专利技术保护供应商可以继续享有垄断生产的资格，采购企业必须听命于自己的供应商。

4.供应商前向一体化经营的战略意图。前向一体化，是指企业顺着产品形成的方向进一步经营的行为，例如，零件供应商计划制造整机，就属于前向一体化。供应商具有前向一体化经营能力和想法，对采购企业的未来经营构成威胁。

以上分析表明，供应商议价能力的提高，最终逼迫企业不得不提高经营的成本，而抬升的企业成本可能侵蚀企业的利润，导致企业陷入经营困境。

（四）购买者的议价能力

在商业活动中，供应与采购是对立统一的关系，供应的优势意味着采购的劣势，相反，采购的优势则意味着供应的劣势。处于过剩经济时期，采购者的优势更加突出一些。购买者提高议价能力的主要条件是：

1.购买的数量。如果采购的数量较大，占据供应商销售数量的一个较大份额，购买者的地位就会显著提高。

2.购买产品的标准化。如果购买的产品是标准化、大众化的产品，购买者选择供应商的余地较大，则容易处于有利地位。

3.购买者后向一体化经营能力。后向一体化，是指企业逆着产品形成的方向进一步经营的行为，例如，生产商自建原料基地或零件生产车间。购买者后向一体化经营，有利于购买者增强对供应商的议价能力。

4.购买者掌握市场信息。购买者掌握上游产品市场需求和市场价格的信息，就能提高对供应商的讨价还价能力。

在产业价值链中，一个生产企业总是要面对自己的供应商和购买商。相应的，这个企业扮演某个产业价值链的购买者和供应者。无论企业属于什么样的商业角色，企业的决策者都无法忽略自己的交易对手。只有客观地评价自己的地位，承认劣势，发挥优势，在复杂的商业供求竞争中进退有度，企业的决策者才能处理好与供应商（购买商）的关系。

（五）同行企业之间的竞争

由于在同一行业内生存，同行企业之间的竞争是不可避免的。具体来说，同行企业在利润分享、市场份额、产业地位、资源控制以及人才招聘等方面，存在直接的商业竞争。同行企业之间的竞争程度，客观上构成了企业经营的一种直接的外部压力。导致同行企业竞争程度提高的相关因素是：

1.同行企业过多。如果行业进入的障碍较低，加上企业的经营规模相差不大，很容易造成大量的规模相同的企业在同一市场竞争，这势必增强企业竞争的残酷性。

2.行业发展缓慢。当市场的发展趋于成熟，消费需求增长缓慢时，企业往往利用增加广告投入和降价促销的手段来保持自己的市场份额，这容易牺牲企业的利润。

3.固定成本过高。经营的固定成本太高，企业往往通过增加产量来降低固定成本的比重，结果导致产品供过于求，市场价格下降和企业利润减少。

4.产品缺少差异化。行业内的产品缺少差异化，在质量、标准统一的消费品市场中，往往一个企业的降价行为，可以导致整个行业的价格混战。在同一行业内，企业之间长期的价格战，绝对没有胜利的一方，这可以造成行业的利润率下降，以及整个行业的衰退。

5.退出障碍太高。退出障碍，是指那些迫使亏损企业仍然留在行业中继续经营的各种因素，比如，经营资产的高度专业化，设备清算的价值过低，导致企业转行的成本高；退出费用过高，包括人员安置、用户服务、清理生产设施的费用，企业难以迅速退出亏损行业；情感障碍，退出意味着失败，决策者在情绪上不容易接受失败的结局，也会影响企业放弃经营；政府的限制或战略协同关系的需要，也能影响企业撤离某个行业。假若滞留在一个非常不景气的行业中，决策者感受到的生存压力剧增，企业生存的希望渺茫，这种缓慢死亡的感觉，和人在氧气逐渐耗尽的空间中的感觉是一样的。怎样迅速逃出一个死亡地带，需要企业决策者的战略智慧。

对于同一个行业里的企业来说，企业与哪些同行企业竞争往往是无法挑选的。企业只是可以选择进入或退出某个行业。当进入或退出某个行业时，企业都会面临一系列的障碍。在企业战略理论中，这些障碍分别被称为"进入壁垒"（即前面提到的"市场壁垒"）或"退出壁垒"。一般来说，进入壁垒高，退出壁垒低，这种行业是企业最理想的行业；退出壁垒高，但进入壁垒也高的行业次之；进入和退出壁垒都低的行业更次之；最差的行业就是，进入壁垒低而退出壁垒高。企业战略决策者可以根据行业壁垒的特点，来判断某个行业竞争的状态和趋势，尽可能为企业寻求一种最好的生存环境。如果行业环境突变，战略决策者的商业敏感度和决策速度，将决定一个企业生活在天堂还是地狱。

（六）互补企业间的影响

互补企业的概念是由英特尔公司前总裁安迪·格鲁夫首先提出来的。互补企业，是指与自身经营具有相互支持或补充关系的企业。在互补关系中，企业的产品与另外行业的企业产品配合（套）使用效果更佳，结果，其中一家企业产品的旺销可以刺激另一家企业产品销售的增长，反之亦然。例如，在个人电脑发展过程中，软件操作系统与电脑硬件处理器形成鲜明的互补关系，于是，微软公司和英特尔公司相互结盟，形成著名的"Wintel 战略联盟"。结果，产品的互补性加强了这两个企业在各自行业的竞争力。这种互补性对于英特尔和微软的竞争对手来说，无疑是一种强大的竞争压力。

以上六个方面代表了企业面临的主要行业压力。行业压力与企业利润之间存在一种反向变化的关系。对于企业的战略选择来说，没有任何压力的行业是不存在的。这就要求企业决策者随时观察行业结构的变化，迎接新的挑战，发现新的机遇。

二、行业的周期变化

通常，一种产品的发展历史要经过开发、成长、成熟和衰落的周期变化。产品是一个行业的物质基础，产品的变化必然引起行业的变化。伴随产品的变化周期，提供这种产品的行业必然经历开发期、成长期、成熟期、衰落期的周期性变化。产业的周期不同，意味着企业面临的行业环境不同。企业决策者分析一个行业周期变化的目的，是确认行业发展处于何种阶段，并根据行业发展阶段的特点，判断企业的战略设想是否顺应行业的发展特点。

1. 开发期。这个阶段是指产品研发、投产和上市的时期。一个行业处于开发期阶段的特点是，产品设计尚未成熟，产品的研发与销售的成本很高，销售数量增长缓慢，企业赢利差，甚至亏损经营。但是，这一时期的行业内只有少数先驱企业，市场竞争较少，企业风险主要来自产品投资的不确定性。

2.成长期。当产品的市场培育期结束后，产品销售开始迅速增长，行业的发展进入扩张的状态。这一阶段行业发展的特点是，产品的市场需求量和企业的销售额迅速上升，行业的经营成本大幅下降，企业的利润快速增长，丰厚的产品利润吸引大量行业之外的企业涌入该行业，行业内的企业竞争逐渐形成。

3.成熟期。产品大批量生产并稳定地进入市场销售，这标志着行业的发展进入成熟期。在这个阶段，行业内已经形成规模经济，优质企业靠品牌和产品差异化来分享市场份额，市场销售趋于饱和，顾客的重复购买行为是企业竞争的重要目标。由于产品日益标准化，企业需要不断加大在产品质量、品种、规格、包装、广告等方面的投入，所以，企业经营的成本开始攀升，同行竞争趋于激烈。

4.衰退期。当替代品出现或者产品进入淘汰期之后，行业发展便进入一个衰落的时期。这一阶段行业的主要特点是，产品已经老化，企业销售下降，导致行业产能过剩、企业利润下滑和市场规模萎缩。有些亏损企业开始退出行业，另谋新的出路。

应当看到，行业周期变化理论只是对产品和行业发展的一般描述。有许多产品和行业并不适合这种描述，比如，生活必需品的发展并没有明显的衰退期，时尚产业的发展没有一个典型的成熟期。另外，对于一个行业变化周期的认定，或者，对于一个行业发展阶段的起止点的认识，企业决策者往往是各持己见，判断不一。这样，不同的企业根据行业周期变化所制定的战略决策可能大相径庭。也许这正是商业竞争的奇妙之处。

三、行业的成功因素

在不同行业以及同一行业的不同发展阶段，行业内部总会有一些优秀的企业从市场竞争中胜出，成为行业发展的佼佼者。其中的一个重要原因就是，这些优秀企业拥有某个行业经营成功的关键因素。行业成功因素是指，企业在行业发展的特定时期内，获取了竞争优势所依赖的某种特殊资源或者技能，从而取得市场竞争的优势地位。新兴企业的决策者可以从先行的优秀企业的发展中，总结出一个行业在不同发展阶段经营成功的关键因素，作为自己企业发展的战略重点，从而形成企业竞争的优势。这是企业在行业竞争中成功的一条捷径。企业决策者识别、确认和利用行业成功因素时，应注意以下几点：

1.在不同的行业中，企业成功的关键因素各不相同。虽然不能将社会不同行业经营的成功因素一一列出，但是，人们总结商业发展的历史可以发现：资源类生产如矿山、石油行业，原料是成功的关键；制造和技术类的行业，专利技术就是关键；零售商业的经营地点是关键；服务行业的人员素质是关键；等等。企业决策者对行业竞争本质的理解越透彻，越容易识别出一个行业的特殊性，也就能更快地找出行业成功的关键因素。

2.在行业的不同发展阶段，行业的成功因素各不相同。在行业发展的早期，研发是关键；在成长期阶段，生产规模和标准是关键；在成熟期，品牌和商誉是关键；在衰退期，特色经营也许能让企业"柳暗花明又一村"。处于行业发展的不同阶段，行业成功的因素各不相同的主要原因是，在不同的发展时期，市场竞争对行业各种经营元素的需求程度是各不相同的。如果企业拥有的资源或能力，恰好暗合了当时的市场发展需要，这个企业就可以超越其他企业，从而在行业的竞争中胜出。商业的成功不是"用尽全力"，而是"巧妙借力"，这可能是商业失败者忽略的一个道理。

3.企业发展不能过分依赖行业的成功因素。一个行业的成功因素，是行业长期发展的普遍规律的总结。把行业成长的普遍规律用于行业中的某一具体企业的发展，决策者必须结合这个企业自身的经营状况。企业的战略决策者幻想抓住行业里其他企业成功的因素，就可以实现自己企业的发展，却忽视企业自身的条件与特点，这种战略思路是不靠谱的。应该说，行业成功的关键因素只是行业内企业成功的必要条件，而不是充分条件。

另外，企业决策者在挖掘、总结行业以往的成功因素时，还需要大胆尝试新的办法。面对优势企业的强劲竞争，经营环境的突然变化，企业坐以待毙是没有希望的，大胆试一把，也许可以在行业内部的竞争中闯出一条发展的新路，而且可能创造行业发展的新的成功因素。实际上，任何一种行业的成功因素，也比不上一个优秀的企业决策者重要。

总之，观察一个行业的特点，企业决策者可以窥探到这个行业的"门道"。所谓行业生存的"门道"主要包含三个方面，即这个行业是否容易生存，是否具备发展的潜力，是否存在成功的机会。当然，这不是行业观察的全部内容。企业进入和退出一个行业，除了行业总体形势的判断之外，决策者还要分析竞争对手的特点。在大多数的商业环境中，竞争对手构成企业战略的最直接的外部因素。

第三节 分析竞争对手

企业之间的关系遵循着一种普遍的社会规则：没有永远的敌人，也没有永远的朋友，只有永远的利益。利益的分歧，可以将两个兄弟般的企业推向竞争；而共同的利益诉求，又可以将两个相互敌视的企业引向合作。处于同一行业，企业之间是"友好相处"还是"势不两立"，其中最重要的条件就是市场空间的大小。一般来说，足够的市场空间，同行企业之间一般会"平安无事"，相反，市场空间狭小，企业之间必然"冲突不断"。

当现有的市场空间无法满足企业们的生存要求时，一些企业的决策者便开始关注"细分市场"。于是，企业就能"碰上"自己未来的竞争对手。

一、市场细分

如果把相似的消费需求视为一个统一的整体市场，那么，其中不同消费群体的特殊需求就可以形成不同的细分市场。所谓市场细分，就是企业决策者通过市场调研，根据不同消费群体的消费方式、行为和习惯的差异，把某一产品（服务）市场化解为若干个碎片市场的过程。在一个成熟市场的竞争中，企业的"市场细分"行为显得非常重要。

1.市场细分可以为企业创造新的生存空间。产品（服务）的统一市场，对于一个企业的经营并没有实际意义，那种满足统一市场的全部消费需求的恐龙企业时代早已结束。在通常情况下，企业有针对性地满足某些消费者的特殊需求，是现代企业的普遍经营之道。特别是，当原先市场的竞争达到"红海"的程度，企业决策者需要通过市场的进一步细分，进入一个深度的碎片市场，抢占有利的竞争地位，这就是所谓的"蓝海战略"。"蓝海战略"的意义不是一个企业完全占有一个新市场，而是企业最先进入一种新的细分市场。对于人们热捧的"蓝海战略"，企业的决策者必须认识到，商业世界并不存在一个完整的"蓝海市场"，只是那些优秀的先行企业可能享受市场的"蓝海时刻"。商业中的"蓝海"就像蓝色的梦幻一样，激励人们奔向利润丰厚的新市场。等到了蓝海市场，人们惊讶地发现，蓝海市场并不是纯粹蓝色的，和自己一样喜欢蓝色的人也来到这里，结果大家一起分享这片逐渐蜕变的蓝色。与过度竞争的红海市场比较，能够享受到"蓝海时刻"的企业应该非常幸运。在这一时刻，企业的生存相对容易一些。

2. 市场细分可以提高企业的竞争能力。宁做鸡头，不做凤尾。在一个复杂的大市场里，消费者的某些消费特点，例如消费的数量、质量、规格、档次、频率等，可以帮助企业发挥自己的优势。企业可以依赖独特的竞争优势，不断强化自己在细分市场的竞争力，捍卫自己在细分市场中的优势地位，长期在这样一个合适的细分市场生存。这就是企业做鸡头的道理。没有任何一个企业，能够在某个行业内进行全方位竞争。那些全面出击的企业，表面上拥有一个"漂亮的大尾巴"市场，但是，随着尾巴上的羽毛一根一根折断，最终只能落荒而逃。

企业的最佳状态是"小而美"。当企业的决策者不满足做一个细分市场的鸡头，非要成为行业的巨无霸时，其结局只能是"大而衰"。可惜，这种不幸的故事在商业世界中一遍又一遍地重复着，完全是人性的贪婪使然。

3. 市场细分可以发挥企业资源的价值。任何一个企业的资源都是有限的。用有限的企业资源狂砸出一个大的市场，不如充分利用资源的特点，满足特定消费群体的市场需求，并在细分市场中建立起一种比较稳定的供求关系，从而轻松取得较好的经济效益。在这方面，一个必须消费 5 元的市场，要比可能消费 20 元的市场更有价值。

即使拥有丰富的资源，企业也需要依赖市场细分战略生存。比如，在中国的互联网市场中，前有 B(百度)A(阿里)T(腾讯)，后有 T(头条)M(美团)D（滴滴），完全是一片商业竞争的红海。在这样的市场格局中，雷军靠大约 460 个投资项目，分享了互联网世界中那些有价值的"细分市场"，形成雷军系"全家桶"，从而"坐拥中国互联网的半壁江山"。

总之，市场细分是现代企业生存的一个基本法则。对于正在细分市场的决策者来说，没有最细的市场，只有更细的市场。特别是对中小企业来说，只有细分、细分、再细分，它们才能在市场竞争中与大企业抗衡。当然，市场也不是企业想怎么细分就可以怎么分的。市场细分的过程，本质上是企业选择一个战略群体的过程。细分市场的行为必须具有战略意义，才能成为企业的战略行为。

二、战略群体

当统一的市场被划分成若干细分市场的时候，同一行业的企业竞争就变成不同的战略群体内的竞争。所谓战略群体，是指在同一个行业中战略相同或者条件相似的企业构成的组群。在战略上，同群企业要比同行企业更近一些，因而企业决策者更加重视研究同一群体的企业的经营状况。

美国企业战略管理专家波特对战略群体做了深入研究，他认为可以通过以下的企业特征组合，对一个行业内部的企业进行战略群体划分：

○ 产品（服务）的差异化程度；

○ 各地区的交叉程度；

○ 细分市场的数目；

○ 所使用的分销渠道；

○ 品牌的数量；

○ 营销的力度（如广告覆盖面、销售人员数目等）；

○ 纵向一体化的程度；

○ 产品的服务质量；

○ 技术领先程度（是技术领先者而不是技术跟随者）；

○ 研究开发能力（生产过程或产品的革新程度）；

○ 成本定位（为降低成本所做的投资大小等）；

○ 能力的利用率；

○ 价格水平；

○ 装备水平；

○ 所有制结构；

○ 与政府、金融界等外部利益相关者的关系；

○ 组织规模

战略决策者可以从上述特征中选出两项典型的特征，分别代表坐标的纵轴和横轴，按照选定的两个特征的表现程度，把行业内所有的企业列到坐标图的不同位置上，这样，特征相似的企业归为同一个战略群体。然后，根据每个战略群体占整个行业销售收入的份额，将每个战略群体画出一个圆来表示，最终获得一种市场的战略群体分布图。这种二维的坐标图，理论上称为"企业战略群体分析图"。见图2-2。

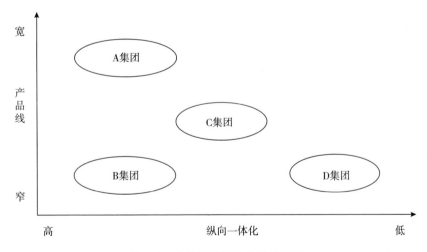

图 2-2　企业战略群体分析示意图

绘制一个战略群体坐标图时，绘制者要遵循以下的方法：

1.选择的两个经营变量不能具有很强的相关性。这样，绘制的战略群体图可以充分体现市场竞争的状态。

2.选择的变量最好能够显示企业的战略特点，体现出企业间竞争方式的差异性。

3.可以通过不同变量的组合，或者根据某一经营变量的连续变化，绘制多幅企业战略群体分析图，从不同角度观察和确认企业在一个行业中的竞争地位。

绘制战略群体分析图，能够帮助企业决策者从行业的总体压力结构分析，进一步转向行业内的不同战略群体内部的竞争分析。在同一个行业内，两个距离很远的战略群体通常不构成直接的竞争关系。当市场空间和战略模式的差异较大时，各战略群体内的企业都会专注自己的细分市场，对那些距离本企业所在战略群体较远的消费群体没有兴趣。但是，两个相距很近的战略群体，特别是产品差异不大，经营实力相当的战略群体之间容易发生竞争。有时，在同一个行业内，经营环境和市场形势突变，差异很大的不同战略群体在技术研发、广告、价格、渠道、服务等方面采取相同或相似的战略行为，这可能给整个行业的发展带来灾难。

一般来说，只有同一个行业内的同一个战略群体里，企业才构成直接的竞争对手关系。因此，同一战略群体的企业竞争也称为"对手企业的竞争"。

三、战略对手

企业的战略竞争对手，可以分为两种情况：一是现有的竞争对手，这种对手企业与自己的战略行为相同，彼此分享共同的细分市场，视对方企业为经营上的"敌人"。另一种情况是潜在的竞争对手，通常是那些相近战略群体的企业，也可能与细分市场中的原有企业构成对手竞争关系。在识别自己对手的问题上，战略决策者不仅要盯住企业现有的竞争对手，还要随时关注新的竞争对手的出现。因此，真正的商业高手实际上把自己作为自己的竞争对手，不断地超越自己，尽量拉开与现有的或潜在的竞争对手之间的距离。

大多数企业是无法摆脱和商业对手之间的激烈竞争的。在市场上，一旦竞争对手关系形成，对手企业之间很容易构成一种"此消彼长"的零和竞争状态。因此，对手企业的经营情况成为一个企业决策者最关心的外部因素。至于那些没有发现的潜在竞争对手，大多数企业的战略决策者没有精力考虑他们。商业竞争经常是一种"混战"，企业能够顶住现有的对手冲击，就已经非常了不起。所以，分析对手一般是指了解企业眼前的竞争者的经营情况，主要包括以下几个方面的内容：

1. 对手企业的营销情况，包括营销的手段、方式、节奏，主要商业客户的情况，广告投入，价格变动，营销计划和市场服务。

2. 对手企业的生产情况，包括生产场所、设备和工艺的改进、生产作业量、产品线的长度与宽度，库存量、产品规格、生产效率、应变能力、包装形式。

3. 对手企业的研发情况，包括研发投入、产品创新、技术开发、专利申请、产品试产的进度、试销的市场反映情况。

4. 对手企业的财务情况，包括资本和股权变动、资金周转、债权债务、债务结构、与财务支持者之间的关系。

5. 对手企业的业务单位结构与人员情况，包括工资薪酬、福利待遇、人员培训、人员结构、人才的引进与流出、企业决策层的变动。

企业决策者分析竞争对手的目的，一方面可以学习竞争对手的竞争优势，从而提高自己的经营水平；另一方面，企业可以发现竞争对手的竞争劣势，以便寻求市场发展的机遇。处理企业与竞争对手的关系时，企业决策者应该注意：

第一，尽量选择与高素质的对手共存。从长期来看，竞争对手的素质是企业生存和发展的重要条件。那些缺乏竞争素质的对手企业，可能经常使用"下三烂"的竞争手段。企业通过正常的竞争手段，无法取得与低质素企业竞争的胜利。如果能够选择，企业可以退避三舍。这和非洲狮子避开鬣狗的道理是一样的，不是狮子害怕鬣狗，而是让一只鬣狗趁机咬上一口，既疼痛又可能耽误自己捕猎，所以，狮子通常选择避开鬣狗。

第二，客观评价对手企业之间的关系。在同一个战略群体内，企业的地位是不同的，比如，在技术方面，有领先企业和落后企业之分；在市场份额方面，有强势企业和弱势企业之分；在经验方面，有在位企业和新进企业之分。个体在群体中生存的要领是分清彼此的地位与关系，争取实现有利的群体格局。企业在产业战略群体中生存也是如此。决策者清楚自己企业的优势和劣势，在市场竞争中进退有度，可以为企业争取一个和谐的生存环境。

第三，学会与对手企业分享市场。在同一个细分市场内，对手企业之间具有共同的市场利益，维护市场中企业的共同利益，有利于每一个企业的发展。虽然对手企业之间的竞争经常是一种"零和博弈"，但是，竞争不是商业的目的，利益才是人们参与商业的目的。企业决策者留意自己对手的同时，更应该关注自己的生意。遵守普遍的市场规则，共同分享市场增长的好处，是利己利人的企业发展之道。

商业对手与军事对手的不同之处在于，商业对手之间不是"你死我活"的关系。因此，企业在战略上不是消灭对手，而是与现存的对手灵活竞争，为自己生存争取一个较好的市场环境，获取更多的商业利益。

第四节　商业情报在战略思考中的作用

当人类进入信息社会之后，信息在社会活动中的作用越来越突出。在信息社会中，信息的搜集和利用逐渐成为人们生存的重要学问。经过搜集和筛选的信息，实际上就是所谓的"情报"。情报大致可以分为军事情报、商业情报、技术情报等不同的种类。所谓商业情报，是指企业合法搜集的有关商业环境的各种经济信息。"水至清则无鱼。"商务活动是一种信息不对称的社会活动。假若市场信息充分清晰，商业活动的价值就会消失。而且，在商业竞争中，企业失去商业情报的支持，就像蒙上眼睛的拳击手一样，无法消除商业活动的盲目性。因此，商业情报在企业战略决策过程中具有重要的战略意义。

处于现代商业竞争的时代，商业情报是继资本、技术、人才之后，成为决定企业战略的第四种经营要素。企业决策者普遍重视情报在战略思考中的作用。有些公司专门设置了"信息官"或者"战略情报官"，由此可见商业情报在战略决策中的作用。

一、商业情报的搜集与分析

要发挥商业情报在战略思考和决策中的作用，首先要关注商业情报搜集的渠道和方法。商业情报的本质是商业信息。在信息泛滥的时代，企业人员面对错综复杂的商业信息，常常感到眼花缭乱。如果把企业经营的外部环境划分为三个层次，即社会环境、行业环境和竞争对手，那么，企业搜集商业情报可以分为三个主要来源：社会的政治、经济、文化等方面的信息；行业发展的分析和统计数据；竞争对手企业的各种经营数据和消息。

有关社会、行业与对手企业商业战略信息的内容，我们在前面已经讨论过，这里需要进一步强调的是这些商业信息的传播渠道。

1. 社会信息主要来自社会新闻。企业决策者不仅要关心企业当地的新闻，还要关心国家重大的新闻；不仅要关心国内市场的新闻，还要关注国际市场相关的新闻。虽然行业不同的决策者关注新闻的重点不一样，但是，一个勤奋的企业决策者肯定是社会新闻的爱好者。

2. 行业信息的渠道非常广泛。比如，消费者的要求和抱怨，产业技术的发展趋势，专家的行业预测，市场专业人员对市场的统计资料，企业顾问的建议，等等。具有价值的行业信息主要来自市场和专业的研究领域。经常浏览市场消息以及关注专家的观点，企业决策者可以掌握行业的基本信息。

3. 竞争对手企业的经营信息比较复杂，主要来自企业的年度报告，公开的文献资料，新产品的发布和展销，促销人员的宣传行为，以及对手企业的决策者在不同场合的演说，等等。对手企业的战略是秘密的，但是对手企业的战略行为是公开的，因而对手企业的产品和行为可以帮助决策者猜测竞争对手的战略目的，甚至还包括对手自己可能也没有想到的战略效果或者存在的战略问题。

企业搜集商业情报的手段应该符合法律规定。稍有不慎，企业搜集商业情报的行动可能成为非法获取商业秘密的违法行为。其实，许多商业信息是公开和免费的。这要看企业决策者是否能够做到"慧眼识珠"。当然，有时花钱购买商业情报也是合理的。现在，许多大型企业建立了自己的情报和信息系统，由专门人员来处理各种商业信息，从而有力地增强了企业决策者的商业观察力。

情报分析是从商业情报筛选工作开始的。面对海量的商业信息，包括新闻报道、调研报告、资料汇编、各种文案等，企业决策者经常大伤脑筋，感觉无从下手。所以，在分析商业情报之前，情报人员必须对商业情报进行筛选。筛选商业情报的工作可以分为两个方面：一是判断、确认商业情报所包含的商业信息是真是假，有趣的是，虚假信息是商业社会中的普遍现象；二是根据情报的种类进行归档保存。应该注意，企业高价获取的商业情报并不一定具有很高的商业价值，偶尔的一则公开消息很可能包含战略上的价值。情报的价值不是表现在情报的价格如何，而在于情报的精准程度。

经过筛选的商业情报，或者摆在决策者的面前，或者已经印在决策者的脑海里，接下来，企业决策者需要从不同视角对商业情报进行分析。商业情报是如何被解读的，又如何成为决策者的战略决策依据，他人的经验我们无从得知。在这方面，我们只能相信"仁者见仁，智者见智"，本书强调以下几点：

首先，重视商业情报对企业战略的影响。面对浩如烟海的商业情报，销售经理重视价格和广告数据，生产经理重视生产成本和技术数据，人事经理重视专业人才的流向和待遇，财务经理关注资金的来源和构成。作为企业的战略决策者除了需要了解以上信息之外，更应该关注企业生存的威胁以及潜在的威胁是什么，企业的市场机会以及潜在的市场机会是什么。商业情报背后的商业价值确实不容易评判，但是，如果企业决策者选择一个特殊的视角，一份普通的商业情报立刻就会呈现出其战略价值。

其次，重点分析竞争对手的情报。竞争对手是企业在商业世界中的"敌人"，竞争对手的经营情况相当于战场上的"敌情"。对手企业之间的"零和竞争"，决定了对手企业的情报理应成为情报分析的重点。决策者不仅要了解对手的战略新动向，还要了解对手对自己企业战略的应对情况。如果需要某些特别情报，企业可以针对竞争对手进行特别商业调查，以便侦察对手企业实施某种特殊商业活动的真实目的。另外，企业应当建立竞争对手的档案，积累对手企业的经营信息。这些信息除了用于商业竞争之外，企业决策者还可以把对手企业的某些数据作为自己企业发展的标杆。

最后，战略的形成是基于各种假设之上的，合理的假设又是以商业情报的分析为基础的。人类的商业发展到现在，商业领域并没有形成一套关于情报的科学分析方法。在商业情报分析的过程中，人们只能各显神通。其中的基本原则是，企业决策者首先应该注意各种信息数据的定性分析，而不要盲目相信定量分析的结论；如果缺乏具体的商业数据，决策者只能依靠自己的商业直觉；如果担心自己的商业直觉不可靠，最好在小范围内征求他人的意见。战略思考的普遍情况是，企业决策者可以依赖的情报是有限的，而决策者的商业想象力是无限的。所以，巧妙的战略常常来自决策者对有限情报的精准分析，以及努力发挥自身商业想象力的结果。

总的来说，企业战略的形成是以企业自身情况为基础的。战略决策者应该认识到，在 VUCA[①] 时代，作为企业外部环境的数据，商业情报只是战略决策的一种必要条件，而不是充分条件。换句话说，情报可以帮助决策者判断战略的可行性与影响力，而不是用来决定战略内容的。因此，夸大情报的作用或者忽略情报的价值，企业决策者都将失去一个获得正确战略的机会。

二、战略秘密的保护

对同一个企业来说，保护自己的商业秘密与获取他人的商业情报同样重要。商业秘密构成企业竞争优势的保护屏障。[②] 一旦出现泄密事件，轻者丢失市场份额，重者丢掉企业性命。在这方面，中国企业特别是国有企业的教训深刻，像中国的宣纸技术、景泰蓝工艺等，都是在不经意间流失的，其中的教训惨痛。

法国情报机关的一项研究表明：在以往的商业秘密泄露案件中，因疏忽大意和不遵守保密规定的，占全部案件的 90% 以上。由此可见，保护商业秘密，企业需要建立保护商业秘密的制度，并严格监督执行各项保密规定。

对于战略的秘密，企业决策者不仅要警惕他人窃取，而且还要看好自己的嘴巴。"祸从口出"是有一定道理的。谋略是一种见光就死的东西。不说出来的是战略，说出来的可能就是他人攻击或者模仿的对象。

观察企业的战略情况，不仅是看一个人怎么说，而且是看这个人怎么做。往往那些到处宣传的战略，或者成为自己的"战略骗局"，或者成为他人的"战略笑柄"。真正的商业战略体现在企业的有效行为之中，但决策者

---

① VUCA 一词，起源于 20 世纪 90 年代的美国军方，是 Volatility（易变性）、Uncertainty（不确定性）、Complexity（复杂性）、Ambiguity（模糊性）的缩写，后被用来描述互联网时代商业世界的混乱现象。

② 商业秘密就是企业采取一定措施予以保护，不愿让他人知晓的商业信息。除了知识产权、渠道和客户关系之外，企业最重要的秘密就是"战略决定"。从某种意义上来说，保护商业秘密本身就是一种战略行为。

打死也不说。

当然，世界上许多大企业在取得战略上的绝对优势之后，公开宣传自己曾经完胜对手的商业战略。这种做法除了奚落商业敌人之外，就是为了炫耀曾经的商业成功，并且企业最终可能放弃这一战略。

第五节 评估企业的战略能力

战略是一种思维现象，这并不是说战略决策者只是想想而已。当产生一种战略想法的时候，企业决策者的头脑沿着两条思维轨迹，琢磨这种战略想法是否可行。其中的一条轨迹就是本章前面分析的内容，即考虑企业战略的社会时机、行业特点以及对手状况。这些是影响战略的外部因素，构成企业战略产生的外部条件。

一种战略想法是否可行，企业决策者主要应该评估企业自身的战略能力。战略能力代表了企业实现战略的内部有利因素。评估企业的战略能力，就是企业决策者的第二条战略思维轨迹。实际上，在战略构思形成之后，企业决策者的两条思维轨迹不分前后，也不分主次，决策者的思绪总是在两条思维轨迹上飞驰。

一般来说，处于战略构思的阶段，企业决策者满怀希望地构思出一种"战略想法"。冷静下来，决策者需要认真考虑自己企业是否拥有实现战略设想的条件和能力。借用中国古代军事战略家孙武的说法，战略决策既要"知彼"，也要"知己"，企业才能"百战不殆"。两者相比较，企业战略的选择与实现贵在"知己"。

一、企业的战略能力

企业能力和企业资源是两个不同的概念。企业能力，是指企业运用资源参与市场竞争，实现经营目标的技能。企业能力是以企业资源为基础的。然而，对于任何一个企业来说，资源的数量总是有限的，企业的能力却可能是无限的。显然，在资源和能力之间，战略决策者更应该关注企业的能力。

凡是能够影响战略实现的企业能力，我们都可以称之为"企业的战略能力"。企业战略的谋划与实施都需要量力而行。在战略思考过程中，决策者需要关注的企业战略能力包括以下几个方面：

1.资源的供应能力。资源供应能力，是指企业从内部或者外部获取资源，以保证企业战略实现的能力。资源供应能力的强弱，可以影响企业经营稳定性和战略推进速度。除了企业内部蓄积的资源之外，战略决策者可以从这样几个方面评判企业资源供应能力：

　○ 企业获取外部资金和技术支持的可能性；

　○ 企业在产业价值链中的位置；

　○ 企业与供应商之间的信誉关系；

　○ 企业与供应商之间的交通条件；

　○ 供应商的生产状况；

　○ 企业后向一体化经营的能力；

　○ 企业采购部门的人员素质与效率；

　○ 公关部门与政府、金融机构以及社区的关系是否融洽。

2.生产能力。生产是指企业将资源转变为产品（服务）的过程，是企业不同经营要素结合以及相互作用的行为。生产过程是许多企业战略优势的发源地。企业的生产能力主要包括：

　○ 生产数量是否达到了合理的经济规模；

　○ 企业处理临时订单的能力；

　○ 生产成本结构是否合理；

　○ 企业质量控制体系的有效性；

　○ 生产设施与设备使用的饱和度；

　○ 生产、加工、制作的技术是否恰当；

　○ 工艺流程的设计是否高效；

　○ 保证生产稳定性的预防措施如何；

　○ 生产与库存的比例是否合适；

　○ 生产岗位的划分是否标准；

　○ 生产人员的流动状况；

　○ 生产对环境的影响程度。

3.市场营销能力。市场营销是现代企业经营的关键环节。营销的成功与否，决定企业经营的盈利状况，也决定企业投资的风险程度。企业的营销能力主要体现在：

○ 营销人员的专业素质与敬业精神；

○ 营销人员反馈市场需求变化的准确性和有效性；

○ 营销的人员、计划、奖励是否有制度保证；

○ 企业对销售渠道的控制力度；

○ 企业广告的有效性、广告费用、形式与内容是否恰当；

○ 企业对新产品（服务）是否进行可靠的市场测试；

○ 决策者是否对销售市场与成本进行对比；

○ 企业的产品线与产品组合是否进行有效的调整；

○ 决策者是否了解顾客对企业与竞争对手产品的态度；

○ 销售商经营的动力与压力的表现；

○ 销售渠道的稳定性。

4.研发能力。研究开发能力决定企业未来的发展潜力。特别是对于科技企业来说，研发能力是企业重要的战略条件。企业的研发能力主要包括：

○ 企业是否拥有专门的研发部门或研发人才；

○ 研发资金投入与研发成果之比是否合理；

○ 企业与高校、科研机构的关系；

○ 企业拥有的专利技术；

○ 企业技术改造和工艺改进的状况；

○ 企业对研发人员的奖励政策；

○ 企业对新、老产品的评价机制是否合理。

5.企业的组织能力。企业经营是一种组织活动。在企业战略和企业组织之间，企业组织要随企业战略的改变而变动。反之，组织能力也会影响企业的战略，特别是对企业战略的执行方面影响较大。经验表明，成功的战略实施取决于有效的组织活动。企业组织能力的高低取决于：

○ 企业能否聚拢不同领域的人才；

○ 企业组织结构是否简明、有效；

○ 不同层次的企业组织目标是否一致；

○ 企业管理体制中的责、权、利之间是否统一；

○ 不同层次的人员之间能否有效沟通；

○ 工作环境是否有利于人才成长和内部流动。

6. 企业文化。企业是由不同文化背景的人员组成的。所谓企业文化，是指企业大多数人行为规范与思维方式所构成的观念总和。企业文化对企业战略的影响是潜移默化的，企业文化代表了企业战略的一种"软"能力。但是，背离企业文化，企业战略的实施就会遇到"坚硬"的困难。判断企业文化的战略作用主要从以下几个方面考虑：

○ 企业是否已经形成独具特色的企业文化；

○ 企业文化是否具有强烈的竞争性、包容性和创新性；

○ 员工对企业文化中的道德水准、价值判断是否接受；

○ 企业文化的特色是否成为企业新战略的障碍；

○ 决策者倡导企业文化与改造企业文化的决心。

评估企业战略能力时，有人喜欢将上述所列因素按照权数和评分，算出这些因素在企业能力构成中的加权数，并把这些加权数作为不同的企业战略能力重要性的表现，以便通览企业战略能力的总体情况。从表面来看，数据代表一种客观评价，但是，对一种能力进行准确打分可能是打分者的一种主观想法。因此，按照打分的方式评价企业战略能力不完全是一种客观评价。

客观评价企业的战略能力，可以把竞争对手作为标杆，通过企业与对手之间的差异，战略决策者就可以看到企业战略能力的高低。同时，战略决策者也可以将自己企业的历史数据作为标杆，从企业以往的战略行为效果中，预判新战略实施可能存在的问题。

二、价值链分析

为什么在相同的行业环境中，有的企业赢利，而有的企业出现亏损？为了解释企业经营能力的差异，美国的企业战略专家波特提出了"价值链"的概念。波特认为，企业的每项经营活动都是创造价值的，相互关联又各不相同的价值创造活动叠加在一起，便构成了企业经营的"价值链"。在企业经营的价值链条中，如果销售价值超过了经营成本，企业就能盈利；如果同样的经营活动超越了竞争对手所创造的价值，企业就拥有竞争优势。总之，价值环节的强势与价值链条的优化，可以增强一个企业的战略能力。波特的价值链分析理论，为客观评价企业的战略能力提供了一个重要依据。

在理论上，为了探寻企业战略优势的来源，企业决策者可以解剖企业各项价值活动的效果，并把企业的价值创造和经营成本状况与竞争对手进行对比，从而发现企业自身的竞争优势和劣势，这种战略分析方法称为"价值链分析"。见图2-3。

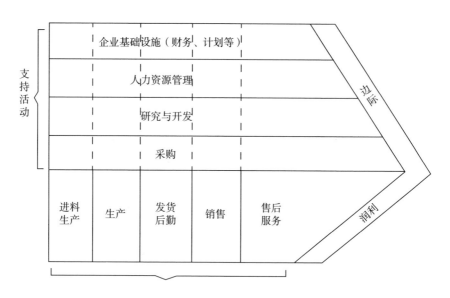

图2-3　波特的价值链分析图

根据波特的价值链分析图所示，企业的价值创造活动可以分成两大类：基本活动和支持活动。其中，企业的基本活动具体可以分为：

1.内部后勤，包括原材料的装卸、入库、盘存、运输以及退货等活动；

2.生产加工，包括加工制作、装配、包装、机器设备维修、产品检验等活动；

3.外部后勤，包括产品的收集、入库、保管、订单处理、送货等活动；

4.产品销售，包括广告、定价、促销、渠道选择等活动；

5.售后服务，包括产品安装、调试、修理、用户培训、零件供应等活动。

另外，企业价值创造活动中的支持类活动可以具体分为：

1.采购，包括原料、物料、设备等不同的企业采购行为；

2.研发，包括技术发明、产品创新、工艺流程的改进等活动；

3.人力资源管理，包括人员的招聘、雇用、培训、提拔、辞退等活动；

4.企业基础制度，包括企业计划、财务、组织设计、文化激励等活动。

实际上，在企业的经营过程中，并不是每个环节的活动都创造价值（利润和竞争力）。那些真正创造价值的经营活动，属于企业价值链上的"战略环节"。企业的竞争优势，是指企业在某个特定战略环节上的优势，或者是企业在几个特定战略环节的优势组合。企业价值链分析的目的，就是找出价值链条中的战略环节，并把这些战略环节保护起来，以便发挥企业的价值创造与市场竞争的能力。对于那些没有竞争优势的价值创造活动，企业要么对它们改造，要么将它们外包。同时，决策者需要不断整合企业资源，构筑一个最佳状态的价值链环，提升企业各项价值活动的整体优势。

从整个行业的角度来看，企业的价值链，同供应商的价值链、经销商的价值链以及客户的价值链一起可以构成所谓的"产业价值链"。一个企业的价值链，往往是整个产业价值系统的一部分。企业之间的市场竞争，不仅表现为企业自身价值链（环节）与竞争对手价值链（环节）之间的竞争，而且表现为双方与各自的供应商、经销商以及客户价值链对接效果的竞争。因此，决策者应把企业自身的价值链与产业价值链有机结合，打造一个有利于企业战略实现的价值系统，并依靠产业价值系统的支持，不断激发企业的战略能力。

怎样把一个价值环节的优势，结合到整个企业价值链条的优势中，又进一步整合到产业价值系统的优势中，实现"一顺百顺"的战略效果，这要取决于决策者的战略素养和企业的资源状况。

三、企业的核心能力

企业的核心能力也称为企业的"核心竞争力"，这是一个充满争议的概念。大多数的企业战略研究者认为，核心能力是企业所有能力中的最重要的部分，它表现为企业的一种关键资源、专利技术、特殊工艺、自有知识或者商业秘密。核心能力以企业的核心产品为载体，并构成企业系列产品竞争优势的根源。从广义上说，核心能力就是一个企业在市场竞争中生存的关键能力。由此推断，凡是在市场中生存下来的企业，都拥有自己的核心能力。企业决策者能够识别和评价自己企业的核心能力，并把企业核心能力作为企业战略的支撑点，这是非常重要的战略思考原则。

一般来说，企业核心能力的基本特征可以分为独特性，即为企业所独有；扩展性，即可以衍化成为具体的产品或服务；增值性，即可以为企业创造更多价值。同时符合以上三个特征的企业能力，都属于企业的核心能力。无论企业凭借怎样的渠道和方法拥有了核心能力，一旦形成核心能力，企业就需要努力保护自己的核心能力，而且需要千方百计地掩盖这种核心能力。具体表现在以下几个方面：

1.加强对企业核心能力携带者的控制。掌握企业核心能力的人员，称为"核心能力的携带者"。在企业组织中，核心能力携带者起着中流砥柱的作用。他们一旦离开企业，就可能造成商业泄密或者企业竞争能力的削弱。如果核心能力完全流失，企业的竞争优势将不复存在。特别是企业的竞争对手获得这种能力，企业的生存必然受到威胁。为此，企业要努力将个人的技术秘密转化成集体的核心技术，将企业的核心能力升华为企业的品牌和文化优势，并努力延缓企业核心能力扩散的速度。

2.自行研发和生产核心产品。在技术型产业中，核心产品是企业核心能力的集中体现。凡是涉及核心产品的研究与生产，企业不能委托他人完成，这样可以有效地把核心能力保留在企业内部。不仅如此，具有战略眼光的决策者舍得投资企业核心能力的延展技术和关联技术，不断壮大和提高企业的战略竞争能力。

3.培育企业新的核心能力。从长远来说，企业核心能力的扩散是迟早的事情。在现代商业竞争中，产品和技术的迭代速度很快，比如，通信的4G技术价值还没有充分释放，5G技术已经初露端倪。更可怕的是，5G技术还没有开始全面商用阶段，6G研发的竞争已经悄然布局。企业只有主动变换自己生存的核心能力，做到拥有一代，研发一代，预测一代，才可能成为市场竞争中的战略领先者。

花无百日红。企业的经营也是如此。一个聪明的企业战略决策者，往往善于发现企业生存的诀窍（核心能力），同时又能够充分利用这种能力，为企业争取最大的商业利益。当商业环境已经改变，过去的商业技能无法适应新的商业竞争，且没有形成新的战略能力，企业被市场淘汰应该是迟早的事情。趁早放弃一个没有核心能力的企业，这也是聪明的战略决定。

四、评估企业战略能力的工具

提出一个企业战略，是决策者考虑企业的内部条件与外部条件的综合结果。企业战略管理理论中的设计学派认为，影响企业战略形成的众多因素，最终可以分为企业内部的优势（Strength）、劣势（Weaknesses），以及企业外部的机会（Opportunities）、威胁（Threats）等四个方面。分别采用 S、W、O、T 四个英语字母代表优势、劣势、机会和威胁这四个方面的因素，将四个方面的因素的影响后果绘制到同一个矩阵图中，人们就可以形成一个 SWOT 分析矩阵图。见图 2-4。

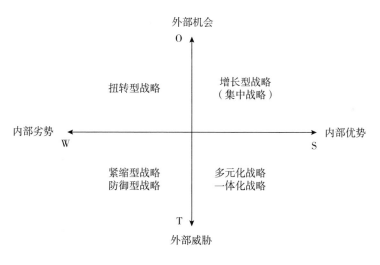

图 2-4 SWOT 分析矩阵图

分析一个企业 SWOT 的目的，是帮助战略决策者识别企业发展的优势、劣势、机会和威胁分别是什么，以及选择一个什么样的行为组合是最有利的战略决定。因此，SWOT 分析矩阵是一种经常被用作评估企业战略能力，以及确定企业总体战略决策的工具。

1.SO 象限内的业务代表企业的最优状态。在这种情形下，企业应充分利用环境机会，发挥企业的竞争优势，实施企业快速发展的战略。

2.ST 象限内的业务代表企业的次优状态。企业具有竞争优势，但又面临不利环境的威胁。利用在市场竞争中的强势或者开辟新的市场，开展一体化经营或者多元化经营，企业可以降低外部环境威胁的程度。

3.WO 象限内的业务代表企业的较好状态。这时，企业拥有市场机会，但缺乏能力来捕捉这种市场机会。尽快扭转企业能力上的劣势，企业决策者需要对业务的流程再造，引进技术和人才，以及实施企业组织和功能的重组。

4.WT 象限内的业务代表企业的最差状态。企业自身的竞争实力较弱，又面临许多方面的外部环境威胁。在这种情况下，企业缩小经营规模，创新产品或创新市场，退出现有的市场，都是企业决策者可以做出的战略选择。

以上的分析表明，SWOT 模型可以勾勒出企业战略能力的整体表现，能够为企业的战略决策提供一些参考和帮助。但是，企业决策者完全迷信 SWOT 分析的结果，将是一种很危险的行为。理由是，同一种战略因素对于不同的企业来说，可能是机会，也可能是威胁；可能是优势，也可能是劣势。况且，战略因素总是处于不断变动之中，企业决策者一旦将变动的战略因素凝固化，得出的结论可能就是愚蠢的观点。

总之，作为企业战略能力的评估工具，SWOT 分析模型只可以说明企业战略选择方向的合理性，其结论不能作为企业战略决策的主要根据。

第六节　关注战略利益关系

企业的生存和发展，总是离不开各种利益相关者的伴随。所谓企业的战略利益相关者，是指能够影响企业战略形成和实施的个人或组织，例如股东、员工、工会、供应商、经销商、消费者、行业组织、政府、社区、媒体、社团组织、金融组织等。为了自身的利益，利益相关者支持战略或者反对战略都是正常的现象。企业决策者关注战略利益关系的目的，是为战略创造一种和谐的内外环境。

一、企业内部的战略利益相关者

企业是一种从事经营活动的组织。决策者关注企业内部的战略利益关系，实际上就是寻求战略的内部支持力量。企业内部的利益相关者可以分为三个层次：股权持有者；经理人员；普通员工。企业内部拥有和谐的战略关系，可以充分发挥企业内部各阶层的利益协调性，有利于企业的稳定与战略的实现。

独木不成林。商业风险和企业规模的不断增大，导致越来越多的私人企业变成股权制企业。股权制企业可以增强企业的实力，分散股东投资的风险。但是，战略决策者对股权控制不力，股权制企业容易发生内讧，从而影响企业战略的决策和执行。组建股权制企业，除了志同道合的要求之外，战略决策者必须拥有企业股份的控制权。[①] 从长远来说，股东之间的利益冲突在所难免，企业股权出现分割、转移也是很正常的事情。无论企业的股份怎样变化，企业决策者的控股权或者投票权要保持稳定，企业战略的决定权一定来自股权的力量。

经理人员在企业战略关系中的地位比较尴尬，一方面，他们承担企业的生产、技术、营销、采购、行政等管理职能，比普通员工更接近企业的战略利益；另一方面，他们与股权持有者毕竟不同，他们不是企业的主人。明智的企业股东愿意用股权来奖励经理人员，以便换取经理人员对企业战略的支持，实现"财散人聚"的长远发展目的。

当企业股权分散到一定程度时，职业经理成为企业战略的实际决策者，

---

① 根据我国法律规定及商业实践经验，一个股权制企业的控制权可以分为这样几种情况：一是绝对控制权，即 67% 的企业股权，相当于 100% 的企业控制权，主要权利包括：修改公司章程、公司的分立与合并、变更经营项目以及其他重大战略决策。二是相对控制权，即 51% 的企业股权，可以绝对控制一个公司的运营。三是安全控制权，即 34% 的企业股权，享有重大决策的一票否决权。另外应注意，因企业注册地的法律规定的不同，企业控制权所要求的企业股权比例可能不同。

他们有可能牺牲企业的长远利益，战略有时成为职业经理谋取个人利益的手段。这种现象虽然属于特殊情况，但值得企业股东们的警惕与防范。

对于企业来说，员工是企业的一种经营资源，也是企业的一种经营成本。没有足够的合格员工，企业的经营不稳定，但是，企业付出过高的劳动成本，又可能侵蚀企业的利润。所以，企业和员工的战略利益关系表现两个方面，一方面，战略必须兼顾员工发展的机会、工作的薪酬与生活的福利；另一方面，员工需要认可或者接受战略的价值。显然，员工队伍的稳定，有利于企业战略的推进。除非特殊情况，企业战略不应损害员工的长远利益和整体利益。

在企业内部的战略利益关系中，控制企业股权的人就是企业的战略决策者，经理人员是企业战略的执行者，普通员工只是企业战略的追随者。企业最大的战略利益者就是股权持有者，经理次之，员工是最后的战略利益分享者。反过来，战略风险的最大承担者是股权持有者，经理次之，员工受到战略风险的影响最小。

以上分析表明，虽然战略最终影响到企业的每一个人员，但是，战略绝不是企业所有员工的意志体现。那些热衷"全员战略"的观点，忽视了企业战略利益关系的层次性，可能不利于企业战略目标的确定。

二、企业外部的战略关系

战略总是在某种有利的外部环境中实现的。在企业的外部，决策者应该考虑的战略利益关系主要包括：企业与企业之间的"边界关系"，企业与客户之间的"客户关系"，企业与金融机构之间的"银企关系"，以及企业与政府机关之间的"政企关系"。简述如下：

（一）边界关系

从企业活动的特点来观察，企业可以被比喻成为一种"经济动物"。与动物的生存方式相似，作为一种经济动物，企业也需要给自己划定一个生存的空间。在理论上，企业活动的空间现象称为"范围经济"。所谓范围经济，是指企业经营所涉及的行业和市场必须保持在合理的范围之内，以便取得最大的经济效益。具体可以分为两种情况。

　　一是行业范围。以生产企业为例，企业与上、下游产业的商业客户分别构成供应关系和经销关系。一旦企业实施"前向一体化"经营，就跨入下游的产业，与经销商的合作关系就变成竞争关系；反之，企业实施"后向一体化"经营，就挤进了上游供应商的产业，企业与供应商的合作关系也就变成了竞争关系。当然，上、下游产业之间的企业合作，并不排除他们之间存在商业竞争关系。特别是，当商业环境突变，上下游产业的企业合作关系变成直接的竞争关系也是经常发生的现象。但是，盲目进入新的产业经营，企业可能面临一系列的风险，像市场环境不熟、成本过高、人才缺乏、管理经验不足，等等。如果贸然进入一个和自己原来经营根本不搭界的行业，企业可能会面临更大的风险。

　　处理上、下游产业关系时，企业理性的选择是坚守自己的商业边界。企业可以在边界不断游走，但不要轻易进入他人的地盘。在商业边界问题上，动物生存的边界规则同样适用于企业的经营行为。企业跨界与动物越界的风险是一样的。

　　二是市场范围。在相同产品或服务的市场里，同行企业之间是横向的市场竞争关系。每个企业市场份额的大小取决于企业的竞争实力。企业能够蚕食他人的市场份额是一件好事情，但是，"杀敌一千，自伤八百"不算理性的战略行为。另外，根据企业所在的地理位置，每个企业都有自己的销售半径，超出合理的销售半径，费用和成本就会增加，企业的利润率也自然会降低。

　　企业逼死最后一个竞争对手，这也许是一个很可怕的结果。在这种情况下，更大的市场空间可以招来更大的竞争对手。企业逼死对手的行为，有可能就是替这个更大竞争对手清理门户。从战略意义来看，企业决策者要学会分享市场和控制市场，而不是企图独占市场。

　　动物生存的快乐，不是长成一个最大的动物，而是快乐地生活在自己的领地之内。企业的生存也是这个道理。在一个相对稳定的经营领域，企业活动应该界定在一个合理的范围中，没有必要成为某种超级的经济动物，因此可能失去生存的快乐。

（二）客户关系

当消费者成为上帝的时候，企业就要准备下地狱。① 无论怎么说，企业和消费者之间总是一种爱恨交加的关系。企业千方百计、连哄带骗，以便尽可能从消费者身上获取利润，消费者最终并没有得到上帝般的待遇。反过来，消费者根本不需要考虑企业的困难，没有最便宜的，只有更便宜的，他们毫不留情地把企业逼上亏损之路，上帝的仁慈在消费者身上一点也看不到。那么，企业为什么要称消费者为"上帝"呢？这是因为，消费者突然喜欢某个品牌的产品，就可以把这个企业捧得大红大紫；而突然抛弃某个产品（品牌），又可以把一个企业逼进地狱。

企业处理与消费者的关系，并不需要讨好所有的消费者。能够决定企业生死的消费者，只是所有消费者中的一部分，即长期稳定消费企业产品的消费者，他们可以称为企业的"老客户""铁杆粉丝""忠实的用户"。客户是企业的上帝，这句话是有一定道理的。

企业选择自己的客户，通常使用产品和价格两种手段。一方面，产品的差异性将市场中的一部分消费者拉进了企业客户的圈子，另一方面，企业产品（服务）的高价或者低价，又可以将那些不是企业客户的人赶了出去。无论怎样努力，企业始终拥有一部分消费者，无法俘获所有消费者的芳心。

总之，企业和消费者的关系是一种相互利用的关系。企业必须通过产品销售实现战略目标。因此，消费者是企业外部最重要的战略利益相关者，与消费者的关系成为企业的战略起点、战略手段、战略行动以及战略目标的核心因素。聪明的企业决策者就像心理大师那样，分析和揣摩自己客户的消费关切点，构建企业与客户之间稳固的关系。从这个意义上说，参透商业世界的人性是企业决策者战略思考的顶级功课。

（三）银企关系和政企关系

企业与金融机构的关系，可以简称为"银企关系"。金融机构向企业提

---

① 企业敬重消费者是因为他们奉献利润。从根本上说，企业并不关心自己产品的消费者是谁，也不关心消费的意义是什么，企业最关心消费者付钱的动机和付钱的数量。毫不奇怪，企业称游戏的消费者为"玩家"，奢侈品的消费者为"豪"，付钱多的消费者为"爷"。

供资金，资金是企业运转的血液。在企业出现资金困难的时刻，金融机构提供的资金就是企业的救命稻草。然而，在现实生活中，资金提供者只会锦上添花，绝不会雪中送炭。对于企业决策者来说，靠金融机构救急，不如靠自己在股权和债务方面的战略设计，稳定的股权架构和良性的债务关系，来保障企业战略的平稳推进。

在互联网金融的时代，网络金融的发展，为企业的战略实施提供了新的金融路径。比如，"众筹"可以为企业迅速聚拢资金。随着传统金融的衰落、风险投资的增长以及网络金融的兴起，可以预见，企业在"传统银企关系"中的地位将彻底改变，一个具有战略优势的企业能够吸引大量的资金提供者。

即使银行机构比较市侩以及传统银行出现衰落，这也不意味企业决策者可以忽略银行在战略推进中的作用。一个良好的银企关系，是企业战略实现过程的"压舱石"。

企业与政府的关系，简称为"政企关系"。企业决策者对于政企关系的处理，最理想的原则是对政府机构"敬而远之"。企业与政府官员的关系太近，容易拉升经营成本，形成不正当的政商关系，如果官员一旦倒台，倒台的官员就会殃及池鱼（企业）。可是，企业与政府官员的关系太远，可能丢掉政府的订单、投资或者政策支持，影响企业做大做强。保持与政府机构的关系在一个合法的范围之内，抓住重大的发展机会，又能摆脱不法官员的骚扰，这的确是一种战略艺术。

在世间所有的社会关系中，利益关系是最复杂的。面对错综复杂的战略利益相关者，决策者无法照顾所有的利益关系，但决不能忽视关键的利益关系。天下熙熙，皆为利来；天下攘攘，皆为利往。战略成败与战略利益关系的向背之间具有一致性。只有顺应商业利益关系的要求，企业决策者才能获取战略发展的机遇和资源。

总的来看，在企业战略涉及的所有的利益关系中，股东、消费者和员工的关系，构成企业最重要的战略利益关系。这种"三位一体"的战略利益关系，是企业战略发展的重要保障。①

---

① 王永强：《张勇：家里家外海底捞》，《中国经营报》2012年3月19日。

第七节　规划企业品牌

从企业诞生的那一时刻起，品牌就构成企业组织、产品或服务的标志和符号，代表企业的形象。随着企业经营的拓展，一个品牌可能逐渐衍化成一种品牌体系。从功能来看，品牌虽然不是企业战略的具体内容，但是，没有品牌特色的战略是不完整的。因此，规划品牌成为企业决策者思考战略的一个重要内容。

一、品牌与企业战略的关系

简单地说，品牌就是企业产品或服务的标志。经过长期的商业实践，品牌的概念已经包含丰富的内容。

1. 品牌是企业的商标。经过法定程序，被依法核准的注册商标，是企业产品或服务的法定标志。在此基础上，有些企业以商标为核心设计企业的符号识别系统，包括产品包装、企业服装、办公标识，从而确定企业参与市场竞争的统一形象。

2. 品牌代表企业的市场地位。在同一品类的市场中，品牌地位实际上就是企业在消费者心目中的地位。著名品牌本身具有强大的市场号召力，弱小品牌的企业一般属于市场中的弱势群体。通过商业品牌的排序，人们可以大致判断出企业市场份额的大小。

3. 品牌是企业的无形资产。当品牌成为优质产品或服务的标志时，消费者愿意为品牌支付溢价，为企业带来额外收益，品牌逐渐构成企业的无形资产。据英国《金融时报》网站估计，截至 2011 年，美国苹果公司的苹果商标的市场价值超过 1500 亿美元。

以上三点说明，作为企业生存与发展的客观需要，品牌既是企业的一种物质视觉符号，也是消费者对企业的一种心理认知，还可以构成企业的一种无形资产。因此，企业的品牌具有战略意义。

重视企业的品牌，企业并不需要实施所谓的"品牌战略"。按照某些教科书的解释，品牌战略是指以品牌作为企业的核心竞争力，来获取更高产品利润与商业价值的谋略。实际上，在消费者日益成熟的现代经济中，单纯依靠品牌宣传来提升企业地位的做法是不现实的。在逻辑上，品牌不是企业战略的内容、手段和目标，而是企业形象的标识以及战略行动的旗帜。只有把品牌和企业整体发展战略相结合，企业才能够发挥品牌应有的作用。对于企业的基本战略来说，品牌可以起到"锦上添花"的效果。企业品牌的战略作用主要表现在：

第一，有利于明确企业的市场定位。品牌是企业营销领域的一种现象，其作用是加强企业和消费者之间的互动关系。企业利用品牌宣传产品质量和服务水平，可以为自己的产品或服务烙上标记。当消费者接受企业产品或服务的时候，这一行为就是认可这种产品或服务的品牌，从而促成企业在市场中的消费定位。随着更多的消费者选择企业产品（或服务），企业品牌的知名度和美誉度不断提高，企业的市场地位将会不断提升。可见，品牌是企业市场定位和市场地位的显示工具。

第二，有利于控制产品或服务的细分市场。一种产品（服务）的市场容量是有限的。当现有的市场需求饱和时，企业竞争可以转向细分的市场，像啤酒市场不断被细分出纯生啤酒、淡爽啤酒、干啤酒、黑啤酒等小众啤酒消费市场，一旦夺取某一细分市场的主导地位，企业就需要做出自己的品牌标志。如果能将自己的品牌作为某一细分市场的代表，像雅客 V9 代表维生素糖果那样，企业就容易获得这个细分市场的最大份额。品牌相当于企业在某一细分市场插上自己的胜利旗帜。

第三，有利于形成产品的溢价效应。赢得消费者认可或者同行的尊重，这并不是企业重视品牌的最终目的。当消费者成为企业的忠实用户，会心甘情愿地为企业品牌多付一定的价格，这时，品牌就可以从视觉符号变成真金白银。有趣的是，如果没有及时兑现，企业决策者有可能伤心地发现，曾经的品牌价值已经大幅缩水，甚至一文不值。

第四，有利于积累无形资产。当企业的品牌成为某一个行业的领军品牌时，像苹果、可口可乐、华为、中国移动等，品牌本身滋生出虚拟价值，经过专业的市场机构的评估，可以形成企业的无形资产。这种虚拟价值构成企业信用的背书，可以为企业战略行动提供资源优势。

实践表明，品牌始终依附于企业的产品（服务）。当企业的产品处于强势，品牌对企业的竞争力来说具有增强或放大作用。相反，产品在市场上处于弱势，企业品牌自然会大幅缩水，比如曾经红极一时的柯达、诺基亚，其品牌影响力已经消失殆尽。说到底，品牌只是企业产品（服务）战略的形象。企业决策者夸大或者忽略品牌的战略作用，都可能影响企业战略的效果。

二、创立品牌的战略思路

企业创立品牌，是一个具有战略意义的长期工程。正如前面所述，品牌的影响力最终来自企业产品（服务）的竞争力。企业创立品牌的行为，必须服务于企业的产品和市场战略。规划品牌时，企业决策者需要认真处理三种关系。

首先，企业与品牌的关系。当企业诞生时，企业的品牌决策面临许多选择：一是有品牌还是无品牌的选择；二是自创品牌还是加入品牌的选择；三是做小品牌还是傍大品牌的选择；四是品牌与企业同名还是异名的选择。企业的选择思路不同，品牌发展的结果不同。

无品牌的企业可能一时轻松，没有品牌投入的负担，但市场成熟之后，没有品牌的企业必然遭遇没有名分的尴尬。加入强势品牌的联盟，例如加盟"麦当劳"连锁经营，企业可以借势发展，但有可能为他人作嫁衣。企业傍大品牌可能一时痛快，却容易惹上法律纠纷。与企业同名的品牌，可以受到法律的双重保护；品牌与企业异名时，品牌问题和经营问题分开，企业可以避免品牌和经营之间的相互干扰。其实，商业品牌没有大小之分。自创品牌应该是企业最好的战略选择。

其次，产品与品牌的关系。在产品与品牌之间，产品是内容，品牌是形式。内容决定形式，企业需要根据产品的特点、消费者的偏好以及市场上的品牌现状，设计具有视觉效果良好和安全性较高的品牌。反之，形式一定要为内容服务，企业设计的品牌形象一定要和产品创新、技术创新、市场创新同步，充分体现企业的产品、技术和市场优势。在战略意义上，产品代表企业的战略布局，品牌只是企业的战略局部。

最后，单一品牌和多个品牌的关系。当企业开始多元化经营之后，决策者面临单一品牌与多个品牌的选择问题。把企业品牌不断延伸，用同一个品牌统领企业不同业务和产品，好处是每个产品都可以分享企业品牌的强势，降低企业品牌投入和品牌管理费用。但是，单一品牌的最大风险是，众多产品之间容易发生"一损俱损"的情况。为了避免这种风险，也为了抢占不同的细分市场，大型企业一般实施多品牌的策略，像宝洁公司，用"飘柔"品牌占领"柔顺头发"的市场，用"潘婷"品牌占领"营养头发"的市场，用"海飞丝"品牌占领"头发去屑"的市场，用"沙宣"品牌占领"亮泽头发"的市场，从而全面掌控洗发水的市场。当然，多品牌策略绝不是小企业可以效仿的，这需要企业设立专门的品牌管理机构和巨大的品牌投入。

总之，作为企业的战略旗帜，品牌与企业战略息息相关。企业创建具有特色的品牌，有利于增强企业战略的效果。

第八节　构建商业模式

著名企业管理专家彼得·德鲁克曾说：当今企业之间的竞争，不是产品之间的竞争，而是商业模式之间的竞争。在思考商业环境、产品特色、资源能力、品牌等战略因素之后，企业决策者还需要把这几种战略因素架构到一种经营系统内，以便发挥这些元素的整体效用。这种经营系统的结构部分，可以称为"商业模式"。

一、什么是商业模式

自20世纪80年代以来，商业模式、经营模式、赢利模式等概念风靡全球的企业界。可是，商业模式的概念至今仍然说法不一。要理解这个概念，首先要正确解释"模式"的含义。在这里，模式应该解释为"特殊的样式或者方式"。因此，商业模式实际上就是企业经营某一行业的独特运行方式。同样的买卖大家做，为什么有人赚得盆满钵满，而有人却亏得一塌糊涂？这种巨大差别可能不是产品、资金、技术或人才这些单个因素造成的，而是这些因素的组合方式出了问题。在把企业单个竞争因素已经发挥到极致的情况下，从20世纪80年代开始，企业的决策者们又开始琢磨怎样在经营的运行方式层面展开竞争，即利用多种经营因素的特殊结合方式，借助经营系统发力，实现企业整体实力的竞争。于是，商业模式的概念应运而生。

从一定意义上说，商业模式代表企业战略行为的风格，是企业经营战略的缩影。因此，商业模式具有以下特点：

一是系统性。商业模式将企业资源、经营行为、组织功能，甚至行业特色、社会时尚等经营内容包括进来，构成企业运行的有机系统。依靠企业独有的经营系统，或者经营系统的某一特色，企业可以轻松超越自己的竞争对手。例如，国美公司把电器产品从传统的百货市场中独立出来，依靠大规模的连锁模式，削弱单个电器生产企业的议价能力，打击百货商场的竞争实力，创造了电器经营的奇迹。

二是虚拟化。商业模式是企业决策者对现有企业资源精心构思和配置的结果。从本质来说，商业模式的概念并不代表企业的实体运行，而是企业实体运行所呈现出的一种商业诀窍。构思商业模式，最终是企业决策者们在战略思维上的较量。比如，阿里公司为了应付来自 Ebay 中国公司的竞争压力，提出平台免费的商业运作模式，吸引了巨量的网店进驻淘宝，最终靠流量战胜了 Ebay 中国公司。

三是价值性。商业模式主要回答这样几个问题：企业的利润从何而来？企业赚钱的渠道是什么？企业凭什么手段能赚到钱？这些问题的答案，就是一个企业商业模式的主要内容。分析企业盈利或者亏损的原因时，企业决策者必然要探讨这些问题。因此，商业模式也被称作企业的"赢利模式"。每个盈利的企业都有自身依赖的独特商业模式。在资本充裕的时代，商业模式已经成为企业竞争的胜利法宝。

四是差异化。在不同企业之间，乃至同一企业的不同时期，商业模式存在一定的差异。商业模式是企业在一定时期的内部因素和外部因素整体优化的结果，几乎所有的经营因素都可能影响企业商业模式的特点。在同一个行业的内部，多数企业坚持行业传统的商业模式，少数先进企业尝试对传统商业模式进行创新，个别企业可以对传统商业模式进行颠覆。例如，当大多数中餐企业依靠菜品丰富程度进行竞争时，北京的"雕爷牛腩"却提出依靠12 道金牌菜谋利，在中餐经营中活得相当精彩。[1]

---

[1]   姜蓉：《雕爷牛腩"类 ZARA 式"生存》，《中国经营报》2013 年 7 月 29 日。

总之，商业模式体现了企业依赖某种商业活动赚钱的赢利逻辑。长期生存的企业都拥有自身独特的商业模式。随着商业模式的变革，完全依赖传统模式生存的企业将遭遇灭顶之灾，那些活下来的企业必定改变了经营的模式。

二、构思商业模式的原则

在商业活动中，没有自己独特的商业模式，企业有时照样可以赚钱。这是为什么呢？因为人们可以照搬他人的商业模式。可是，照搬商业模式面临商业经验不足的问题。从长期来说，企业照搬他人的商业模式无法产生持久的竞争优势。企业决策者希望超越竞争对手，必须在商业模式方面创新。创新商业模式的基本原则是：

首先，满足客户的需求偏好。企业决策者构思商业模式的第一步，就是寻找客户群，并满足客户群的特殊需要，即"消费偏好"。消费市场中的偏好大致可以分为两种情况：明显的市场空白和模糊的市场消费潜力。企业满足前者，比如提供更好的产品功能；企业满足后者，比如提供更好的产品体验。企业决策者准确分析和预测一种消费偏好，是构建商业模式的基础。

其次，企业赚钱容易。决策者研究商业模式的目的，就是帮助企业从消费者身上巧取利润。在商业实践中，有些企业使出浑身解数，逼迫客户接受质次价高的产品，却没有思考在经营中怎样节省原材料、改进工艺、提高效率、减少人员、降低费用等。从某种程度上说，商业模式体现了企业整合资源的效率。商业模式的成功其实并不神秘，只是企业整合和利用资源时能够做到简单、极致和有效而已。

最后，商业模式具有特色。在商业世界中，普通的商业模式没有价值。商业模式相似，企业之间的商业竞争必然残酷。战略决策者构思一种运行独特又可控制其风险的商业模式，必须符合社会文化的特点，市场的时尚要求，行业发展的趋势，以及企业的能力。没有最好的商业模式，只有更好的商业模式。伴随人类商业的发展与进步，企业的商业模式永远处于改进和创新过程之中。

从理论上说，战略决策者对企业的商业模式考虑成熟，这标志着决策者的战略思考过程基本结束。这时，对于未来的企业战略行动，决策者已经考虑清楚：企业要在哪里赚钱（市场需求），赚什么样的钱（定位和利基），赚钱的前景如何（愿景），赚钱的环境怎样（社会因素、行业和对手），赚钱的能力有哪些（资源和竞争力），赚钱的技巧是什么（品牌、人脉和模式）。战略思考到了这一步，一个激动人心的商业战略呼之欲出。

第三章　战略思想

从战略构思开始，经过一番战略思考之后，企业决策者进入战略思维的收获时期，即提出正式战略方案的阶段。在企业战略决策过程中，战略思想和战略方案是一体的，两者之间是抽象和具体的关系。所谓战略思想，是指企业决策者在战略方案中表达的观点和方法。由于战略思想蕴涵在战略方案之中，而战略方案又是企业战略行动的根据，所以，决策者的战略思想成为企业经营成败的根源。

通常，鲜活的战略思想存在于决策者的头脑，战略行动方案中的战略思想可能被修正，这两种情况的战略思想都是处于不断变化的状态，无法成为企业战略思维研究的对象。一直等到企业战略行动结束，企业战略的运动轨迹显现出来，或者企业战略的详细方案公布于众，人们才可以发现战略的真相。这时，企业决策者的战略思想成为研究和分析的对象。

学者们通过对以往企业战略行为轨迹的分析，总结和整理了一些比较成熟的企业战略思想，这些战略思想可以称之为"经典的企业战略思想"。为什么称作"经典的企业战略思想"呢？这是因为这些战略思想是按照目前的企业战略思维水平总结的，代表人们已经成功运用的企业谋略。随着人类商业的进步，新的企业战略思想必将不断涌现。相对于整体的企业战略思想体系来说，那些曾经成功的战略思想只能称为"经典的企业战略思想"。

重新梳理经典的企业战略思想，我们可以将其分为三个部分：企业的发展战略、竞争战略以及合作战略。与这三种战略思想相对应的战略行为分别是：企业的发展行为、竞争行为以及合作行为。由于这三种战略行为基本代表企业的主要战略选择，所以，经典的战略思想也是经营企业的"基本战略思想"。

除了三种基本战略之外，有人还提出营销战略、财务战略、研发战略等所谓的"企业职能战略"，以及品牌战略、融资战略、人才战略等所谓的"企业专项战略"。实际上，这些都是企业战略的组成部分。因此，有关企业职能战略和专项战略的内容不在本章的范围之内。

第一节　企业的发展战略

企业一经产生，就进入一种或长或短的发展过程。在企业发展的过程中，"生存"永远是企业首要的发展行为。对于任何企业来说，最重要的发展战略是"稳定战略"。

一、稳定战略

稳定战略，顾名思义，是企业在一定时期内对产品或市场保持现状的一种战略。稳定也是企业的一种发展状态。在没有清晰的战略方向可以选择之前，原地踏步或者小步前进也许是企业最稳妥的发展战略。根据企业稳定的表现程度不同，企业的稳定战略可以分为两种类型：一是微增长战略，即最小幅度的市场份额提高或产品销量的增加；二是维持战略，面对市场的不景气，企业努力维持当前的赢利水平或经营规模不变。

对于一个行业的大多数企业来说，微增长或维持不变的发展状况应该是企业发展的常态。这种稳定战略具有以下特点：

1.战略决策者满足于企业已经取得的经营业绩，追求以往的经济效益目标不变。

2.企业依靠现有产品或技术的优势，可以继续为同一消费群体服务。

3.保持企业的市场份额和经营规模不变或略有增长，稳定和巩固企业已有的市场竞争地位。

适用稳定战略的条件。从企业外部环境来说，宏观经济发展低迷，或者行业发展处于成熟期，整体的市场需求不旺，企业的发展机会不多，稳定已属不易。从企业内部条件来说，经营出现资源不足、技术或工艺落后、人员素质不高、管理不善的不利情况，企业难以适应快速发展的要求。当然，如果决策者对未来的经济形势预测没有把握，或者出于安逸的想法，企业也有可能选择稳定战略。

企业采取稳定战略的有利之处是，可以保持企业实力，避免盲目发展的风险。然而，在动荡的市场竞争中，各种创新不断，企业经营如逆水行舟，不进则退。稳定战略的缺陷是，当其他企业寻到新的市场发展机会时，实施稳定战略的企业在竞争中就会处于被动地位，而且长期的稳定战略容易形成惧怕风险的氛围和文化，这样的企业有可能逐渐被市场淘汰。

稳定战略的最大特点是企业处于一种相对平稳的状态，因而许多人忽视了稳定战略的作用。其实，大多数的企业，在大多数的时期，采取的大多数战略就是稳定战略。相对于其他的发展战略来说，稳定战略演绎了一种"活着才是硬道理"的生命真谛。

二、扩张战略

稳定只是企业的一种求生行为，扩张才属于企业真正的发展行为。企业的扩张战略，又称为"成长战略"，是企业充分利用产品或市场的潜力以求成长的一种发展战略。扩张是企业发展的一般形式，因此也是企业发展的普遍战略选择。在企业经营过程中，由于扩张能力的差异，不同的企业或者企业不同的发展时期，企业扩张行为的重点不同。所以扩张战略通常分为三种不同的类型，即市场渗透战略，市场开发战略，产品开发战略。它们分别代表了企业扩张行为的三个方向。

市场渗透战略，是指企业利用竞争手段，将老产品在现有市场中进一步渗透，不断增加销售收入的战略行为。例如，企业促使老顾客增加购买企业产品的数量；争取竞争对手的客户使用自己企业的产品；设法让那些潜在消费者使用企业的产品。一般来说，只要企业的产品在市场上站住脚，决策者首先采取渗透战略，扩大产品的影响力，最大限度地汲取市场利润。

市场开发战略，是指企业利用老产品去开发新的消费市场，以扩大企业产品销量的战略行为。其主要办法有两个：一是不断延伸企业产品的销售半径，扩大市场的覆盖范围；二是开辟新的销售渠道，为企业争取新的市场空间。当产品在某一市场饱和之后，企业决策者可以将产品的纵向渗透改为横向扩张，在更大的市场范围内获取利润。在市场扩大的过程中，一种产品的横向扩张能力由许多因素决定，因此企业的市场开发战略可以进一步衍化为"一体化战略""虚拟经营战略""出口战略"以及"全球化战略"等一系列的战略形式。在这里，市场开发战略只是企业在有限范围内的一种市场扩大战略。

产品开发战略，是企业以更新的或改进的产品投放企业原有市场的战略行为。在一般情况下，单纯的产品开发战略主要是指企业产品的升级换代，例如，产品结构的完善、产品功能的改良、产品包装的更换、产品规格的改变，从而扩大和加强企业在原有市场中的影响力。与前面的两种扩张行为相比较，产品开发战略的风险更大一些。产品开发战略通常是在前两种扩张战略的效果已经达到极致的情况下，决策者尝试解决产品消费出现审美疲劳的战略行为。超越这种意义的产品开发行为，例如，企业开发全新的产品，属于多元化的发展战略。

总之，企业的扩张战略，是在保持企业现状基本不变的前提下，战略决策者努力追求企业正常发展的一些战略行为。企业扩张战略的主要特点是：

1.企业决策者比较重视企业的发展速度。

2.企业主要从产品或市场两个方面发力，逐步提高企业的市场地位。

3.企业用"挤"的办法，争取更多的市场份额。

扩张战略代表企业常规发展的战略行为。适用这种战略的企业外部环境是稳定的，决策者充分利用企业现有的资源和能力，努力在市场占有率、新的市场和渠道、新的产品特色等方面有所作为，实现企业稳定的发展。

扩张战略的优势是稳扎稳打、步步为营。可是，这种战略也有一定的风险，主要包括：

一是盲目提升市场占有率，加大市场渗透，势必加剧同行企业之间的竞争。决策者采取市场渗透战略必须抓住时机，错过市场的成长阶段，企业的市场渗透行为可能非常困难。

二是快速开发市场，需要增加经营费用。企业扩大营销规模，容易出现"市场开了，利润丢了"的后果。因此，企业控制扩张速度是市场开发战略的关键。

三是设计和改进产品具有一定的风险。企业向左，顾客向右，结果，企业费尽千辛万苦，消费者却不买账。

商业活动没有最稳妥的发展和发展战略，稳定战略如此，扩张战略也是如此。在企业的战略选择上，既然保守的稳定行为和扩张行为也有风险，所以，那些雄心勃勃的决策者宁愿承担更大的风险，把企业从常规发展引入超常规的发展之路。

三、多元化战略

在企业经营过程中，"扩张"和"多元化"都属于企业的发展行为。但是，扩张行为和多元化行为之间却存在很大差异。一般来说，扩张是中小企业在同一行业（或市场）的不同发展方向上，扩张自身势力的正常发展行为；多元化则是指大企业凭借资源雄厚的优势，在不同行业之间同时参与不同市场竞争的超常发展行为。假如不考虑企业大小的差异，同样是企业的发展战略，扩张战略求稳，多元化战略则求快。

多元化战略又称为"多角化战略、多样化战略、多种经营战略"，是指企业为了获得最大经济效益和长期的稳定经营，在多个相关或不相关的行业同时经营多项不同业务的一种战略行为。在企业战略的分类中，多元化战略与专业化战略相对应。专业化是指企业专注一个领域经营，专业化战略被认为是小企业的理想战略行为。其实，有许多大企业，像可口可乐公司的核心业务只有一个，但仍然具有超强的竞争实力。多元化战略并不是大企业发展的唯一战略选择。

根据企业跨入行业和原来行业的关联程度不同，企业的多元化战略可以分为两种类型：

1.同心多元化战略，又称为"相关多元化战略"，是指企业以技术、资源或者营销关系为中心，向不同领域扩张经营的战略行为。例如，日本的本田公司以发动机研发技术为核心，先后进入摩托车、汽车、割草机、发电机等不同领域；石化企业凭借石油资源进入化工、化肥、农药等领域；娃哈哈公司凭借渠道控制进入饮料、纯净水、儿童食品等领域。

2.混合多元化战略，又称为"非相关多元化战略"，是指企业进入与现有经营领域没有任何关联的新业务领域经营的战略行为。例如，山东鲁花集团凭借资金优势，从食用油领域进军房地产领域。

企业选择多元化发展战略的外部条件是，一个国家或地区的经济发展迅速，市场上的发展机会较多，企业可以多头出击；或者企业所在的行业市场逐渐饱和，企业尝试分散现有市场的经营风险。企业实施这一战略的内部条件是，企业资源富裕，并储备了足够的相关行业的经营人才。总体来看，企业选择多元化战略的关键，是决策者追求"东方不亮西方亮"的经营效果。

在商业实践中，多元化成为企业发展壮大的普遍路径。但是，人们关于企业多元化战略的评判毁誉参半。这一战略的优势在于：

第一，产生协同效应。简单地说，协同效应就是 1+1 > 2 的效应。多元化经营可以充分利用企业的生产、技术、管理和市场等资源，发挥这些资源更大的价值创造作用，实现企业新、老业务之间的协同效应。

第二，分散经营风险。单一经营的企业没有转移风险的机会。多元化经营的企业可以凭借赢利业务的利润，弥补亏损业务的损失，从而降低整个企业投资的风险。

第三，增强企业实力。多元化经营意味着企业拥有多个市场竞争的力量，可以从不同方向打击自己的竞争对手，又可以通过多种方式的组合赢利，从而提高了企业的竞争地位。

第四，节省经营成本。在多元化经营的企业内部，资金、技术、设备、人才等要素可以形成内部交易市场，实现这些经营要素的内部流动，降低交易费用。

长期以来，多元化一直是很多企业家追求的理想。但是，在实现多元化战略的过程中，多元化却像一个美丽的陷阱，而不是一张美味的馅饼。每年都有大量企业倒在美好的多元化之路上。

应该看到，在企业膨胀发展过程中，多元化经营是企业的一种现实的战略选择。多元化战略的失败并非多元化本身造成的，而是某些企业根本无法解决多元化过程中的风险。企业多元化经营的主要风险是：

首先，企业管理复杂化的风险。多元化意味着多种利益和文化，不同利益和文化的冲突可以拖垮一个庞大的企业集团。企业决策者在处理不同领域的业务时，知识、经验和精力的限制，严重影响企业决策的质量和效率。即使一个管理天才领导一个强势的多元化企业集团，也要面对不同经营单元的业务评价、资源配置、权限分配等一系列管理难题。因此，企业多元化经营不要"无限多元"，更不能"盲目多元"。

其次，新行业的进入风险。每个行业都有自己的经营特点和规律，都存在某种程度上的行业进入壁垒。企业多元化面临成本增加、人才短缺、资源和经验不足等一系列风险。根据企业发展的历史观察，多元化战略成功的企业少，失败的企业多。在多元化战略成功的企业中，非相关多元化经营的企业少，相关多元化经营的企业多。

最后，分散企业资源的风险。任何企业的资源都是有限的。当市场突然不景气时，多元化企业本来希望各业务单位之间可以相互支持，却有可能变成顾此失彼，以至出现整个多元化企业集团的资金崩盘。人们在讨论多元化战略远景时，看到多元化聚拢更多资源的优势，却常常忽略这些资源需要抵御更多的风险。

选择多元化战略的企业决策者必须学会控制风险。决策者控制多元化战略风险的主要原则包括：

一是不能指望新业务单位分担风险，新业务本身需要一个成长和成熟的过程。

二是关注大宗原材料的供应是否稳定，主要客户的消费偏好是否变化，预防社会宏观经济环境的整体恶化。

三是检验企业的止血功能是否健全，多元化不仅要做好加法，也要做好减法。敢于砍掉失血的业务单元，决策者才能保证整个企业的安全。

总而言之，面对多元化的商业诱惑，企业的战略决策者需要三思而后行。除了社会经济发展的有利机遇之外，多元化战略必须体现企业发展、资源储备、市场格局和决策能力的有机统一，这些因素共同决定了企业多元化战略可以含有"多少元"以及跨入"哪些元"的问题。

四、一体化战略

一体化和多元化都属于企业超常规的发展行为。但是，这两种发展战略的重点各有不同。多元化强调企业在不同行业的分散发展，一体化则强调企业在相同或相近行业的集中发展。一体化的原意，是将若干独立部分组合成一个整体的行为。顾名思义，企业的一体化战略，是指企业充分利用在产品、技术、市场等方面的优势，顺应产品的流动方向或业务流程的方向，向经营的深度和广度发展的一种战略。如果说多元化战略是企业追求"多点出击"的效应，那么，一体化战略则是企业努力"由点成片"以增强竞争实力。当企业在相近行业实行多元化战略时，一体化战略和相关多元化战略往往是一致的，它们之间的区别更多的是理论上的而不是实践中的。

企业的一体化战略包含了许多战略行为的选择。根据企业一体化的方向不同，一体化战略可以划分为三种类型：

1.前向一体化，又称"向前一体化"，是企业对下游产业的产品或服务进一步合并经营的战略行为。例如，生产商通过控制部分销售渠道进入经销商的领域经营；零件供应商通过产品组装进入制造商的领域经营；原料供应商通过建厂进入生产企业的领域经营。

2.后向一体化，又称"向后一体化"，是企业对上游产业的产品或服务进一步合并经营的战略行为。例如，经销商利用市场销售的渠道优势，自建生产基地；整机制造商根据自身的需求，投资建厂生产零部件；生产商投资或参股原材料的供应基地。

在理论上，前向一体化和后向一体化可以合称"纵向一体化"，也称为"垂直一体化"。纵向一体化战略延长了企业产品经营的价值链，代表了企业经营的深度变化。

3.横向一体化，又称为"水平一体化"，是企业通过兼并同行企业来扩大经营的战略行为。例如，青岛啤酒股份有限公司不断整合全国的啤酒企业资源，提高青岛啤酒的市场份额，壮大青岛啤酒公司的规模和势力。

与纵向一体化不同，横向一体化加强企业产品市场的广度，提高企业在同一市场上的份额和地位。

纵向一体化与横向一体化虽然都属于企业一体化经营的战略行为，但是，两者对于企业发展的影响是不一样的。纵向一体化偏向企业经营的深度发展，因此，企业纵向一体化的优势在于：

第一，获取新的利润增长点。企业纵向一体化经营的动机在于，把企业的经营行为延伸到新的价值环节，扩大企业利润的来源，稳定市场供应，节约交易费用，提高企业的整体经济效益。

第二，有利于企业开发新技术。纵向一体化之后，企业通过对上游或下游产业的经营，了解上、下游产业对本行业的技术要求，这可以帮助企业开发适应市场需要的新技术和新工艺。

第三，增强产业进入壁垒。纵向一体化需要企业对上、下游产业投资。结果，企业不断壮大经营规模，降低经营成本，增强资本实力，这些都构成产业进入的壁垒。

第四，稳定企业的市场地位。纵向一体化可以有效抑制上、下游厂商的议价能力，防止企业被边缘化，企业因此获得更多的市场交易机会。

由于拉长了企业的经营环节，所以纵向一体化战略的缺陷也非常明显。具体表现在：

一是增加了投资的风险。企业集中在相关产业的投资，有可能提高企业经营的固定成本，抬高企业的退出壁垒，从而加大投资的整体风险。

二是降低了经营的灵活性。纵向一体化延长了企业经营环节，导致企业官僚作风滋生，腐败行为增多，这有可能降低企业对市场需求的反应速度，抑制经营效率，许多企业在纵向一体化的过程中逐渐变得"大而不强"。

为了规避纵向一体化战略的风险，企业决策者在决定纵向一体化经营时，必须坚持这样几个原则：

其一，纵向一体化必须以提高经济效益为目的，杜绝企业任性膨胀的现象；

其二，纵向一体化必须为企业创造竞争优势，能够解决企业发展的一些瓶颈问题；

其三，纵向一体化不能大幅降低企业经营的灵活性，防止企业无限扩大规模的倾向。

与纵向一体化战略不同，企业横向一体化战略偏向单一市场的广度发展，其战略优势主要表现在：

第一，壮大企业的经营规模。横向一体化是相同的生产和服务的合并，这时,规模效应可以降低企业的采购成本、管理成本和销售成本。

第二,减少竞争对手。横向一体化类似于合并同类项的行为。在同一个行业中,减少竞争对手的数量之后,必然降低行业的竞争程度。企业也可以趁机打压自己的竞争对手,进一步增加市场份额。

第三,迅速扩张生产能力。在横向一体化经营之后,企业利用同行的生产条件,迅速提高生产的数量,依靠规模和实力增强企业在市场交易中的议价能力。

由于偏向单一市场的扩大,横向一体化战略也有自身的风险。主要包括两点:

一是企业整合困难。因为曾经是竞争对手,所以被整合企业容易产生抵触情绪,导致经营和组织上的冲突,企业后期的管理风险增大。

二是法律风险。横向扩大生产经营规模有可能形成某一细分市场的垄断,多数国家对企业的市场垄断行为做出了一定的限制。

企业规避横向一体化战略风险的主要原则,就是防止产业过度集中,保持企业发展、行业集中与政府监督之间的平衡。

总体来看,无论是纵向一体化还是横向一体化,一体化战略强调了依靠企业以往的优势谋求发展,实施战略比较容易,因此成为企业快速发展的一种普遍的战略选择。

五、并购战略

在企业实施一体化战略或者多元化战略的过程中,除了自建业务之外,企业完成超常发展的基本方式就是并购其他企业。其中,并,是指兼并,即企业以现金、证券或其他形式购买其他企业的产权,导致被购买的企业丧失法人资格,从而取得该企业所有权的战略行为;购,是指收购,即企业通过购买目标企业的股票或资产,以获得对目标企业的控制权的战略行为。兼并和收购的行为相似,都是通过产权控制满足企业扩张发展的需要,理论界一般将两者合称为"并购"。

并购是一种通过购买企业实现扩张的发展行为。购买什么样的企业,怎样完成购买行为,都必须体现企业的战略发展要求。在实践中,并购包含复杂的战略行为。根据不同的标准，企业的并购战略可以划分为不同类型。

1.按并购方向，企业并购可分为横向并购、纵向并购和混合并购。其中，横向并购是同一行业内企业之间的并购；纵向并购是上、下游产业之间的企业并购；混合并购是不相关行业之间的企业并购。

2.按出资方式，企业并购可以分为现金并购和股票并购。对于小企业，企业可以采用现金支付完成并购。对于大企业，企业多采用股票互换或者股票换资产的方式完成并购。

3.按并购动机，企业并购可以分为善意并购和恶意并购。当并购方提出并购条件后，如果目标企业接受并购条件，这属善意并购。相反，目标企业不接受并购条件，并购方在证券市场强行收购目标企业的股票，这属于恶意并购。

针对并购经营的复杂性，企业决策者需要仔细分析和权衡企业并购行为的利弊。其中，并购战略的益处是：

第一，满足企业快速发展的要求。并购可以绕开一个行业的进入壁垒，提高投资效率，企业能够实现跳跃式发展。

第二，发挥经营的协同效应。完成并购之后，企业在生产、技术、人才、管理、财务等方面产生一系列的协同效应，实现并购企业之间的优势互补。

第三，加强市场的控制力。横向并购可以提高企业的市场份额，纵向并购可以提高企业市场交易的话语权。两者都表明，在并购完成以后，企业可以提高对市场的控制能力。

第四，猎取价值被低估的公司。在现代商业活动中，企业交易比产品交易的利润更大。特别是在证券市场，股票价值被低估的公司经过重新包装、整合之后，可以在市场上被高价售出，并购企业在短期内获得巨额收益。

可见，并购是企业发展的一条重要捷径。在产业总量不变的情况下，并购可以改变产业格局，提升企业的竞争地位。

商业战略的高收益常常伴随高风险。企业的并购战略更是如此。具体地说，在并购的不同阶段，并购企业面临不同的战略风险。

一是并购之前的风险。在并购之前，目标企业的审查是最大的风险，比如，目标企业价值的评估、债务调查等，稍有不慎，企业吞下的不是肥肉，而可能是毒药。

二是并购过程的风险。在进入实施并购的阶段，企业要面临融资风险、法律上的审批风险以及目标企业的反收购风险等。

三是整合的风险。在并购完成之后，企业在整合过程中面临理顺经营环节和协调文化冲突的风险。

在商业实践中，成功的并购案例比较少，失败的案例却很多。预防战略并购的风险，企业的决策者需要注意以下几个方面：

其一，目标企业的选择。企业决策者选择并购对象时，目标企业必须与企业的整体战略相吻合，具有市场价值的潜力，没有法律风险。

其二，目标企业的评估。评估目标企业价值的方法包括净值法、市场比较法和净现值法三种。借助第三方机构的责任评估，企业可以排除许多不必要的评估风险。

其三，目标企业的整合。在完成对目标企业的并购过程中，除了谈判、保密、筹资等需要重点考虑之外，最重要的是企业的后期整合，具体包括战略整合、业务整合、制度整合、人员整合以及文化整合。从某种意义说，并购战略应该称之为"并购重组战略"。后期重组的失败往往导致企业并购战略的整体失败。这方面的失败案例不胜枚举。

从形式上判断，并购更像企业某个发展战略中的具体行为，它可以满足企业战略发展的不同需求。然而，恰恰是发展的贪欲，决策者不惜代价地"蛇吞象""通盘吃""玩跨界"，并购企业出现消化不良，最终不得不将吞进的业务低价卖掉，从而影响了企业的长期发展。

六、紧缩战略

在长期的发展过程中，企业经营规模出现"紧缩"的现象几乎无法避免。企业的紧缩现象可以分为主动紧缩和被动紧缩两种情况。其中，被动紧缩的情况并不属于战略行为，也是企业决策者极力避免的情形。企业遇到经营不利的局势，决策者主动紧缩是应付外部风险和内部困难的一种明智之举。因此，企业的主动紧缩行为属于一种战略举措。

所谓紧缩战略，是指企业从目前的战略经营领域收缩或撤退，且偏离原定战略目标和战略方案较大的一种战略行为。主动紧缩与努力扩张是方向正好相反的两种战略行为。如果说扩张是企业的前进行为，那么，紧缩就是企业主动的后退行为。显而易见，决策者们乐意企业处于扩张状态，而不愿企业出现紧缩现象。

俗话说，大丈夫能屈能伸。企业决策者勇于扩张是一种战略能力，敢于紧缩则是一种战略智慧。与积极的扩张战略相比较，企业的紧缩战略具有以下特点：

1. 企业对现有产品和市场进行主动收缩，直至放弃现有市场。

2. 主动缩小企业的经营规模，裁减企业的经营人员，减轻企业负担。

3. 严格控制企业的费用支出，降低经营成本，努力改善企业的现金流。

企业在战略上的主动紧缩，其根本目的是为了一种更合理的发展。导致企业采取紧缩战略的具体原因很多，主要包括三个方面：

第一，企业自身调整的需要。企业为了谋求更好的发展机会，把有限的资源投到更有市场前景的业务领域，主动从一些经营领域撤出，这时，企业对需要撤出的经营领域实施紧缩战略。

第二，企业适应外部环境变化的需要。当行业处于衰退期，市场需求萎缩，经营成本陡增，企业主动收缩经营领域，有利于企业渡过一个行业的危机时期。

第三，企业纠正经营失败的需要。由于遭遇重大的经营失败，比如，产品研发失败、投资决策失误或者财务状况恶化，企业在市场上紧缩规模可以保存一部分实力。

总之，紧缩战略是决策者积极解决经营困难的战略选择。根据紧缩的方式不同，企业的紧缩战略可以划分为三种类型：

一是转向战略。企业主动压缩现有业务领域的投资，把企业资源转向新的业务领域，也称为"转变战略"。

二是撤退战略。当遇到重大经营困难，企业主动停止现有业务领域的经营，尽快收回现金，完全放弃现有领域的经营，也称为"放弃战略"。

三是清算战略。如果无法起死回生，企业及时进行破产清算，可以减少一部分经济损失，也称为"清理战略"。

无论企业采取哪一种紧缩战略，其意义都是保证企业或企业资产的安全。紧缩战略的有益之处在于：

其一，转向新的业务领域，借助新的市场发展机会，企业可以获得更好的生存环境；

其二，主动放弃亏损业务，改善企业财务状况，有利于企业断臂求生；

其三，结束企业的生命，把损失降低到最低程度，为将来寻求新的商机留下资源，企业决策者可以谋求东山再起。

可见，紧缩战略可以有效降低企业风险。但是，紧缩毕竟需要决策者放弃原来熟悉的经营业务，做出新的尝试。一旦选择紧缩战略之后，决策者需要克服这种战略可能给企业带来的风险。主要包括：一是企业的市场形象受损；二是企业员工容易消沉。

在多数情况下，历经一个痛苦的战略紧缩阶段，企业的决策者可以总结教训，员工能够锻炼意志，这样的企业才有劫后重生的希望。

通过对企业发展战略的分析，可以看出，稳定、扩张、多元化、一体化、并购以及紧缩，这些发展行为背后所蕴含的战略思想，就是决策者谋求特殊的企业发展手段、发展方式与发展路径。其中的某些战略行为，例如稳定、扩张以及紧缩，发展的效果可能不明显，甚至有些消极悲观，因而人们普遍忽略这些行为的战略意义。只有社会经济发展进入平淡期或者萧条期，外部条件不能满足企业多元化、一体化和连续并购的要求，稳定战略、扩张战略和紧缩战略才能够显示出企业艰难生存的商业智慧。

第二节　企业的竞争战略

凡在同一市场经营，企业之间迟早会出现竞争行为。当市场份额无法满足企业的生存要求时，与对手竞争就成为企业的一种必然选择。同一市场的企业竞争，在本质上就是企业相互争夺市场的行为。

在企业的发展史中，企业竞争的手段和方式，从资源垄断、技术封锁、价格打压、广告轰炸到今天的免费服务，可谓层出不穷。有些竞争行为是邪恶的，邪恶的竞争逐渐被现代国家的法律所禁止。有些竞争是公平的，公平的竞争成为企业进步、行业发展、社会经济完善的重要机制，也逐渐成为企业参与市场竞争的战略行为。

20世纪80年代，美国企业战略专家波特把那些公正的企业竞争观点总结成为企业竞争的战略，具体包括成本领先战略、差异化战略和聚焦战略三种类型，它们代表了企业竞争的基本方向和普遍选择，因此又被称为"企业通用的竞争战略"。

一、成本领先战略

从战略的角度来说，成本代表企业为赢利付出的代价。同样的商业收益，企业付出的代价越少越好，所以，成本领先战略又被称为"低成本战略"。通常，控制成本是一种普遍的企业管理行为，因此成本领先战略也是企业最常用的一种竞争战略。所谓成本领先战略，是指企业通过成本控制，在较长时间内保持企业成本处于行业的领先水平，并以低成本作为向客户提供产品或服务的主要竞争手段，从而获取竞争优势的一种战略。在中国，许多企业将低成本战略片面理解为"低价战略"，其主要表现是，企业以次充好、偷工减料、单靠低价取得竞争的胜利。这种低价战略容易促成企业之间的价格战，可能造成整个行业亏损，企业陷于"低价搏杀—更低成本—劣质产品"的恶性竞争。这种现象说明，科学理解成本领先战略的含义非常必要。

成本领先战略包含两种目标取向，一是企业通过内部成本控制，利用低成本优势形成产品或服务的低价格，大量吸引价格敏感型的购买者，依靠产品销量增加来提高企业的总利润；二是企业选择不盲目降价，满足于现有市场的份额，依靠单位产品或服务的高利润，增加企业利润的总量。选择其中任何一种目标，企业决策者都应该考虑行业竞争环境的特点，企业自身的竞争能力，以及产品的品质差异程度。成本领先战略必须以取得利润为目的，如果企业利用"低价"作为"屠刀"，血拼自己的对手，最后"杀敌一千，自伤八百"，这是企业决策者在成本战略上的自私和愚蠢行为。

在战略上，低成本的"低"包含两层意思：其一，企业要保持比竞争对手相对低的成本，而不是绝对低的成本，特别是当成本低到影响产品或服务质量时，就不属于低成本战略；其二，企业保持总成本比竞争对手低，企业的成本优势主要来自企业价值链的优化组合，单一价值创造环节所形成的低成本一般不会持久，因此成本领先战略又称为"总成本领先战略"。[①]

成本领先战略要求企业成为整个行业的少数（或者唯一）的成本领先者，而非多数成本领先者中的一员。否则，企业的成本领先无法产生市场竞争的优势，也不具有战略意义。同时，成本领先战略应该是持久的、竞争对手难以复制的成本领先。企业通过业务流程再造和价值链的重组企业，依靠系统成本领先取得竞争优势，是现代企业成本战略竞争的总趋势。

按照美国教授波特的解释，企业选择成本领先战略的竞争优势包括：

1.保持企业的行业强势地位。当处于成本领先地位时，企业可以通过两个途径来强化自己的竞争地位：一是利用低价竞争，挤占竞争对手的市场份额；二是依靠低成本、高利润的办法，为企业积蓄竞争力量。可见，低成本的优势代表了企业强大的市场竞争力。

2.增强企业的议价能力。具体可以分为两个方面：对于企业的供应商，低成本优势可以帮助企业消除供应商涨价带来的经营困难；对于企业的经销商，低成本优势可以让企业能够给经销商更多优惠，扩大产品销量。这样，低成本优势可以保证企业在市场博弈中左右逢源。

3.形成行业的进入壁垒。企业的成本领先优势常常伴随规模经营优势，这令潜在进入者左右为难。在这种情况下，一个企业往往拥有双重壁垒的保护，即资本和规模壁垒同时存在。潜在的资本拥有者担心低利润，潜在的技能拥有者担心缺乏规模效应。即使潜在进入者同时拥有资本和技能，也可能担心"一山容不下二虎"，潜在进入者只得望而却步。

4.降低替代品的威胁。在与生产替代品的企业竞争时，企业的低成本立刻转化为低价优势，这能吸引一部分消费者的眼球，从而缓解替代品的竞争威胁。即使无法消除替代品的威胁，因低价所残留的市场份额，也可以让被替代产品的企业有一个战略选择的时间和余地。

在降低成本的问题上，每个企业都可以做到尽量控制成本支出，但是，

---

① 迈克尔·波特：《竞争战略》，陈小悦译，华夏出版社1997年版，第34页。

形成一种成本竞争优势并非每个企业都能做到的行为。企业要实现成本的战略领先，必须具备以下条件：

第一，扩大经营规模。这是企业成本领先的基本条件。经营规模在成本上会产生一系列的规模经济效应，比如，大量采购可以降低原材料的价格，大量生产可以综合利用资源，大量销售可以降低广告等营销费用，等等。

第二，控制成本驱动因素。成本是企业经营行为的费用。然而，不同的费用在企业成本体系中的影响力是不同的。企业控制一些关键行为的费用，可以有效降低运营的总成本。比如，灵活采购可以降低原材料成本，精细生产可以减少制造成本，改进工艺可以充分利用原材料，选择合适的销售地点和渠道可以节省销售成本。另外，企业与供应商、经销商的友好合作，能够有效降低仓储和运输的成本。在其他条件相似的情况下，行业内首先降低运营成本的企业可以获取竞争优势。

第三，重组企业价值链。重组价值链，就是企业重新构筑和整合经营流程中的价值创造活动。在这方面，企业可以将成本难以控制的经营活动外包，或者采用新技术和工艺改造生产流程，或者通过一体化经营消除价格波动的影响，这些调整行为都能引起企业成本的重大变化。

第四，关注时机成本。从动态角度，企业成本的管理存在时机因素。当企业付出一定成本，迅速占领新兴市场或提高市场份额，随后扩大的销售收入，能冲抵企业原先付出的高额成本。例如，蒙牛乳业公司在我国进行首次航天载人试验时，果断投入大笔资金做广告宣传，推动蒙牛奶在全国市场上持续旺销，从长远来说，蒙牛乳业公司先前投入的广告费与后来的巨量销售收入相比，就显得不足为道。可见，时机成本效应，就是企业单笔投入成本很大，随着时间推移，企业整体经营的平均成本大幅减少的现象。这体现决策者对机会成本进行取舍的战略艺术。

总之，企业在合理范围内的成本控制，可以带来真金白银，以及市场竞争的优势。然而，企业实施成本领先的战略行为，也会给企业带来生存和发展的风险。其中的主要风险是：

其一，技术变革导致低成本战略失效。当一个行业内出现重大技术或工艺变革时，企业为低成本投资所形成的生产设备就成为企业发展的包袱。这时，实施低成本战略的企业往往面临两难选择：企业采用新技术，旧设备就会丧失价值；继续使用旧设备，企业便失去成本优势。采取单一的成本战略的最大风险就是，企业可能在行业的技术创新中被淘汰。

其二，竞争对手的模仿。企业的领先永远是暂时的。这当然包括企业在成本方面的领先。通常情况下，竞争对手模仿的代价很低，一旦竞争对手获取成本领先的秘密，企业的成本领先地位就会迅速丧失。可见，低成本战略作为一种普通的竞争手段，容易被竞争对手破解。

其三，社会消费偏好的改变。一般来说，消费者对一种产品消费的偏好发生变化，这时附着在产品身上的成本优势，必然因为产品的失宠而失效。例如，在 20 世纪初，当美国消费者偏好时尚的汽车款式和颜色，福特汽车公司廉价的 T 型黑色车逐渐失宠，这时，福特公司又无法处理生产 T 型车的生产线，结果，美国福特汽车公司差点因此破产。

其四，企业过度重视低成本优势。在市场竞争中，过度追求低成本且忽视产品的质量和特色，这样的企业反而容易丢掉自己的市场份额。同时，过度削价竞争容易造成行业内的价格战，长期的低利润最终削弱了那些成本领先企业的竞争实力，也不利于企业的长期生存与发展。

在现代商业竞争中，企业选择成本领先战略，需要努力实现"优势成本造就优秀产品"的效果。也就是说，企业用相对较低的成本向市场提供优质的差异性产品，是成本领先战略的基本思路。随着社会的进步与商业的发展，单凭低价取胜的大路货，即使可以抢占一定的市场份额，企业也没有一个美好的未来。

二、差异化战略

在同一个行业内，企业之间的经营活动存在某种差异，这是一种平常的商业现象。如果在同行的市场竞争中，企业的经营实现了差异化，而且差异化的经营给企业带来销售溢价或者额外利润，则属于企业的一种战略行为。所谓差异化战略，就是企业通过向顾客提供独具特色的产品或服务，以获取竞争优势的一种战略。差异化战略又称"差别化战略""别具一格战略"。靠"特色"赚钱是每个企业决策者都想做的事情，企业经营的特色真正做到差异化却是一件不简单的事情。

差异化战略主要依靠"奇胜"。这与低成本战略的思路正好相反。低成本战略是在同质化的消费市场中，企业依靠严格和科学的成本控制取得竞争的优势。差异化战略则是企业依靠经营创新，创造出同行羡慕、顾客欢迎的独特产品或服务。差异化可以满足消费者的猎奇心理。在消费者选择产品的过程中，质量、产地、结构、功能、品牌、形象、声誉、包装、服务等，都可以成为消费者好奇的根源。从长期来看，大路货产品非常容易出现审美疲劳，追求新奇的体验成为消费者购买产品的主要动机。所以，"标新立异"成为同行企业竞争的重要手段。

与低成本战略选择的大众消费市场不同，差异化战略面对的是小众市场。小众市场在整体消费市场中占据的市场份额较小，可能满足不了企业对利润总量的追求。这时，差异系列化是解决差异化与市场份额之间矛盾的重要办法。有实力的企业可以通过差异的系列化，即通过提供一系列的差异化产品，形成一个差异化的体系，依靠控制许多不同的细分市场，仍然可以享有一个巨大的利润收入。

在实践中，差异化战略需要企业拥有一些特别的竞争条件和能力，比如企业的研发创新能力、市场运作能力以及各部门之间的协调性等。同时，企业还必须找到差异化经营的最佳路径。企业实施差异化的主要路径包括：

1.产品的差异化，包括产品的功能、结构、式样、产地、规格、耐用性、可靠性、方便性等方面的特色。

2.服务的差异化，包括服务的内容、标准和程序，服务人员的素质，以及企业向顾客提供的咨询与培训、免费服务的项目。

3.形象的差异化，包括企业的商标、包装、商誉、经营资质，以及企业进行的社区公益行为、环境友好行动、社会慈善活动。

4.流程的差异化，包括企业的商业模式、技术特色、规章制度、文化风格。

可见，差异化战略包含广泛的行为选择，这些行为都可以帮助企业构建经营的特色。然而，从差异到差异化，企业必须不断创新和探索，形成能够刺激消费欲望的商业卖点，才可以达到差异化战略的目的。一旦实现差异化经营之后，企业能够获取的竞争优势如下：

第一，形成市场进入障碍。差异化相当于设立了市场冲突的"隔离带"，企业可以避免受到竞争对手的伤害，特别是价格竞争的伤害。如果一个行业内的主导企业普遍采取了差异化经营，并且它们的市场份额比较稳定，这对行业的潜在进入者构成威胁。

第二，降低顾客对价格的敏感度。成功的差异化可以培养顾客对企业的忠诚度。由于别无选择，顾客计较价格的心理相对减弱，企业因此稳获一个高利润的细分市场。

第三，提高企业的市场地位。一方面，企业通过差异化取得的高收入，可以有效缓解供应商的涨价压力；另一方面，企业的差异化导致经销商别无选择，削弱了经销商的议价能力。

第四，防止替代品威胁。差异化战略包括一流的产品质量、优质的服务、时尚的设计以及不同凡响的品牌形象，这些特色提高了企业产品对顾客的黏合度，可以有效化解替代品的潜在威胁。

企业创造差异化的目的，是希望创出企业独有的竞争优势。但是，从创造差异到创出具有差异化的竞争优势，企业也要面临许多风险。差异化战略的主要风险包括：

其一，差异化的代价过高。差异化经营的企业可以享受产品或服务的销售溢价。这种溢价不仅受企业的差异化程度制约，而且受该企业的总成本水平制约。如果不能把经营成本保持在与竞争对手相近的水平，那么，企业因差异化获得的溢价也不会持久。特别是当消费者成熟的时候，企业差异化的成本风险不断增大。一旦成本增长超过差异化的溢价，企业追求差异化的战略就会成为愚蠢的行为。

其二，不适当的差异化。差异化经营是否成功最终取决于顾客的感受。如果企业的差异化经营没有改变顾客的购买行为，这种差异化就属于"不适当"的。所谓"不适当差异"的情形主要是指：无价值的差异化，即顾客认为企业的差异性产品没有消费价值；不宣传的差异化，即顾客根本不了解企业差异性或差异性价值的存在；过分的差异化，即企业的差异化超出了顾客的接受程度。这些不适当的差异化行为，当然不会为企业带来价值。

其三，竞争对手的冲击。竞争对手可以从两个方面削弱企业经营差异化的竞争优势，一是竞争对手的模仿行为，这种情况必然降低企业差异化的特色效应；二是竞争对手的差异化行为，这种情况自然吸引走企业的一部分顾客。战略没有版权，每个对手都可以模仿企业的战略。战略也没有权威，每个对手都可以创新商业竞争的战略。即使决策者采用一种独特的差异化战略，成功的战略有时也不会导致企业经营差异化的必然成功。这是企业的决策者不能完全依赖差异化战略的重要原因。

总之，和其他的竞争战略一样，差异化经营也不是一种完美无瑕的战略选择。特别是对于那些制造"中间产品"的生产企业来说，决策者不可盲目依靠差异化战略参与市场竞争。

三、聚焦战略

聚焦战略被认为是中小企业的竞争战略。由于中小型企业的经营受到资源的限制，所以，专注某一细分市场经营是中小企业生存发展的必然选择。所谓聚焦战略，是指企业将经营活动集中在某一特定的顾客群、产品或服务上面，通过向目标市场提供更有效的产品或服务，建立竞争优势的一种战略。聚焦战略在理论上，又被称为"集中战略、专一化战略、小市场战略、细分市场战略、专注战略"等一系列的概念，这些概念都强调企业专注的重要性。与成本领先和差异化战略相比，聚焦战略是企业以特定目标市场取得竞争优势，而不是从整个行业竞争取得优势。

根据企业经营的焦点不同，聚焦战略可以分为三种具体的战略形式：

1.产品集中。这与企业的专业化经营不完全相同。专业化经营的企业专注某一产品领域。在此基础上，聚焦战略强调企业专注某一特定产品，乃至某一特定产品的某个零件，形成一种"小产品大市场"的局面，最终依靠某一特长垄断全国（全球）市场。这种企业通常被人们尊称为"隐形冠军"。成为隐形冠军之后，专门生产某个特定产品的企业也可以成长为大企业。

2.顾客集中。企业经营锁定某一特定的终端客户群，或绑定某一大型企业，为他们提供专门服务。这实际上等于控制了某一特定市场，稳获一种特殊的稳定利润。小众消费或者单一客户所产生的利润，足以保证小企业生存和发展的需要。

3.地区集中。企业经营切割某一地区市场，为特定区域的客户服务。比如，便利店依靠对特定区域的顾客企业提供优质服务而形成竞争优势。

无论企业采取哪一种聚焦形式，聚焦战略都可以帮助中小企业克服资源不足的缺陷，依靠"小而精""小而特""小而专""小而强"，最终取得一种"小而优"的竞争优势。聚焦战略的竞争优势主要表现在：

第一，集中资源，迅速形成竞争力。为了克服资源上的先天不足，中小企业往往利用生产工艺、经营地点和时间、服务对象的特殊性，来构建企业的服务范围，以应对来自大企业的竞争压力，从而获得"以攻代守"的效果。

第二，简化程序，控制经营成本。聚焦战略与低成本战略并不相悖。专门生产和专业服务对企业系统管理的要求低，又容易产生经验曲线的效应，两者叠加在一起，企业就可以取得成本上的竞争优势。

第三，灵活应变，垄断细分市场。中小企业直接面对终端市场，经营者可以保持高度的市场敏感度。相反，大企业却无法在这些小市场施展拳脚。这样，中小企业凭借专注就可以长期垄断某一特定的细分市场。

聚焦战略虽然能够给中小企业带来竞争优势，但这也不是每个中小企业都能够实现的战略选择。企业实施聚焦战略必须具备某些条件，比如，拥有特色产品；提供特殊服务；开发特有工艺；占据特别地理位置；保持特强的专注力。只有依赖这些优势条件，中小企业才可以通过聚焦战略来发展。

在市场竞争中，即使企业采取聚焦战略，这种竞争战略也有一定的风险。其中的风险主要表现在：

首先，细分市场存续的风险。由于收入、观念、习俗的变化，人们的消费偏好转变，某种特定的细分市场可能逐渐萎缩和消失，企业的市场聚焦战略自然失效。

其次，竞争对手的模仿。模仿他人是小企业普遍擅长的竞争行为。当竞争对手模仿企业的聚焦经营时，能够产生两种威胁：一是竞争对手挤进企业的细分市场；二是竞争对手在同一个细分市场中以更小的细分市场为目标，实施超级聚焦战略。显然，不管出现哪一种情况，企业分得的市场蛋糕都会变得更小。

最后，替代品的出现。对于企业来说，无论什么时候，替代品的出现都是一场灾难。特别是替代品的市场覆盖企业的细分市场，其后果更加可怕。聚焦经营的企业往往依赖某个特殊的细分市场生存，一旦聚焦的市场被替代，采取聚焦战略的企业可能遭受灭顶之灾。

总的来说，聚焦战略是小企业灵活生存的商业智慧的体现。这一战略本身包含复杂的内容。小企业的决策者们需要根据企业经营的特殊环境，利用企业小巧的特点，制定适合企业自身生存的聚焦战略，应对市场和大型企业的压力，从而保护自己的市场份额，直到企业长大。

四、选择合适的竞争战略

成本领先、差异化和聚焦，被美国教授波特统称为"一般的竞争战略"。一般的竞争战略是企业应付竞争压力的普遍战略选择。按照波特的解释，竞争是市场经济的基本游戏行为，如果企业面对五种产业竞争压力，即同行企业、供应商、分销商、替代品、潜在进入者的威胁，企业决策者只要选择"一般的竞争战略"中的某一具体的战略手段，就可以缓解这五种竞争的压力。目前，波特的竞争战略思想已经被企业决策者普遍接受，成为经典的企业竞争战略思想。波特本人则被学术界尊称为"竞争战略之父"。

波特强调，这三种竞争战略分别适应不同的行业环境。成本领先战略适合标准的大众消费市场竞争，差异化战略适合行业成熟阶段的市场竞争，聚焦战略则是中小企业在分散市场中的理想选择。另外，这三种战略对企业能力的要求也不相同。成本领先战略要求企业经营规模具有优势，差异化战略要求企业的创新能力很强，聚焦战略强调企业的专注。总之，这三种竞争战略代表了不同的竞争诉求，企业必须根据行业环境和自身的特点，选择合适的竞争战略。

波特认为，在同行企业的竞争过程中，这三种战略不可混用。如果企业将其中的两种战略组合，必然削弱每一种竞争战略的优势，而且组合后的战略肯定损害企业的整体竞争优势，甚至造成竞争战略的失效。企业只能在三种战略中选出最适合自己的一种战略，放弃其他两种战略，才能形成企业自己的竞争优势和特色。至于企业应该选择哪一种战略，则完全取决于企业的具体情况以及市场竞争的具体特点。

企业竞争战略，是波特根据当时的产业经济学理论提出的企业战略思想。这种战略思想假设，在一种成熟、稳定和开放的行业环境中，企业彼此争夺商业利益。现在看来，这种理论假设有其缺陷，比如，行业环境不是成熟的而是处于一种逐渐成熟的过程，企业之间是竞争的也是合作的，最重要的是企业面对的市场可能动荡不定。失去假设的理想环境，理论分析的结论就会存在可能错误的风险。根据波特理论制定竞争战略的决策者应该重视这一风险。

从长远来说，即使曾经行之有效的战略理论，其观点也无法摆脱自身的条件性和应用的时代性。因此，波特的竞争战略思想只是一种经典的企业竞争战略理论，而不代表全部的企业竞争战略理论。在新的产业竞争环境中，这种经典的竞争战略理论需要进一步完善和丰富。

实际上，竞争战略思想的精髓并不是这三种具体的竞争战略本身，而是波特创立的竞争分析方法。波特从当时的产业关系的分析中，总结出一个企业应对产业内部竞争的有效方式。在以后的企业战略研究中，人们完全可以从新的视角，采用新的分析方法，发现新的企业竞争战略。比如，依靠互联网平台的超级竞争优势，互联网巨头们把自己作为社会财富的"黑洞"，非常任性地分割、颠覆、改造一个传统产业的格局，例如，"支付宝"对传统金融企业的冲击，"微信"对传统移动通信企业的威胁，"小米"对传统制造业的挑战，这其中的战略思想已经超越了波特的竞争战略观点，值得人们总结和借鉴。完全可以相信，互联网时代的企业竞争战略理论必然增添新的内容。

第三节　企业的合作战略

竞争永远是商业生活的主旋律。然而，当一个企业无法凭借单打独斗的方式占领市场的时候，"合作"行为就会出现在商业的舞台。商业合作的本质是企业共同分享市场和利益。在现代社会，人类的商业活动建立在庞大的社会分工体系之上，每个企业只能扮演这种分工体系中的一个角色，没有任何一个企业是全能型的企业。这种天然的分工缺陷，决定了企业之间商业合作的必要性。

企业的战略合作，就是企业之间优势互补、利益共享的一致经营行为。按照合作的紧密程度不同，我们可以将战略合作行为分成联盟、外包两种基本形式。相应的，企业的合作战略主要可以划分为联盟战略和外包战略两种基本的类型。

除了这两种基本的战略合作之外，企业的合作现象还包括企业之间的相互配合行为，比如产品功能的宣传、员工薪水的涨落、生产标准的掌控、原材料的添加等，这些行为也能够体现出企业之间的利益共享特征，也具有战略效果，只是它们并非企业的主动合作，因而不是典型的合作战略行为。

与竞争战略相比较，企业之间的合作战略显得有些单薄。出现这种情况的原因非常简单：人类的商业活动主要是分割利益，而不是共享利益。所以，企业的竞争行为多于合作行为，竞争战略比合作战略更加丰富多彩。这符合商业世界的实际情况。

一、联盟战略

联盟战略，源于企业之间的"战略联盟"的需要。战略联盟的概念最早是由美国人简·霍普兰德和罗杰·奈格尔首先提出的。他们认为，战略联盟是由两个或两个以上企业，为了共同拥有市场、共同利用资源的战略目标，通过协议结成的优势互补或优势相长、风险共担、生产要素水平式双向或多向流动的一种松散的合作模式。从 20 世纪 80 年代以来，战略联盟在国际大型企业中间大量涌现，因此战略联盟时常被称为"国际战略联盟"。其实，联盟作为企业之间的一种松散合作，不仅存在于国际间企业的协作过程，也广泛存在于国内企业的经营过程。

所谓联盟战略，是企业为了与其他企业建立联盟合作关系而采取的一种战略手段。常见的联盟战略包括：

1.合作研发。为了研发某种新技术或新产品，各方投入优势资源，共担风险，共享技术或产品利益的战略行为。

2.价格默契。为了避免恶性竞争，同行企业在原料采购、产品价格、服务模式、商业竞价上达成某种默契，共同维护市场的稳定。这些默契的商业行为虽然达到没有公开程度，但也体现了企业行为的主动性和利益的一致性，俗称"业内行规"。其中犹以价格默契最为典型。企业之间的价格默契一般有两种结局：当价格的默契进一步变成公开的价格联盟，这容易受到法律制裁；当市场环境突然变化，价格默契也随之消失。

3.共同开发。为了开发具有风险性的市场或资源，企业之间采取的一致行为。比如，在新市场中企业相互交流信息，在新产品研发过程中共享技术，等等。

4.合资（作）经营。两个或两个以上的企业共同出资、共担风险、共享收益而建立一个新企业的联盟战略。这是企业联盟的高级形式，其目的是为了分享一个具有发展潜力的市场。

联盟战略的目的，是利用企业之间资源优势的互补性，创造企业间经营的协同效应。因此，联盟战略的优势在于：

第一，增强企业实力。联盟是为了打败共同的敌人。企业联盟可以发挥两个或两个以上企业的整体优势，控制资源和技术，对付联盟企业共同的竞争对手或者潜在的竞争对手。

第二，开辟新的市场。地区间或国际间的贸易保护主义，是企业进入异地或异国市场的重要壁垒。如果与当地企业合作，企业就可以绕开贸易保护的障碍，为企业的发展开拓新的市场。

第三，降低经营风险。高新技术研发常常面临资金投入多、失败概率高的风险，通过"知识联盟"的方式，合作研发的企业就可以共担风险，共享新技术或新标准。进入异地经营，企业要承担市场以外的风险，合资是化解这种风险的有效办法。即使企业在本地经营，市场形势也会变化无常，同行企业间的一致行为，也有利于同行企业抵御共同的市场风险。

企业实施联盟战略的最大风险是联盟失败。为了避免联盟失败，企业应该遵循正确的联盟原则。

首先，慎重选择联盟伙伴。资源优势的互补性，是企业联盟的基础。如果参加联盟企业的优势不明显，或者参加联盟的个别企业存在明显弱势，弱势的企业只想借助于联盟发展自己，这样的联盟一般很难长久。

其次，订立详细的联盟协议。企业缔结联盟协议时，关于各方的权利、义务、责任、违约赔偿等关键条款，必须做到具体明确、易于操作，从而建立一种诚信、和谐、平等的合作关系。这是企业联盟运作成功的基础。

最后，加强各方沟通工作。参加联盟企业的文化或管理存在差异，彼此的利益诉求也不相同，如果各方交流不畅，难免造成误解。因此，参与联盟企业各方之间的沟通与协调工作非常重要。

总之，联盟各方保持必要的合作弹性，求同存异，每一方企业都能在联盟中获益，企业的联盟战略才能取得成功。假若其中的一方无法分享联盟利益，企业之间的联盟自然随之瓦解。所以，"闪婚闪离"属于企业合作的一种正常现象。

二、外包战略

外包，是指企业专注自己的核心业务，把非核心业务交给专业机构完成的经营行为。与企业联盟相比较，外包是企业之间一种更加紧密的合作行为。在外包关系中，拥有核心业务的企业被称为"核心企业"，像技术、品牌、渠道、工艺等都可以成为核心企业的"核心"；承担非核心业务的企业被称为"专家企业"，专家企业一般拥有某种专业的经营能力，像成本控制、规模生产、资源产地、特殊工艺等优势。通过外包，企业可以把价值链的某些环节虚拟到企业的外部，让外部资源参与到企业内部的价值创造过程，达到"四两拨千斤"的效果。20世纪90年代以来，外包经营的潮流席卷全球。许多著名的核心企业驱动全球资源为自己创造价值，像美国的耐克公司、日本的任天堂公司，凭借外包模式创造出骄人的经营业绩。从此之后，人们评价企业的实力，不仅要以企业的资产规模作为标准，而且需要查看企业的销售额或利润额。

外包战略，是企业为了把某些业务虚拟化，积极建立企业间外包合作关系的一种战略行为，又称"虚拟经营战略"。由于企业的核心业务各不相同，需要外包的业务多种多样，所以企业实施外包战略的方式也不相同。企业的外包战略可以分为下列形式：

1.委托研发。企业将某个技术或产品委托科研机构进行研究开发，然后付费购买科研成果的外包战略行为。软件外包就是委托研发的典型例子。

2.生产外包，又称"OEM"（Original Entrusted Manufacture）。企业拥有品牌、技术、设计、渠道等核心经营业务，将产品生产以定单的方式交给专业厂家完成。耐克公司的鞋类生产就是生产外包的成功范例。

3.特许经营。企业掌握品牌、原料供应、制作工艺，而将具体的经营行为交给加盟者完成。麦当劳快餐连锁经营就是特许连锁经营的典型代表。

4.服务外包。为了降低经营成本，企业把某些管理职能、服务项目外包给专业机构的战略行为，前者包括人员招聘与培训、财务审计、市场营销等；后者包括清洁服务、餐饮服务、物业管理等。

5.物流外包。企业将产品的存储和配送业务整体交给第三方物流公司完成的战略行为。正是因为物流外包的兴起，在全球范围内，物流产业迅速形成并繁荣发展。

近年来，外包经营逐渐成为企业快速发展的一种时尚模式。这种战略既推进了社会分工的不断细化，也给外包企业带来许多新的竞争优势。这种战略的优势表现为：

第一，减轻企业的负担。将经营的某些业务外包之后，企业减少厂房、设备、人员方面的资本投入，实现"轻资产经营"模式运作。这一方面可以减少资本投入的风险，另一方面又能够降低企业经营的成本。

第二，提高企业的核心竞争力。将非核心业务转包出去，甩掉了身上的一些包袱，企业可以根据自身的特长，专门从事某项业务，在经营的关键环节保持和加强自己的核心竞争力。

第三，灵活应对市场变化。适应当代社会消费需求多变性的特点，企业必须快速应对顾客的需求变化。外包合作的企业可以在全球市场展开"实时经营"，即资源配置、生产制作、运输交货同步进行的经营模式，实现市场反馈最快、项目确立最快、产品制作最快、货物交付最快的高效运作。

有时，外包合作好比企业"与狼共舞"的行为。在获得竞争优势的同时，外包的企业也可能"危机四伏"。

其一，企业的某些经营能力退化。在外包合作过程中，企业保留了核心业务，非核心业务的经验、创新和控制能力逐渐丧失，这就可能将企业带入危险境地。如果企业的核心业务过度依赖承包商时，企业的核心地位就会受到威胁。随着竞争环境的变化，商业的核心业务可能发生转化，核心企业的地位很可能被他人取代。

其二，企业的某些商业秘密受到威胁。在外包合作中，企业之间存在技术、工艺、配方等方面的信息共享。没有这种共享信息，外包合作的企业之间交流不畅，可能影响外包的顺利进行。然而，企业之间共享信息和资料，核心企业的商业机密则容易泄露，从而威胁企业的安全运营。

为了减少外包合作对企业的伤害，外包企业的决策者应该坚持理智的外包原则，尽量控制外包战略的风险。

首先，坚持利益平衡、合作至上的原则。企业实施外包经营，需要控制不同的外包合作关系。如果利益分配合理，核心企业就可以有效地安抚承包企业，防止它们脱离合作关系。核心企业对专家企业一定要有胸怀，秉承合作创造价值的理念。

其次，掌握关键资源。哪个环节自营，哪个环节外包，这并不是一个简单的外包问题。在外包合作的实践中，许多企业因为虚拟不当，最终却将自己"虚脱"掉队。所以，关键的核心业务坚决不能外包，主要业务必须分块外包。不仅如此，企业还要继续强化自己的关键业务，努力将核心竞争优势转化为企业的文化优势，保证核心业务与企业的共同发展。

最后，紧跟技术和时尚的发展。在外包合作中，核心企业要想继续占领市场竞争的高地，决策者应该对行业发展进行周期性的评估和预测，把外包的一部分利润投入新一代技术的研发和经营创新，保证企业的经营模式、生产装备、技术工艺、产品设计的前卫性。

总之，外包战略和联盟战略一样，为企业的生存与发展开辟了新的天地。从长期来看，企业之间或者竞争、或者合作、或者两者兼而有之，构成一种复杂的商业生态系统。在这种复杂的商业生态系统中，完全忽视竞争，或者完全忽视合作，企业都不能充分利用市场中的机会和资源，从而有效地解决经营困难，实现自己的商业目标。

第四节　企业战略变幻

根据前面的总结，发展战略、竞争战略以及合作战略，代表了企业基本的战略选择。但是，动荡复杂的商业环境，起伏不定的企业状况，深刻影响着企业决策者对这些战略的运用，以至于在现实的商业活动中，这些普遍的企业战略可能以某种特殊的变化方式表现出来。

企业战略变幻，就是指企业战略在特殊商业环境中出现变化多样的现象。战略本来就是企业应对商业环境变化的谋略。在稳定和成熟的市场环境下，企业的发展、竞争以及合作的战略要求，可能演变成企业在各种复杂环境中某些特别行动。这些特别行动中所体现出的生存技巧和发展技能，也应该属于企业战略的范畴。

从理论上描述企业战略变幻的所有情形，这恐怕是一件无法做到的事情。在当前的商业阶段，我们选取了三种比较典型的情况：国际市场中的战略变化，行业发展不同阶段的战略变化，以及不同市场地位的战略变化，具体说明企业战略在特殊商业环境中的变幻现象。与一般战略的普遍适用性相比较，战略的变幻现象属于企业战略的个别情形，它们可以称为企业的"特殊战略"。对于那些身处特殊商业环境的企业来说，特殊的战略选择却是企业必须熟悉的生存技巧。

一、企业在国际经营中的战略选择

企业由国内市场进入国际市场从事经营活动，可以简称为"国际经营"。企业进入国际市场经营的诱因很多，比如，发现新的商业机会，转移经营成本压力，获取廉价的资源，扩大产品的销售范围，等等。与国内经营相比较，国际经营是企业在一个全新的商业环境中生存和发展。这需要企业不断调整或者创新战略，从而构成不同于国内市场的战略新变化。

通常，企业进入国际市场经营需要一个探索过程。为了避免不必要的损失，企业必须慎重选择进入国际市场的方式。于是，选择进入国际市场的方式，成为企业进入国际市场经营的首要战略选择。当企业进入国际市场时，可供决策者选择的战略行为是：

1. 出口进入的方式。企业通过出口进入国际市场经营的特点是，在目标市场之外生产终端或中间产品，然后运往目标国家市场进行销售。出口进入的方式可以进一步分为依赖中间商的间接出口，以及企业独立完成的直接出口两种情形。企业需要根据利益与风险相平衡的原则确定具体的出口方式。总的来说，出口进入方式是企业国际经营风险最小的方式。这种方式的战略风险主要是来自目标国家的反倾销制裁。

2. 合同进入的方式。在这里，"合同"是指企业与目标国家的企业之间转让技术、工艺等方面订立的合作合同。合同进入方式的特点是，企业不出口产品，也不投资，只是依靠通过合同出让技术、工艺或管理经验在目标国家获利。具体可以分为这样几种情况：许可证贸易，特许经营，合作生产，管理服务合同，交钥匙承包工程合同。由于合同进入方式主要是依靠技术、工艺或管理技能出口获利，所以，这也是企业进入国际市场的一种比较稳妥的方式。

3. 投资进入的方式。企业投资进入国际市场，是指企业通过在国外投资设厂的方式进入目标市场。具体可以分为合资经营和独资经营两种形式。两者相比较，合资方式比独资方式更安全，但是独资经营可能更有利于企业的全球经营安排。

总的来说，企业选择从产品出口、技能转让到直接投资，是一个逐渐由易而难的战略选择过程。这也是企业在国际市场经营的风险不断加大的过程。与国内经营相比较，企业国际经营面临的主要战略挑战和风险是：

第一，国家安全的风险。当前国际形势总体稳定，但是恐怖主义、民族冲突不断。企业在目标国家的安全风险是企业异国经营的最大挑战。

第二，贸易壁垒的风险。当前，全球金融危机和经济危机频发，各国的贸易保护主义流行，反倾销规则、技术标准、人权标准、环保标准构成一连串的贸易壁垒。贸易壁垒是企业进入国际市场时必须克服的困难。

第三，国际市场的风险。原材料供应不稳、劳动力成本上升、汇率战争、消费萎缩，这些来自国际市场本身的风险，也给企业的国际经营带来一定的困难。

第四，文化冲突的风险。在国际经营的过程中，母国文化与当地文化的差异，母公司文化与当地企业文化的差异，都可能演变为企业国际经营的管理冲突，甚至给企业带来灾难。

除了以上普遍的风险之外，企业还可能存在自身国际经营的经验不足、资金紧张、人才不够等一系列特殊困难和风险。为了抑制国际经营的风险，企业应该选择适合自己在国际市场发展的经营战略。主要包括：

其一，国际化战略。所谓国际化战略，是指企业将其有价值的产品和技能转移到海外子公司，从而创造商业价值的战略行为。在国际化战略中，企业一般将研发业务留在母公司，国外子公司承担生产与销售业务。国际化战略的优势在于，发挥企业的核心竞争力在海外市场创造价值的同时，企业又可以很好保护自己的核心竞争力。这种战略的缺陷是，由于研发在企业的母公司，所以，海外子公司可能无法应对当地市场的消费特点和变化趋势。

其二，本土化战略。本土化战略，是指企业将战略决策权交给子公司，由企业的子公司自主研发、生产和销售适合当地市场需求的产品或服务的战略行为。很显然，本土化战略可以增强企业在目标国家的适应性，有利于企业充分利用当地资源，促使企业融于当地社会文化之中，保证企业迅速开辟当地市场。但是，本土化经营的成本偏高，管理相对复杂，对企业决策者的战略控制能力是一个考验。

其三，全球化战略。所谓全球化战略，是指企业集中决策，具体的业务单位在全球不同区域生产经营，向全球市场销售标准化的产品或服务的战略行为。全球战略实行最廉价的原料采购，最少费用的生产制造，最近距离的市场销售，实现全球范围的成本领先与规模经济。对于竞争性行业的超大型企业来说，这是一种理想的国际经营战略，也是企业竞争威力的一种极限发挥。但是，全球战略要求高素质的管理人员和庞大的资本投入。另外，企业还要克服管理成本过高以及消费文化差异的困难。

除了选择以上三种战略之外，企业在国际市场中生存与发展，还可以考虑建立国际战略联盟。通过与国际著名企业联盟，企业能够在全球范围内实现优势互补、共担风险、共享市场的战略利益。实践证明，国际战略联盟是一种可以长期适应经济全球化时代要求的企业发展战略。当然，与国内联盟相比较，国际战略联盟的企业文化冲突风险也比较突出。

总之，国际化战略是企业在国内发展成熟之后，转向国外市场求生的战略行为。企业决策者能够理解和把握国外环境的特点，是这一战略是否成功的重要前提。

二、企业在特殊市场环境中的战略选择

分析通用的企业战略时，我们把商业环境假设为一种稳定和成熟的市场。像新兴市场、衰退市场、分散市场这些特殊的市场情形，并没有纳入通用战略的研究范围。显然，这样的企业战略研究是不完整的。就战略和环境的关系而言，战略是企业应对商业环境变化的智慧。市场的商业环境特殊，企业必然采取特别的商业战略。特别的商业战略也应该属于企业战略选择的范围。

在这里，所谓的"特殊市场环境"，专门是指新兴市场、衰退市场和分散市场三种市场类型。限于篇幅，本书对其他的特殊市场类型的战略选择问题没有涉及。

（一）新兴市场中的企业战略选择

新兴市场，是指行业处于开发期或成长期，产品需求不稳定的市场发展阶段。与成熟市场的商业环境相比较，新兴市场的商业环境具有以下特点：

1.行业的发展处于形成和成长时期，市场中的企业数量不多，企业的规模一般较小。

2.企业之间的竞争压力不大。形成这种商业环境特点的主要原因，一是因为产品或服务的市场不断增长，市场的空间相对宽裕；二是企业注重自己的产品研发，无暇顾及市场份额的大小。

3.产业技术的发展不稳定。这一时期，企业难以断定不同技术的优势和前途，各种技术方案都处于探索阶段，每个企业的技术开发都具有自身的风险。

4.企业战略存在不确定性。新兴市场的企业竞争，基本属于军阀混战状态，没有领军企业。由于技术、产品和市场的发展方向很难确定，所以，新兴市场也不存在公认的行业正确发展的战略。

5.行业的经验曲线陡峭。[①] 这意味着企业经受着巨大的风险，一旦技术或工艺获得重大突破，优势企业可以迅速降低经营成本，劣势企业则可能被快速淘汰出局。

从整体来看，新兴市场的不确定性决定了企业战略选择的自由度非常大。每个企业都愿意冒险，不断尝试新的商机。无论是行业的先驱者还是后来者，战略的选择都取决于企业决策者对于新市场的判断。先驱企业可以选择快速发展、联合开发，或者转让企业退出市场；后来的企业可以凭借先进技术实现"弯道超越"，也可以通过并购掠夺市场份额。所有的企业都无法避免战略上的盲目性。

至于进入新兴市场的时机选择，这也是企业的一个重要战略问题。在这方面，先驱者和后来者各有利弊。对于先驱者来说，先期进入市场有许多好处：企业靠品牌和声誉获得差异化的竞争优势，凭经验曲线降低经营成本，优先控制原料供应和产品销售渠道，等等。当然，先驱者的风险也非常明显：市场培育的投入多但收获的市场份额少，经验不足导致技术或产品失败。历史上，许多行业的先驱企业最终成为行业发展的先烈。对于后来者正好相反，失去某些先驱优势之后，也有"搭便车"的后来优势。人们常说"后来者居上"。只要瞅准时机，后来企业不用栽树就可以享受新兴市场的果实。可是，一旦丧失进入新兴市场的最佳时机，迟到的企业和新兴市场的先烈一样，也注定无法享受新兴市场的新鲜果实。

（二）衰退市场中的战略选择

衰退市场是指，消费需求急剧减少、消费规模萎缩的市场发展阶段。一般来说，市场处于衰退的时期，商业机会减少，企业增长乏力，行业前景渺茫。但是，处于衰退市场中的企业也需要做出一定的战略选择，以便应对市场衰落情况下的不利商业环境。

首先，判断市场衰退的真假。根据行业发展周期的理论，一个行业经历

---

① 经验曲线，又称"经验学习曲线"，是一种表示生产成本与累计产量之间的关系曲线，即生产成本随着生产活动的重复而降低的经济现象。该曲线由美国波士顿咨询公司的布鲁斯·亨德森于1960年发现。

开发期、成长期和成熟期之后，大多数市场的发展进入衰退时期。行业从什么时候开始属于衰退期，实际上从来就没有一个统一、确定的标准。在商业实践中，市场需求迅速减少有可能是一种暂时的现象。例如，三聚氰胺导致国内奶粉需求迅速减少，不能因此判断国内奶粉市场衰退，这是中国奶粉市场的"假衰退"。国内的奶粉消费需求和潜在需求依然存在，中国的奶粉企业完全拥有重振奶粉市场的机会。

其次，研究市场衰退的原因。如果因为人们的消费习惯改变导致需求数量的减少，这只是一种相对衰退的市场，比如，人们对自行车的消费就是典型例子，作为交通工具的自行车市场规模大大缩小了，可因为爱好运动而使用自行车的消费市场一直存在，这时，自行车企业的差异化战略仍然有用武之地。如果新兴产品替代了原来产品，那么，新兴市场替代传统市场也是必然的，比如，数码相机替代传统相机之后，传统相机消费需求和市场迅速消失。这种市场衰退的确是无奈的结局，撤退战略或转移战略成为传统相机企业的最佳战略选择。可见，市场衰退的原因不同，市场衰落的过程和特点不同，企业的应对战略自然不同。

最后，分析市场衰退的阶段。市场衰退是一个逐渐的过程。从市场迟缓、停滞、萎缩到消失，在市场衰退的不同阶段，企业需要采取不同的应对战略。在迟缓和停滞阶段，企业可以通过成本领先和并购战略获取更多的市场份额；在萎缩阶段，企业就可以考虑撤退或转移战略；在市场消失之前，决策者要果断采取清理战略，绝不要成为衰败市场中的最后一位守望者。

从根本上来说，决定企业生存还是死亡的最终因素，并不是市场交易的兴衰，而是消费需求的存在或消失。企业完全可以在一片衰退的市场中，寻求或者培育一种新的消费需求方向，重新振兴已经衰退的市场，或者重新构建一个细分市场。①

---

① 商业战略的真正意义在于，企业可以成功进入、有效控制或者顺利退出市场。长期以来，人们习惯于将战略视为"竞争战略"，认为战略就是企业在市场中的"争杀技巧"。其实，市场本质上是企业的生存场所。企业战略的关键是如何求生，即决策者为企业寻找理想的生存环境以及合理的生存方式。

（三）分散市场中的战略选择

分散市场又称为"碎片市场"或者"零散市场"。在人类的经济活动中，像生鲜产品、家居用品、传统小吃、生活服务等领域，存在一些古老的和小规模的分散市场。与时尚的消费市场不同，这些古老的小市场规模狭小，但是消费需求稳定，市场存续时间很长且没有明显的衰落期。一般来说，分散市场具有下列特征：

1.市场的规模小，无法满足大企业的发展要求，却特别适合小企业的发展。

2.市场发展过程中没有明显的兴衰期，市场变化是比较稳定的，这种传统的分散市场造就了很多历史悠久的家族经营企业。

3.市场进入的壁垒较低，行业内的企业不存在规模经营，也无法抵御潜在进入者的入行经营。

4.市场需求多样化，消费者对服务的需求比较特殊，企业无法依靠规模竞争，像理发店、蔬菜摊以及小吃部等都属于这种情况。

在分散市场经营，企业的战略选择主要是应对市场零散性的缺陷。企业可以尝试的战略行为包括：

其一，异地连锁经营。每个区域都存在相同的零散市场，如果串联成片，就可以形成一个巨大的消费市场，企业利用品牌、技术、管理展开连锁经营，能够产生小市场大企业的竞争优势。例如，家教市场相当分散，依靠某种特别的家教技能、互联网技术和品牌的影响力，教育机构和教师仍然能够取得可观的收入。[①]

其二，实施专门化经营。在分散市场中找出企业具有优势的环节进行专门经营，也就是聚焦战略中的"超集中战略"，像理发业中专门经营男士理发的"男士理发店"，完全可以聚拢一定规模的消费者。市场虽小，但企业更小，这种情况下的小企业也可以活得很滋润。

---

① 转自《每日经济新闻》消息，微信号：nbdnews，2016年3月27日。据报道，一位老师在网络辅导高中物理课单价为9元/时，被2617名学生购买，在扣除平台分成之后，他一小时的实际收入高达18842元。

其三，依附大企业。依靠大企业的订单需求，中小企业可以实现一定程度的规模生产或服务，从而缓解碎片市场的压力。例如，物业管理企业的经营规模普遍偏小，如果选择为不同的大企业提供专业的物业服务，小的物业企业照样可以形成规模经营。

从战略上分析，分散市场和集中市场各有利弊。集中市场拥有广大的生存空间，有利于大企业展开规模竞争；分散市场对于小企业来说，则是一种天然的保护屏障。在战略选择方面，市场的集中和分散也是各有千秋。如果说大企业在大市场中凭"大手笔"取胜，那么，小企业在分散的小市场中则要靠"小算盘"赢利。

总之，企业在任何市场中经营，都需要决策者根据企业的特色和市场的特点，制定一种别出心裁的战略来生存和发展。对于商业竞争来说，企业不分大小，战略没有大小。小企业在分散市场中的生存和发展，同样需要一定的战略智慧。

三、企业在不同市场地位上的战略选择

在同一个细分市场的内部，由于经营优势的不同，企业之间构成一种在不同市场地位上的竞争关系。市场地位体现了企业的竞争实力，这也是企业选择战略行为的重要依据。也就是说，即使面临相同的商业环境，因为市场地位的差别，同行企业的战略特点必定有所不同。

（一）市场领导者的战略特点

在细分市场中，最有竞争实力的企业通常称为"市场的领导者"，也就是占据最大市场份额、居于市场竞争主导地位的一流企业。多数情况下，市场领导者的战略目标取向是，继续保持领导者地位，进一步扩大领先优势。为此，企业的战略设想依次是：维护现有的市场份额；扩大市场需求以增加自己的市场份额；掠夺他人的市场份额。

作为一个细分市场中的领袖，领导者企业的战略特点是"长袖善舞"。具体的战略选择包括：

1.维持战略。领导者企业尽量保持与其他对手之间的差距，维护自己的市场强势地位。企业可能采取的战略行为是，通过广告宣传，强化企业的品

牌效应；保持规模经营，获取更多的成本优势；提高产品质量与服务水平，完善企业的差异化经营；控制企业核心技术的扩散；优化市场分销渠道；稳定原料供应关系。这些行为集中反映了领导者企业"保守（第一）"的战略取向。

2.创新战略。领导者企业以攻代守，通过经营上的创新行为，迫使竞争对手始终处于被动应付的状态。企业可以选择的行为包括，技术创新、工艺创新、设计创新、包装创新、市场创新、业务流程创新，等等。领导者企业凭借竞争优势，实现更快的发展，能够进一步增强领先地位。相比较而言，领导者企业采取创新战略的风险要高于维持战略。

企业竞争犹如百舸争流，有进有退是一种正常的商业现象。领导者企业虽不能夜郎自大，但也不必如履薄冰。对于企业决策者来说，"领导者地位"不是企业的终身大奖，更不是企业战略的出发点。做企业的目的是商业利润，获取利润是战略决策者的重要动机。因此，追求更大的价值与利润应该是领导者企业的主要战略目标。

（二）市场挑战者的战略特点

在细分市场中的地位次于领导者，又不甘现状、努力进取的二流企业，可以称为"市场挑战者"。在大多数情况下，挑战者企业以打败领导者作为自己的战略目标取向，其战略选择具有挑战性的特点。挑战者企业可以选择的战略行为包括：

1.牺牲利润，争取顾客。例如，通过价格折扣，向顾客提供廉价的优质产品；加大广告投入，吸引更多消费者的关注。

2.依靠创新，实现弯道超车。挑战者与领导者可能是一步之差。大胆创新，奋力一搏，挑战者企业在市场转向的过程中就可能超越领导者。

3.与领导者共享市场。学会与高手共存，以先进企业为标杆，积蓄力量，也是挑战者企业一种比较实际的战略选择。

总的来说，市场挑战者的地位很尴尬，前有领导者的阻挡，后有追随者的紧逼。这时，挑战者的战略选择既不能轻易激怒领导者，又要努力将后来者甩开。因此，挑战者企业的战略灵活性非常重要。

（三）市场追随者的战略特点

所谓市场追随者，是指在细分市场中维持现状，不愿冒险创新的随波逐流的企业。在实力不够的情况下，企业的"追随"也是一种战略行为。从市场地位判断，一个行业的多数企业属于市场追随者。市场追随者的战略目标取向是，维持现有的市场销量，避免竞争对手的打击报复。其战略选择具有以下两个特点。

1. 模仿战略。模仿先进企业的某些经营行为，追随者可以节约创新成本。只要没有违反法律规定，追随者的模仿行为是安全的。

2. 寄生战略。与领导者企业合作，追随者企业可以分享其产品、技术、工艺、包装等创新成果，当然也要忍受领导者企业的剥削。

企业经营如逆水行舟，不进则退。维持现状绝不是大多数企业决策者的理想。稍有积蓄，企业的追随就会变成"追赶"，追随者企业因此可能变为"挑战者企业"。

（四）市场补缺者的战略特点

在任何一个市场中，总是存在一些实力弱小或者新进入场的小企业，它们的市场定位只能是拾遗补缺，因而被称为"市场补缺者"。市场补缺者虽然是一株小苗，但只要生长条件合适，小苗可以迅速成长为市场中的参天大树。当然，作为市场补缺者，生存应该是这类企业首要的战略目标。市场补缺者的战略特点如下。

1. 专一战略。选择大企业不感兴趣或者无法操作的市场机会，在产品最终用途、顾客消费数量、顾客特殊要求、商业地理位置、售后零星服务等方面，选择一个环节做出特色，市场的补缺者也能够活得很滋润。

2. 冒险战略。俗话说，光脚不怕穿鞋的。市场补缺者没有后顾之忧。大胆冒险，寻求经营的突破和创新，也不失为一种有利的战略选择。最差的结果是丢掉一个小企业，但是舍命一搏，补缺的企业也可能身价百倍。

在人类的商业实践中，企业生存和发展的战略可谓千变万化。战略变幻的现象告诉人们：世上没有标准的战略，只有灵活的战略形式，有效的战略总是以特殊的情形出现在商业实践之中。企业决策者在战略选择上的抱残守缺，或者照本宣科，都将遭遇商业失败。

　　通过分析企业发展的历史，我们可以发现成功企业的战略亮点。这些闪亮的战略曾经引导那些成功的企业走过一段辉煌的路程。但是，对于后人来说，昔日的企业战略范例已经变成为理论上的一种结晶。这就是经典的企业战略思想。与决策者头脑中的战略观点不同，经典的战略思想凝固在书本之中，看似完美的战略观点，因为缺少活性和细节，也只能用于学习与欣赏。

　　战略问题切忌"纸上谈兵"。有效的战略不会出现在教科书之中，特别是决定战略成功的关键细节，只能来自战略决策者对商业机遇的准确分析以及对环境变化的合理判断。在商业实践中，战略的成败常常取决于战略细节的差异，而战略细节的处理可以反映决策者思维水平的差别。换句话来说，决策者的商业智慧随时转化为企业行动的特殊战略，战略因时、因地、因人而异，商业成功没有固定不变的战略。战略一旦固化，必然失去其行动的价值。企业决策者寻求有效的战略，应该在商业实践中大胆地探索，不停地思考。

第四章　战略反思

在战略思想形成之后，企业决策者都渴望将自己的想法付诸行动。这并不是说，当企业开始战略行动的时候，企业决策者的战略思维就变得无所作为。实践表明，从战略行动开始，一直到战略行动结束，决策者的战略思维根本没有停顿下来，只是这一时期战略思维的内容比较特殊。这期间，企业决策者不是谋划新的战略，而是对已经形成的战略进行不断的反思。有的时候，企业战略行动已经结束，决策者对自己的战略决策还是耿耿于怀，战略反思仍会持续一段时间。

反思，是指反复思考或者重新思考。这是人们在思维过程中的一种特殊思维方式，也是人们在生活中的一种正常的心理活动。在企业战略思维过程中，所谓战略反思，就是企业决策者对已经形成的战略观点反复思考或重新思考的思维现象。根据战略反思发生的时段不同，企业战略的反思可分为四种情形：一是战略评估，即评价一个正在形成中的企业战略；二是战略迟疑，即决策者在行动前对企业战略方案的最后斟酌；三是战略总结，即关于企业战略思想观点的评判；四是战略调整，即决策者在战略（全部或部分）失败后重新思考战略的选择。这四种情形只是一种理论描述，每个人反思战略的具体情况可能有所不同。但是，这些情形体现了决策者在战略思维过程中不断检查、检验和检讨，以求战略完美的一种殚精竭虑的心态。企业决策者在战略上的反思心态应该是一致的。

反思是企业决策者正确思考战略的必要条件。经过决策者的反思，已经形成的企业战略思想更加完善，提出的企业战略方案也更加成熟。同时，反思又是一个新的战略思维过程的重要基础。企业决策者认真总结战略实践的经验和教训，有利于形成一些规则性的结论，也有利于修正自己的错误。总之，企业决策者进行战略反思的根本目的，就是努力保证自己的战略思维始终处于一种理性的状态。

第一节 战略评估

战略思考是开放性的。当提出一种战略设想之后，通过商议或者咨询的方式，决策者需要与他人一起对正在形成中的战略观点进行评价、选择和完善。个人杜撰战略的行为是最危险的。所谓战略评估，是指企业战略提出者以外的人或组织，对战略的价值性与风险性进行的评判和估量。全面、客观的战略评估，可以补充企业战略在细节上的不足之处，及时修正企业战略决策的错误。经过战略评估，一个人的战略思想逐渐变为若干人共同的战略思想，企业战略的内容变得更加丰富，战略的行动方案也会变得更加细腻。

一、战略评估的过程

有人认为，召开专门的企业战略会议，并在会上讨论和通过企业的战略方案，这就是企业战略评估的过程。其实，企业战略评估行为的出现，比人们想象的还要早很多。当一个人把战略想法告诉他人的时候，战略的评估行为实际上已经开始。从此，企业战略评估经历一个或长或短的过程，并由一系列具体的反思形式组成。

（一）交流战略想法

商业世界是一个充满诱惑的世界。每天，各种赚钱的诱惑扮成不同的商业机会，挑逗着人们的情绪。一旦发现商业机遇，企业决策者就可能产生某种激动人心的商业想法，我们可以将这种萌动的商业想法称为"战略设想"。战略设想通常构成一种企业战略的胚胎，并拥有进一步成型的强烈冲动。战略思考者可以把某些想法埋在心里很长时间，等到这些想法稍微成熟一些，他们乐意把战略想法拿出来与自己的伙伴交流，借用他人的眼光来判断这些想法是否正确、可行。从内容来看，这是一种双重的价值判断。

其一，主观价值的判断。所谓主观价值的判断，是指从事某种商业活动是否满足活动者的心理需要以及满足心理需要的程度。人生是一个短暂的生命过程。每个人的价值观是不同的。做什么样的事业是值得的、幸福的和优先的，每个人的判断并不相同。不是每个人都适合商业活动，也不是每次商业机会都能带来幸福人生。人们交流某种商业想法的意义，首先是要把那些不切实际的思想苗头尽快灭掉。

其二，客观价值的判断。客观价值也称为"经济附加值"。所谓客观价值的判断，就是判断某种商业机遇的财富回报的前景。商业机遇只是代表某种赚钱的可能性。把一种商业机遇变成商业回报，存在各种可能性，甚至包括不可能性。交流某种商业战略的想法，决策者也是希望从旁观者的立场，判断某个商业机遇有无经济利益上的价值以及这种价值的大小。[①]

经过上述两种价值判断之后，假如一个战略设想同时满足了人们的主观价值和客观价值要求，表明这种商业想法是应该肯定的，并由此可能开始战略的细化过程。具有讽刺意味的是，在大多数情况下，人们关于商业的想法没有获得他人的肯定，只是思考者的一种不切实际的想法而已。

当然，也不排除他人看不懂却包含价值的战略想法，比如，张文明与陈少杰创办游戏直播项目——斗鱼 TV，从 2013 年起，他们拿着项目寻求投资，但是几乎没有人看得懂。游戏直播能有市场吗？赚钱的商业模式呢？经营的成本多高？国内的投资人一直回避这个项目。一直到 2014 年 7 月，谷歌公司以 10 亿美元的价格收购游戏流媒体直播网站 Twitch，斗鱼 TV 才被许多国内资本看好，并迅速升值为 10 亿美元的公司，直播也成为互联网的一个风口。[②] 由此看来，战略想法是否被他人看懂其实并不重要，关键是这一想法是否具有深厚的价值基础，以及相关的商业项目能否形成稳定的客户群。

（二）讨论战略风险

当美妙的商业想法被无情的经营风险挫败之后，人们总是要问自己：怎

---

① 人们评估企业战略的价值，常常用到利润、价值、附加值等一系列概念。由于企业的战略行动还没有开始，所以常规的会计方法并不适合战略评估。战略价值通常是指战略行为带来的心理满足与财富憧憬。人们评估战略价值的坚实基础应该是"客户群"。彼得·德鲁克曾说：企业的目的是创造顾客。这一观点具有深刻的道理。

② 李立：《凶猛"斗鱼"：从无人能懂到独角兽养成记》，《中国经营报》2016 年 4 月 11 日。

么当初就没有认真考虑这些风险呢？既然如此，在开始投资之前，投资决策者要尽量弄清商业活动存在哪些风险。事实上，许多风险就是人们在讨论战略的过程中发现的。

首先，资本投入的风险。任何商业行为都是一种投入产出的过程。资本投入的风险是一种比较的风险。当有投入无产出，这种商业活动肯定"亏本"；当投入大产出小，这种商业活动属于"亏损"；只有投入小产出大，这种商业活动才能"赢利"。貌似简单的商业道理却被许多人忽视了，商业投资变成人们一厢情愿的行为。只有当投资变得血本无归的时候，投资决策者才猛然想到，这可能本来就是一场打不赢的战争。①

其次，经营能力的风险。商业活动涉及决策、知识、经验、技术、管理等一系列的能力考验。20世纪90年代，中国人把经商活动叫作"下海"。在投入"商海"之前，人们需要不断地反问自己：我会游泳吗？我能在这里游泳吗？如果当事人执迷不悟，亲友们就要坚定地发出他们的忠告。

最后，搏击市场的风险。与大海一样，商海也是无情的。商业市场是不同经济主体的竞争场所。自己在商业竞争中是赢还是输？恐怕永远没有一个定数。经营的困难和风险来自何方？最大的风险是什么？在进入市场之前，决策者们需要充分的讨论。

商业的利益往往与商业风险相伴而生。讨论战略风险的目的不是消灭风险，而是规避或者抑制风险，利用最小的风险代价获取最大的商业利益。战略决策者一味顾及风险的大小，有可能失去某些战略机会。

（三）补充战略方案

如果战略想法在交流时没有被否掉，战略思路在讨论时也没有被推翻，那么，战略评估进入第三个阶段，即补充企业战略的方案。战略评估不是消极的批评，而是一种建设性的完善行为。一个人的思考力毕竟是有限的。许多战略就是从一个人的简单想法，经历不同层面的战略评估，最终成为企业

---

① 近年来，中国商人在互联网领域大肆投资，比如团购、P2P、无人便利店、共享单车等一系列所谓的网络"平台"或"入口"产业，其中许多投资已经证明或即将证明属于非理性的烧钱行为。

市场争雄的完美方案。

企业战略的制定没有统一的标准和程序。从最初的简单想法到最后的方案细节，每个企业的战略决策都经历了不同的过程。大企业经常做的战略评估行为，比如战略咨询、战略审查、专门的战略评估会议，中小企业未必如此。抛开企业战略决策过程的差别，经过交流、讨论之后，对于那些被人们肯定的战略来说，最初的战略方案需要补充和完善。这种战略完善包括的内容是：

1. 提出更加准确的战略目标选项，确保企业战略是具体、明确的。

2. 制定更加详细的战略措施，降低和消除企业战略方案中的风险和漏洞。

3. 提供备选的战略方案，应对企业战略实施过程中的不时之需。

任何商业活动都应该是务实的，战略评估必须杜绝形式主义。因此，企业战略评估不是寻求战略思想的一致性，而是尽量放大战略思维的差异性。这种做法的意义就是，把一个人的战略思维可以变成许多人的集体战略思维，尽量减少个人战略思维的缺陷，以便企业决策者做出更加可靠的战略决定。

另外，战略评估行为必须注意企业战略的安全性。战略方案是企业的核心商业秘密。战略思维的开放是有限的，大张旗鼓搞战略属于一种荒唐的行为。即使私密的讨论，抑或专门的咨询，战略评估的行为也可能造成战略泄密，从而导致企业战略的失效。

二、战略评估的工具和标准

战略评估是人们确定一种战略是否可行的过程。为了验证自己的战略设想，也为了说服他人，人们运用一种合理的工具，或者采用某些共同的标准，可以统一战略评估人员的意见。

（一）战略评估工具

在企业战略的评估过程中，为了对提出的战略方案进行说明和论证，人们研究开发了一些企业战略分析的模型工具。战略咨询公司常用这些工具对企业战略进行分析与说明。企业决策者也可以利用这些工具，对正在形成中的战略进行一些辅助性的论证。其中，比较典型的分析工具(模型)有三种，它们分别是：波士顿（BCG）矩阵；在此基础上，美国通用电气公司和麦肯锡咨询公司共同提出的"通用（GE）矩阵"，又称为"行业吸引力—竞争能力分析法"；美国的查尔斯·霍夫教授在波士顿矩阵和通用矩阵的基础上，提出"产品—市场演变矩阵"。三种矩阵模型在功能上大同小异，本书主要介绍波士顿矩阵。

波士顿矩阵，又称"市场增长率—相对市场份额矩阵"，是美国波士顿咨询集团于 20 世纪 90 年代初开发的战略分析模型。人们运用波士顿矩阵分析战略的目的是，帮助多元化经营的企业通过不同业务的优化组合，实现企业现金流的平衡。

波士顿矩阵理论认为，企业不同业务单位的战略选择有两个变量因素，一是业务单位的市场增长率，这个指标可以显示某种业务市场对企业投资的吸引力；二是业务单位在市场中的相对份额，它代表业务单位在市场中的竞争实力。这两种变量因素相互影响，又相互制约，可以演绎为四种情况，分别构成四个象限，组成一个矩阵图。这四个象限的具体名称依次是"问题""明星""现金牛""瘦狗"。企业决策者可以通过对四个象限的简单分析来处理多元化战略的选择问题，确定企业的哪些业务宜于投资，哪些业务宜于获取利润，哪些业务应该被剔除，从而使多元化经营的业务组合达到最佳经营效果。见图 4-1。

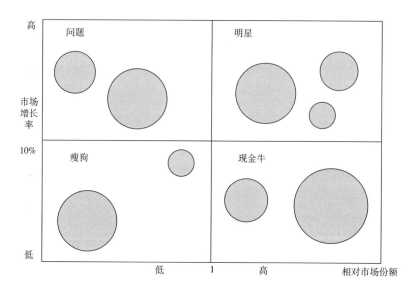

图 4-1　波士顿矩阵图

在波士顿矩阵图中，以纵轴表示企业的市场增长率，横轴表示企业的相对市场份额，以 10% 和 1 作为纵轴和横轴区分高、低的分界点。这样，波士顿矩阵图中的四个象限可以做如下解释：

1. 问题业务，是指处于高市场增长率、市场占有份额却较低的业务群。问题业务群的特点是企业利润率低、资金不足、负债较高。企业处理问题业务时必须慎重，对确实有前途的业务要增加投入，否则，宜采用收缩战略。

2. 明星业务，是指处于高市场增长率和高市场占有份额的业务群。明星业务通常代表最好的利润回报率和最佳的投资机会。企业应该继续投资，以保持明星业务与市场同步增长。

3. 现金牛业务，是指处于低市场增长率和高市场占有份额的业务群。现金牛业务的特点是企业的销量大，利润率高，但业务的市场前景有限。现金牛业务是企业主要的现金来源，宜采用稳定战略，维护现有的市场份额，获取更多的现金收入。

4. 瘦狗业务，是指处于低市场增长率和低市场占有份额的业务群。其特点是业务活动的利润低，企业经营处于保本或亏损状态。由于瘦狗一类的业务无法为企业带来收益，所以，企业通常对瘦狗类业务采取放弃或清算战略。

对于多元化经营的企业来说，波士顿矩阵是一种简单实用的战略分析工具。但是，其最大缺陷是分析的简单化，根据两个变量因素把企业的业务划为四类情况，企图用简单化的分析方法处理复杂的多元化业务之间的关系。

在企业战略实践中，波士顿矩阵曾经风靡一时，被人们普遍誉为"科学的战略分析工具"。现在看来不过如此，其他的战略评估工具也相差不多。说到底，战略评估模型只是人们对企业战略评估的辅助工具。人们发明这些工具的目的，是想从客观的角度对主观的战略方案进行评价。

长期以来，商业数据一直被人们视为客观环境的准确反映。然而，数据总是存在偏差，不可能全面反映企业战略的复杂因素。人们利用数据做成的模型，也只是对企业战略做出某种程度的解释。企业的战略决策者们必须清醒，数据不能完整再现复杂的商业环境，模型无法完全替代精巧的人类思考。盲目夸大战略评估工具的作用，除了安慰自己，战略评估者并不能实现正确评估战略的目的。

企业战略评估是决策者们反复思考企业战略的行为。从不同的思维角度探索同一个战略任务，不断交流观点，反复讨论商业情景，经过说服和补充的过程，企业的决策者们总是能够达成某种战略共识的。

（二）战略评估标准

战略评估的对象是一种正在形成中的企业战略。对于企业来说，这种战略既可能为企业创造价值，也可能给企业带来风险。因此，任何战略评估行为都要围绕企业战略的价值性和风险性展开。战略的价值性和风险性构成企业战略评估的基本内容。围绕这两个方面的内容，美国战略学家斯坦纳·麦纳提出了评估企业战略的六个标准。这六个标准分别为战略决策者们交流和讨论提供了一些中心议题，具有重要的参考价值。

1.战略要有环境的适应性。战略是企业应对商业环境变化的方案，必须与社会环境、行业环境以及企业所在的细分市场环境的现状和趋势相适应。此项评估涉及的具体问题包括：

○ 国际和国内环境的有利因素和不利因素有哪些？

○ 企业战略是否利用了社会生活中的利好时机？

○ 评估行业发展的现状和未来 N 年内的发展前景。

○ 在行业内，什么是企业战略的最大障碍？

○ 企业的竞争对手是谁？竞争对手有哪些优势和缺陷？

2.战略要有预期的收益性。收益是企业战略价值的直接体现。但是，人们无法准确评估一个战略能够给企业贡献多少利润。评估战略的收益性一般采用资本收益率（也称"投资利润率"）。在评估战略收益性的过程中，评估者经常讨论的问题是：

○ 实施战略项目的利润率最高指标和最低指标是多少？

○ 换成其他（可行）战略项目是否更有利？

○ 战略项目预期收益率可以持续多长时间？

○ 影响预期收益率稳定的有利因素和不利因素是什么？

○ 企业战略在市场中最大的支撑点是什么？这一支撑点的稳定性如何？

3.战略要有竞争的优势性。企业的战略方案能够促使企业扬长避短，充分发挥企业的优势，巧妙避开企业的劣势。这实际上是对企业的战略能力进行评估。具体审查的问题包括：

○ 战略能够强化企业哪些竞争优势？

○ 战略目标和企业的资源是否匹配？

○ 在实现企业战略的过程中，企业的短板在哪里？企业克服战略短板的条件有哪些？

○ 企业决策者控制战略的知识和经验足够吗？

○ 企业的组织和人员是否与战略要求相匹配？企业能够找到克服组织困难的办法吗？

4.战略要有目标的一致性。在这方面，战略自身的目标协调是没有问题的。一般来说，人们总是根据某种目标取向，提出战略行动方案，战略行动方案与战略目标具有内在必然性。但是，战略的阶段性目标与企业的愿景之间可能存在差异。两者如何协调一致？具体涉及的问题是：

○ 当前的企业战略行为和企业长期的愿景是否一致？

○ 企业战略能否被现有的企业文化所接受？

○ 企业组织结构与企业战略之间有哪些冲突？

○ 企业战略与企业不同利益相关者的关系如何？

5.战略要有资源的配套性。对于企业战略来说，资源的需求永远是不够的。资源也不是战略的最重要的评判标准。但是，保证必要的资源以及对有限资源进行合理配置，是评估战略安全性的重要标准。在这方面，战略评估经常遇到的问题包括：

○ 企业的资源能否支撑企业战略的实现？

○ 企业缺少的战略资源包括哪些？

○ 克服资源短缺的战略措施是什么？

○ 企业战略可以凭借的社会资源有哪些？

○ 企业争取社会资源的可能性有多大？其代价是什么？

6.战略要规避企业的风险性。未来的不确定性，构成企业战略风险的基础。战略评估者不能盲目乐观，轻视战略风险的存在。当然，评估者也不必悲观，不能因为有风险而错过企业的一个战略发展机遇。具体涉及以下问题：

○ 尽可能列出企业战略可能面临的所有风险。

○ 分清企业的长期风险和短期风险各是什么？

○ 确定企业最大的战略风险是什么？

○ 分析企业克服长期风险和最大风险的可能性？

实际上，企业的战略评估，总是在一定标准下和一些问题中进行的。由于企业战略和商业环境的不同，决策者考虑战略的重点与细节自然不同，上述所列的题目并不是人们讨论的所有问题。评估人员可以围绕战略的价值性和风险性进行深入讨论。

即使在同一个战略的评估中，因为动机和角度不同，对于战略评估的结论和解决问题的措施，评估人员也可能各持己见。因此，企业战略评估常常是一种永无休止的争执过程。这时，企业战略的最终决定来自决策者的迟疑过程。

第二节　战略迟疑

当我们惊叹将军们在战场上叱咤风云的时候，谁也没有理会这些将军们在决定战略时的迟疑。迟疑是一种隐秘的心理现象。在生活中，面对即将发生的重大行动，行动决策者常常因为紧张而产生一种拘谨和纠结的心理，从而导致行动前出现一定程度的拖延或摇摆。所谓战略迟疑，就是指企业决策者在决定战略时迟缓表态的心理现象。在大多数情况下，战略迟疑是一种稍纵即逝的心理变化，所以，很少有人关注这种心理现象的存在，以及这种决策心理的作用。凡是有过战略决策经历的人们，总会遇到拖延一段时间才拍板的情况。战略决策过程还可能出现这种情形，企业决策者为了某个痛苦的决定辗转反侧，一直到天亮的时候才最终敲定。甚至因为某个特别的情节，一个战略决定拖延几年的时间。

战略迟疑是企业战略决策活动的普遍现象。在战略迟疑期间，企业决策者反复权衡战略的利弊，斟酌战略的细节，实质上是对已经形成的企业战略的一种自我反思行为。

一、迟疑的好处

面对激动人心的商业机遇，旁观者总会询问战略决策者：迟疑什么？迟疑什么呢？没有坐到战略决策者位置上的人们，怎么也不明白决策者为什么迟迟不做决定。实际上，迟延决定的战略决策者们各有苦衷。据笔者观察，在以下的情形中，企业决策者容易出现战略迟疑。

首先，企业内部利益牵制。企业的利益相关者对战略反应不一，这属于正常的经营现象。理由很简单，战略给不同的利益相关者带来的收益和风险是不一样的。凭什么用那么大的风险换取那么小的利益？反对者坚决反对企业的战略方案，这是对自己利益的坚定维护。在战略最终决定之前，企业决策者出现迟疑，可能是考虑修改战略方案的某些细节，平衡企业内部利益关系，给反对者以安抚和承诺，尽量避免出现相互掣肘的窘况。

其次，最后一遍检查。这种情形和学生考试的道理是相同的。在考试结束的铃声响起之前，考生通常做最后一遍检查，查看自己的答案是否存在漏洞，争取最理想的考试成绩。企业战略决定也是如此。企业的战略方案经过反复评估，意见也取得一致，可是，在付诸行动之前，只要还有时间，决策者总要进一步思考战略方案的细节是否存在纰漏。战略决策者们非常清楚，一旦将战略方案付诸实施，改错的机会很少，只有经过一段时间的煎熬，才能看到战略的答案和结果。

最后，揣摩对手的反应。战略动了谁的奶酪？决策者在思考战略的时候已经清楚。动了他的奶酪，他会有什么反应？决策者则很难完全猜对。最好的结果是对手没有发现，企业凭借奇袭取得商业战略的成功。可是，发生这种情形的概率非常小。在一般情况下，对手企业会恼怒不已。当对手应对自己战略的时候，对手的出招是什么？在哪里出招？什么时间出招？对手出招之后有什么结果？对自己有利的后果是什么？不利的后果又是什么？最大的不利后果应该是什么？这些问题常常不易获得确定的结论。在战略行动之前的最后一刻，决策者仍然在琢磨这些问题的具体答案。

在非洲的草原上，狮子扑向一头野牛之前，通常也会沉吟和迟疑，弄好了这是一次绝杀，弄不好狮子白白浪费力气，甚至可能丢掉身家性命。面对商业风险，企业决策者和非洲狮子的担心是一样的。战略的答案总是出现在战略行动之后，而不可能出现在战略行动之前。决策者的忐忑心情是可以理解的，战略迟疑相当于决策者逐渐坚定的决心过程。

战略迟疑，体现了企业决策者在战略上的谨慎。在企业经营中，没有人真正喜欢拍板。拍板的收益往往是大家共享，拍板的风险却有可能是拍板者个人承担，最起码，企业的拍板人也要为战略上拍板的风险负主要责任。这就是企业决策者在战略决定之前显得顾虑重重，不愿轻易表态的根本原因。其实，企业决策者担心的不是商业风险的存在，他们担心，到底有多少种商业风险？最坏的商业风险的结果是什么？躲过最坏的商业风险，是企业战略决策者们的普遍心理。每当决策者想到可能还有风险未被考虑的时候，战略迟疑就是再正常不过的心理现象。在重大行动之前，把困难想足了，这并不是懦夫的表现，而是一种沉稳的品德。谨慎驶得万年船。战略上的一招不慎，企业有可能满盘皆输。

战略迟疑，留给了战略进一步成熟的时间。从最初的战略设想逐渐酝酿成一个完整的战略方案，思考战略的过程需要花费时间。这一点我们都能够理解。但是，战略方案形成之后到战略行动之前，仍然需要时间继续思考战略，这恐怕不能被人理解。商业机遇稍纵即逝，人们倾向于尽快展开战略行动也是对的。为什么要慢一个或几个节拍再做出最后的决定呢？其最大好处就是，企业战略在决策者心里更加成熟一些。人们都熟悉这样一个生活小常识：刚刚从地里摘下的瓜果存放一段时间，口味浓郁香甜。这是因为瓜果被"困"了一下，因而更加成熟。企业战略是一种思维的果实，在时间上"困"一下，这颗思维果实能变得细腻、明确。因此，战略的事情宜早动心思，晚下决定。

战略迟疑，可以提供绝杀对手的窗口。利用火箭发射卫星时，人们需要寻找天气方面的时间窗口。如果错过了最佳天气的时间窗口，卫星发射只能等待天气变化的下一次时机。这种现象被称为"窗口效应"。在开始战略行动之前，企业决策者也需要考虑时机的选择问题。企业在市场形势最佳的时刻出击，战略行动的效果肯定最好。这就是商业竞争中的"窗口效应"。之所以出现战略迟疑，有可能是因为决策者不满意当前的时机窗口，以至于企业内部经常出现"皇帝不急太监急"的情况。

有时，战略迟疑是决策者的一种幸运。当企业深陷痛苦的商业困局，战略决策者早就决心摆脱这种痛苦，比如，卖了企业的资产还债，或者企业转到新行业发展。只是由于某种特别的情结，决策者迟疑了许久也没有行动。恰恰在迟疑期间，商机突然倒转，迟疑者因此成就一番伟大的事业。例如，美国微软公司创始人比尔·盖茨在经营困难的时候，曾想把微软公司的软件版权以 30 万美元的价格卖掉，中国腾讯公司的董事会主席马化腾也曾想将 QQ 以 60 万元人民币的价格卖掉，他们最终都没有成交，而是在迟疑中徘徊和坚持。当熬过最艰难的时刻之后，他们迅速把企业做大做强。事后想起来，这样的战略迟疑还真是一件值得庆幸的事情。

二、非正常的战略迟疑

从行为的表现来看，迟疑就是一种战略上的犹豫。这种战略犹豫一般是短暂的。然而，犹豫超过了一定的时间限度，决策者因此可能贻误企业的战机。

犹豫不决的现象不属于战略迟疑。当一个人面对选择时，斤斤计较，畏首畏尾，无法在合理时间内做出决断，这个人的表现就是"犹豫不决"。"犹豫"并不可怕，可怕的是"不决"。在战略决策中，迟疑不是不做决定，而是要等到时机再成熟一些做决定。犹豫不决的人的特点是迟迟不作决定，从而坐失良机。这种性格上犹豫不决的人，很难成为优秀的企业战略决策者。

行事拖拉也不属于战略迟疑。有些人的行为习惯总是拖拖拉拉，大大咧咧，没有把一些事情放在心上。这种办事拖拉与战略迟疑是有区别的。办事拖拉的人忽视战略的重要性，总是借口拖拖再说，不关心延误战机的后果，或者放任这种结果的发生，说到底，这是一种不负责任的表现。战略迟疑恰恰是要负责任，寻求最佳时机实施战略。在商业生活中，也有企业决策者在小事上可能拖拉敷衍，遇到战略问题却谨慎快速，所以，不能说凡办事拖拉的人，在战略决策上必然是拖拖拉拉的。

大型企业组织的机构复杂，利益关系盘根错节，容易产生官僚扯皮的现象。为了遵守企业的工作规定，大企业的决策者一般是按照流程决定战略。如果出现利益纠葛，或者为了推脱责任，某些决策者以研究或程序为借口，对企业的战略方案久拖不批。这和战略迟疑是两码事情。战略迟疑只是决策者在思考战略时的延续和反复。在迟疑之后，企业决策者往往会义无反顾地推动战略的进程。

即使排除犹豫不决的性格、办事拖拉的习惯以及官僚扯皮的作风，我们也不能否认，战略迟疑本身有可能造成损失。企业决策者迟疑的初衷是为了战略的稳妥，尽量检查战略方案的不足与漏洞，或者等待一个最好的时间窗口，这些都是有益的，但却可能带来一种无奈的结局：错失战略行动的良机。战略决策者也许因此深深自责。

这种情况不完全是战略决策者的过错。商业战略本身充满了不确定性。战略的不确定性来自方方面面，可能来自社会生活、行业市场、竞争对手，也可能来自企业自身以及企业的合作伙伴，其中任何一个因素变化，都可能改变当前的商业环境，从而导致战略的失效。战略迟疑本身可能时间不长，但是，战略环境的变化可能更快。当错失良机的时候，战略决策者只能安慰自己一句：等下一次的机会吧。

战略行动本来就是一种关于机会抉择的游戏。在最好的机会中实施战略，是这种游戏的最高境界。企业决策者的战略迟疑是普遍的心理现象。无论怎样评说，战略迟疑可能满足最优战略与最佳商机的完美结合。因此，战略迟疑是一种有益的战略反思行为。

第三节　战略总结

当企业战略进入实施阶段时，决策者们非常专注，眼看着自己的战略方案正在变成企业行动，原先的战略设想一步一步地成为现实，他们的内心充满了兴奋与期待。在这一时期，企业决策者需要对正在进行的战略行为做出评价，并可能对原先的战略方案进行改变，以求战略的完美结局。所谓战略思想总结，是指在战略实施过程中或者战略实施结束之后，企业决策者对自己的战略思想进行检验、梳理与评判的行为。对于一个优秀的企业决策者来说，战略思想总结是一种常见的自我反思现象。

实施战略的指令下达以后，与"战略思维"相比，"战略行为"成了企业战略舞台上的主角。战略行动在本质上就是验证和实现决策者战略思想的过程。凡是失去行动价值的战略观点，迅速被认定为空想、梦想、幻想。在战略结果的权威下，失败的战略思想者很难为自己辩护。然而，现在有一种流行的理论认为，优秀的战略方案一旦遇到很差的战略执行，重新修订的战略可能仍然收效甚微，结果，"执行力"决定了企业战略的成败。这完全是一种虚伪的说辞。（战略）执行力是企业能力的一部分，决策者根据企业能力提出的战略方案，却没有考虑企业员工的执行力，这真是匪夷所思。因此，学术界热捧的"战略执行力"理论，其观点没有实践的价值。[①] 实际上，在每一个生活领域，战略总是表现为一种"想法＋行动"的状态，忽略企业执行力的战略思想本身就是有缺陷的，战略失败怨不得企业员工的执行力。[②]

战略的实现本身包含"试错"现象。从最初的市场混沌到最终的商业成果，企业战略总是处于尝试和纠错的过程之中。企业战略决策者不要指望战略目标能够立即完成，也不能企盼战略规划可以全部实现。根据企业战略推进的阶段，客观评价企业战略效果，主动修正战略方案，体现出一个战略决策者的务实作风。进一步地说，企业决策者总结战略过程的经验和教训，可以帮助自己尽快成长为一个优秀的战略决策者。

一、战略思想总结的主要内容

评价企业战略行为的效果，总是要牵扯这种行为背后的思想根源。反之，离开战略行为的评价，企业决策者的战略思想总结就会失去判断的根据。因此，决策者的战略思想总结，应该从企业战略行为的评价开始。

---

① 万科公司前总裁郁亮认为，执行力的理念是上级推卸责任给下级（的一种）很便捷的手段。转自《中国经营报》2011 年 11 月 28 日。

② 吕静：《懂得取舍的"聪明人"》，《中国经营报》2015 年 6 月 15 日。猎豹移动公司前CEO 傅盛认为："战略制定的重要性远远大于执行，带领普通部队也能打胜仗才是名将。优秀的战略是开战前，就有七分胜算。"

　　企业战略行为评价可以分为两种情形：一是战略行为的阶段评价，二是战略行为的总体评价。相应地，战略思想总结也分为阶段性总结和整体性总结两种形式。两种战略思想总结的内容存在一些差异。

　　在阶段性的战略思想总结方面，决策者首先要反思战略目标的设计是否合理。战略表达了决策者对企业未来发展的设想。企业决策者的主观设想可以实现多少？存在各种可能性。战略不能一厢情愿。在战略目标实现的进程中，伴随各种偶然因素的出现，企业决策者需要不断纠正某些既定的战略设想，以至于会出现这样的商业奇迹：企业本来追求的是 A 目标，最终却实现了 B 目标，而且 B 目标优于 A 目标。

　　反思战略目标合理性的时候，决策者不能完全凭借一段时间的结果来断定战略目标是否合理。这样做非常容易导致企业在战略上的摇摆不定。在战略愿景完全达成之前，战略目标的合理性应该与战略逻辑保持一致，只要没有失去战略的逻辑，决策者一般不会改变自己的战略目标。

　　当确认战略目标没有问题之后，接下来，决策者应该反思战略方案是否合理。一般来说，战略方案包含了企业对战略行为的布置和安排，主要包括：商业模式的选择、重点业务的推进步骤以及资源的配置。企业通常采用一套测评系统，比如，利用平衡记分卡来评价战略行为的综合绩效，以便判断当前战略方案的合理性。[①] 在总结战略行动方案合理性方面，客观评价评价战略行为绩效是关键环节。除非特殊情况，战略方案推进到一定阶段，战略行为的初步效果应该显现出来。否则，企业的决策者应反问自己，战略的行动方案合理吗？假若战略突遭失败，企业决策者的战略反思不能拖延，更不能试图掩盖战略上的错误。如果确定是战略方案的错误，企业应该立刻修正战略，防止损失扩大。

---

　　① 为了帮助企业对战略行为进行评价，20 世纪 90 年代，美国人罗伯特·卡普兰和戴维·诺顿提出了一种系统评价企业战略行为的工具——平衡记分卡（Balanced Score Card），并迅速在美、欧大企业中推广使用。平衡记分卡的运用，突破了传统的用单一财务指标衡量战略业绩的方法，被《哈佛商业评论》评为最近的 75 年来最具有影响力的管理学创新成果。参见郭焱等编著：《企业战略分析、预测、评价模型与案例》，天津大学出版社 2012 年版，第 83—117 页。

根据战略推进的阶段性结果，决策者应该及时总结自己当前战略思想的优点和缺点。世界上没有最完美的战略方案，也没有最正确的战略思想。企业决策者的战略思想都是逐渐完善的，企业的战略方案都要经历纠偏的过程。根据战略推进的阶段，决策者总结和评判相应阶段的战略观点，是企业战略纠偏的最佳时刻。阶段性战略思想总结的优势是：

1.这一时期，战略思想的优劣和战略行为的胜败对比最明显。一般来说，决策者战略思想的某个优点有助于企业某种战略行为的成功，同样，其战略思想的缺点也可以造成企业战略的失败。在战略推进的具体过程中，决策者最容易看清楚，企业战略的优势与自己哪一种战略思想观点有关，战略的缺陷和自己哪一种错误想法有关。

2.这一时期，战略思想总结的效果是最好的。明确企业竞争优势来自战略思想的某个观点，决策者可以继续借助这种战略观点，进一步扩大企业的竞争优势。反之，肯定企业的劣势与自己战略思想的某个缺陷有关，决策者立刻纠正错误，可以避免更大的损失。人们常说：兵贵神速。其实，在用兵神速的背后，关键是决策者改正战略思想的神速。

战略领域存在一个普遍现象：除非取消行动，战略行动的成败主要由决策者的战略思想决定。这一结论的前提是，根据行动的需要，决策者灵活地改变了自己的战略思想。这就是阶段性战略思想总结的意义。

在全部战略方案付诸实施之后，企业战略的实施过程已经凝固为战略成败的事实。这时，决策者需要对自己的战略思想进行一个完整的总结。与阶段性的战略思想总结不同，完整的战略思想总结的主要目的是提升决策者的战略思维水平，而不是战略纠偏。完整的战略思想总结具有以下特点：

第一，这是整体性的战略思想总结。当一个商业活动的过程结束，所有战略行为实施完毕，战略方案的全部细节均已执行，企业决策者的战略思想完全表现出来。此时，企业决策者可以看清自己的战略思想的全貌。当然，这种战略总结可能不是一次性的，而是多次完成的。每当想起这次战略过程的业绩，决策者总会联想到这是自己某个想法的功劳。同样，如果想起战略实施中的遗憾，决策者也会反省自己在战略思想上的过错。

第二，这时的战略思想总结具有时间优势。在这里，所谓的时间优势在于，随着时间的推移，我们可以逐渐看清隐藏在现象背后的本质。当企业战略行动全部结束后，决策者有了充分的时间来反思自己的战略思想。一是有时间梳理战略实施过程出现的各种问题；二是有时间评判所有战略举措的得失。那些在战略推进过程中可能来不及思考的问题，决策者终于可以认真考虑一番。

第三，这是一次结论性的战略思想总结。想了那么久，做了那么久，决策者的战略思想总结不能只是想想而已。战略思想总结的真正意义，是决策者得出一个明确和系统的结论。不仅如此，战略思想总结不能满足个别结论，企业决策者需要总结出一些普遍性的东西，把自己战略思考的优点嫁接到新的战略思维过程，同时避免再犯同样的战略错误，千万不能让自己的战略思想总结流于形式！

二、战略思想总结的必要性

战略思想总结，实际上就是决策者收集战略思考经验的过程。人们常说：经验就是财富。因此，战略思想总结的行为具有重要意义。

1.战略思想总结能够提高决策者的思维水平。思想总结属于人类的认识现象。根据认识的一般规律，人们的正确认识来自生活实践，经过实践、认识、再实践、再认识的反复过程，人的认识（思想）内容不断增多，人的认识（思维）水平逐渐提高。这个过程的关键环节就是"总结"。

具体地说，企业的战略方案代表决策者的战略思想，企业战略行为代表战略实践，战略实施就是通过实践检验思想的过程。只有经过实践的验证，企业决策者才能判断战略思想的正确与错误。通过进一步的总结，决策者可以把正确的战略思想保留下来，同时放弃错误的战略思想观点。在新的战略决策实践中，企业决策者必然在更高层次上思考企业的战略问题。

2.战略思想总结是决策者的自我教育过程。企业决策者通常就是企业的老板。在世界上，任何一个学校都没有专门设置老板专业，商界的老板们来自不同的学校和专业。成为企业的战略决策者以后，老板们必须拥有同一种能力，即商业战略的决策能力。这种战略决策能力主要来自企业决策者的自我教育过程。商务活动好比一个实践课堂，企业决策者集老师与学生角色于一身，提出问题（战略构思），确定答案（战略思考），检验答案（战略总结）。在这种自我教育的过程中，企业的战略损失相当于决策者交出的学费，战略收益就是决策者获得的学习成绩。最终，成绩优异的战略决策者成为优秀的企业老板。

3.思想总结是决策经验的积累过程。凡有商业经历的人，必然拥有某些商业经验的资源。但是，商业经历只有经过"开发"，才能形成真正的商业经验。"总结"就是人们开发和利用商业经验资源的主要途径。人们注重商业活动本身创造的财富价值，往往忽视商业活动经历中蕴含的商业经验的价值。即使重视商业经验的价值，也很少有人通过总结来获取这种无形财富。概括地说，战略思想总结的价值主要体现在两个方面：判断机遇的经验积累和避免同样的战略失误。这些都与企业创造财富息息相关。企业决策者总结战略思想不啻一种财富创造活动。

然而，一些战略决策者恰恰忽视了这种财富创造活动。他们认为，战略思想总结是一种务虚的行为，既浪费时间又没有实际意义。在战略思想总结方面，企业决策者们经常出现以下的错误情形。

其一，不必总结。某些商业精英认为，商业的成功只需创新、灵感和机遇。他们总是盯住下一个市场机会，愿意用更多的时间尝试新业务，靠聪明的头脑创造新的商业奇迹。他们的理由是，商业环境日新月异，过去的经验在新商业环境中不一定靠谱，新鲜事物到处都是，新模式和新花样都琢磨不透，以前的做法自然不必回顾和总结。

其二，没有时间总结。企业决策者每天的工作非常紧张：召开会议、调研市场、分析对手、回访客户、协调关系。他们的行程安排已经满满的，根本腾不出时间对以前的战略进行反思总结，战略反思成了一件奢侈的事情。天长日久，企业决策者可能形成这样一种习惯，只考虑眼前和未来的事情，战略总结的事情让秘书代劳，而秘书的总结材料装进了档案袋，根本没进决策者的脑袋。

其三，不会总结。有人愿意花费时间反思和总结自己的战略思想，但是因为方法不当，有可能得不出具体的结论，或者得出错误的结论。比如，评价战略行为只看到优势却忽视企业的劣势，误把偶然成功当作必然的现象，盲目乐观近期的业绩而藐视企业的长期威胁，不了解战略行为和战略思想之间复杂的因果关系，等等。战略思想总结是个技术活，不是想总结就可以总结得好的。

从战略实践来看，越是那些事业顺利的企业决策者，越不重视自己的战略思想总结，他们或者忙于企业的开疆扩土，或者沉湎于自己的辉煌成就。只有等到商业失败突然出现，抑或离开商业而闲散下来，他们才重视战略思想的总结。这时的总结也许属于传记的一部分内容，已经无法提高他们的战略思维水平，也不能成为他们自己的经验财富。

三、战略思想总结的原则

思维的习惯和方式不同，每个人总结战略思想的特点也不相同。在这方面，人们可以各显神通，不必追求总结形式的一致性。只要坚持正确的总结原则，无论采取什么形式和办法，战略思想总结者都会有自己的收获。

1.实事求是。通常，实事求是的原则说起来轻松，真正做到以"事"求"是"却很难。"事实"首先是指企业战略行为的各种后果。这些后果可以大致分为两类：积极的战略后果和消极的战略后果。对于积极的战略后果，企业决策者容易夸大战略的成就，把一次偶然的成功视为必然的结果，把许多原因简化成一个原因，从而错过认清事实本质的机会。对于消极的战略后果，坚持实事求是的原则更加困难，接受一个失败的结果需要勇气，把失败的理由推向别人更容易，将失败看成偶然也很正常。在大企业中，如果受到部门利益的干扰，战略行为的后果分析可能变成歪曲事实，甚至出现捏造事实的情况。就人性而言，"多数时候，人并不是按照事实改变自己的看法，而是相反，按照看法选择事实"[①]。

除了客观事实之外，战略思想总结还存在一些主观的"事实"。在本质上，战略思想总结就是回顾"你是怎样思考战略的"。比如，决策者在战略思考过程中依赖了什么？漏掉了什么？重视了什么？忽略了什么？在逻辑上，"思考的主观事实"直接造成战略思想的正确与错误。决策者直面这些

---

① 刀尔登语，转自《烟台晚报》2017 年 7 月 1 日。

"主观"事实，能够发现自己在战略思考过程中的优势与缺陷。

一般来说，历经多次战略总结之后，企业决策者才能冷静地对待战略成败的事实，认清自身思维的优点和缺点。在此基础上，正确的思维原则逐渐形成，并且开始约束决策者的战略思维活动。

2.贵在坚持。聚沙成塔，积少成多，这句话同样适用于人类思想的汇集。在总结战略思想时，通常有两个问题令人气馁：一是，并非每次总结都有收获，遇到问题可能想一想，可想完之后，战略决策者还是处于一种我行我素的状态；二是，总结的战略经验是否有用？什么时候才能用得上？战略思想的总结者无法确定。人们有时怀疑战略思想总结的价值是可以理解的。正因为如此，战略思想总结的过程中会经常遇到这样一些情况。

第一，偶尔总结容易，经常总结不易。这符合大多数人的行为特点。偶尔为之有新鲜感，总是这样做未免厌烦。在总结战略思想方面，多数人可以做到偶尔总结，如果把战略思想总结作为一种思维习惯，能在反思过程中不断精进的人却是凤毛麟角。

第二，总结成功容易，总结失败不易。战略思想总结经常受到人的心情影响。如果战略设想成功了，企业从战略中获益，决策者愿意总结经验，希望继续依靠这种想法赚钱和发展。反之，战略失败毕竟是企业和决策者的一次挫败，决策者总结的心情可能无影无踪。①

第三，宏观总结容易，细节总结不易。在总结战略思想时，决策者的一些比较突出的优点和缺点容易发现，其中的细节问题有可能遗漏。"细节中藏着魔鬼"。某些细节也许就是企业战略思维活动的关键问题。

总之，坚持战略思想总结的行为可贵，坚持认真总结的决策者更加可贵。每次重大战略行动之后，"战略复盘"应该成为企业决策者的重要功课。

3.理性思维。条条大路通罗马。然而假若方向错误，一个人是到不了罗马的。同样道理，每个人都有自己的战略思考方法，也有总结自己思想的方

---

① 战略成功具有独特性，战略失败则带有普遍性。在战略决策中，上次的成功经验不一定在下次战略决策中有效，但是，上次的错误观念可以延续到下次战略决策之中。因此，总结战略失败的教训更具指导意义。经常剖析战略失败的商业案例，善于总结他人失败的教训，也许是最好的"战略反思"。

法。但是，企业决策者违背理性思维的原则，战略思想总结就不能实现预期的目标。

其一，积极归纳与谨慎演绎相结合。归纳是从个别导向一般的理性思维方法。企业决策者主动归纳企业战略行动中的个别现象，分析这些战略现象的特点和本质，可以总结出某些规律性的东西。但是，决策者把归纳的结论运用到新的战略实践，必须保持严谨和清醒。如果违背商业逻辑，自认为战略的奇妙设想可能只是荒唐的幻想而已。缺乏谨慎的演绎规则，人们容易被常识打败。

其二，单项分析与系统综合相结合。分析是思想总结的基础。把一个完整的战略思想分成若干内容，分别进行研究，决策者容易发现一种战略现象的本质。然而，单项分析的结论不能单独使用，只有把这些个别结论综合起来，形成一种系统的全面的战略思想，这才是可靠的战略决策经验。综合不是凑合。系统综合能够满足思维逻辑的严密性，同时避免单项分析的片面与浅薄，更接近商业的实际过程。

其三，全面具体与深度抽象相结合。战略思想总结是对战略事实的总结。"具体"作为一种描述事实的思维方式，既包括自身经历的回忆，也包括对他人经历的描述。相比较而言，战略感悟来自本人的经历能够印象深刻，从他人战略经历中看出门道更能显示战略悟性。在广泛收集战略事实的基础上，"抽象"就是抽取战略事实中的精华，深刻反映某种商业过程的本质。对于战略思想总结者来说，"事实正确"与"思想深刻"都非常重要，其中，"事实正确"构成战略思想总结的基础，"思想深刻"才能得出惊世骇俗的结论，两者缺一不可。

其四，大胆假设与小心应用相结合。大胆假设，是指决策者敢于从战略过程的分析中得出结论，充分相信自己的逻辑判断。通常，没有假设就没有思想的总结，人们总结的战略思想包含许多由经验（个别）到理论（一般）的假设。然而，以往的正确经验并不能保证一个正确的未来。在运用战略总结的结论时，企业决策者应该小心和细致，注意以往的战略经验与现在的商业活动之间的细微差异，不能盲目迷信过去的正确结论。

事实上，最优秀的战略决策者也是会犯错误的。与平凡的企业决策者相比，成功的战略决策者更愿意从错误中吸取教训。因此，喜欢总结，善于总结，坚持总结，是一个优秀的战略决策者应该具备的思维品质。

第四节　战略调整

在商业活动中，战略是一种"谋局"的过程。企业决策者是"商局"的谋划者，战略实施的具体状况可以称为"战略局势"。一般来说，经过缜密的谋局之后，决策者都会默默期盼着企业的战略局势，朝着自己事先谋划的方向发展。然而，困难和失败常常不约而至，战略实施不断出现新的情况，结局可能超出企业决策者们的美好设想。此时此刻，决策者唯一的选择是调整原来的战略设想，乃至重新布局，挽救企业。所谓战略思维调整，就是在企业战略实施出现困难或失败的情况下，决策者转变战略思想的过程。对于企业的决策者来说，战略思维调整是一种非常痛苦的反思阶段。人生因为错误经历痛苦在所难免。可怕的是，有人就是抱着错误不放，困在死局之中，最终走向失败。

根据战略出现问题的严重程度不同，企业决策者调整战略思维可以分为两种情况。当出现严重困难时，企业发展陷于困境，决策者迫切希望企业重新回到正确发展的轨道，此时的战略思维调整可以概括为"逆转困局"。假如战略推进完全失败，企业经营岌岌可危，抑或破产重组，决策者的战略思维调整可以概括为"扭转败局"。无论出现哪一种情况，企业决策者调整战略思维的行为都具有挑战性。

一、逆转困局

想赚钱是企业决策者们的美好想法。可是，在大多数情况下，企业赚钱的过程是不确定的。有时，突然冒出一个问题或困难，就可能挡住企业的财路。企业决策者不得不停下赚钱的脚步，来解决战略实施过程中出现的问题。像技术、产品、质量、服务、市场等环节出现严重的问题，都可能导致企业经营出现困难局面，我们统称为"困局"。当企业处于困局之中，企业决策者通常不需要改变整个战略部署，但需要调整原先的战略方案，引领企业沿着新的路径前进。企业面临的困局不同，决策者战略反思的重点也不相同。

困局之一，市场风向突变。这主要是指消费者的消费特点与消费方式突然发生改变。消费偏好决定市场的流行趋势。如果消费者的消费偏好发生改变，企业经营就可能由顺风发展变为逆风而行。例如，20世纪初，美国人在收入普遍提高之后，开始喜欢新颖款式和不同颜色的汽车。美国福特汽车公司出售的汽车虽然价格便宜，但是只有单一黑色的T型车。于是，福特汽车迅速成为汽车消费市场的弃儿，福特汽车公司的经营立刻陷于困境。

进入当代社会，特别是互联网商业的出现，某些企业为讨好消费者而祭出免费大旗，消费者也乐意接受低费或者免费服务，免费经济大显神通。这是企业决策者面临的一种新的市场风向。例如，"微信免费"就是典型例子。据说，腾讯公司的微信使用者已经超过9亿，由于"微信"是腾讯公司免费提供的服务，中国的移动通信运营商们无法对"微信"进行额外收费。如果免费的"微信"流量继续增多，提供流量的移动通信的运营公司凭什么赚钱呢？这的确是移动通信运营公司必须面对的严重问题。类似的商业"截和"例子非常普遍，被截和的企业自然面临经营转向的问题。

当市场风向突变的时候，企业逆风而行是没有成功希望的。面对这种困局，决策者调整战略思维的基本原则是，顺应市场风向的变化，调整企业的产品或服务的经营特点，或者寻求新的市场利基再谋发展。

困局之二，技术（工艺）遭淘汰。企业的技术竞争犹如一种残酷的淘汰赛。当新技术覆盖旧技术的功能，并创造出优良的产品功能或者大幅降低成本的时候，依靠旧技术竞争的企业迅速陷于两难的选择：如果选择新技术，则企业的资产贬值；如果选择旧技术，则企业的产品落后。这种技术淘汰的过程不是由某个企业可以控制的。在一场接着一场的技术淘汰赛之后，那些曾经著名的企业随着技术的淘汰和产品的迭代而衰落，无奈又凄凉。例如，当传统相机被数码相机淘汰后，美国柯达公司的辉煌已经成为历史。

遇到技术变革的困局，企业的生存机会主要依赖决策者对新技术的判断。最初，市场上的新技术可能还不够成熟，商业竞争处于混沌时期，一切的变革和调整都还来得及。一旦新、旧技术竞争进入胶着状态，决策者必须做出痛苦的抉择。然而，有些决策者的选择可能太迟了，因而企业在商海中逐渐沉没下去。例如，当年苹果公司和三星公司相继推出智能手机时，诺基亚也尝试推出自己的智能手机。但是，传统的手机业务占据了太多的企业资源，导致智能手机软件系统开发不足，最终，作为手机产业老大的诺基亚竟然被挤到手机产业的边缘。

和那些淘汰者不同，当美国 AMD 公司向市场投放双核微处理器时，英特尔公司的决策者清醒地认识到，企业只有发展多核技术才能赢得这场比赛。于是，英特尔公司不仅推出自己的双核微处理器，还开发出更先进的"四核"微处理器，始终保持着自己的技术优势。

总之，面对企业陷于技术迭代的困境，决策者调整战略思维的原则是，慎重评估技术创新的合理性，以资产损失的短痛换取技术淘汰的长痛，争取在技术转弯之处尽快甩掉旧技术的包袱。在某种程度上，商业模式的替换也是这个道理。

困局之三，资源严重不足。企业活动是一种物质性的活动，本质上是企业利用物质资源创造财富的过程。当然，企业在战略实施过程中出现资源不足的情况，这也属于一种正常的现象，因为决策者总是产生一些超出企业现有资产能力的想法，导致企业经常在资源不足的情况下为财富而拼搏。如果资源严重不足，这说明企业的经营战略已经陷入困境。主要包括以下几种情况。

资金链中断。资金相当于企业组织的血液和能量，企业的资金链中断无异于结束自己的生命。一般来说，在企业推进战略投资项目的过程中，信用是企业资金保证的重要手段。假如企业信用缺失，社会资金不能流向企业，资金不足的企业就会立刻陷于资金困境。例如，20 世纪 90 年代初的珠海巨人公司，在资金有限的情况下投资建设 70 层的巨人大厦，由于没有足够的信用吸引社会资金，巨人大厦最终成为烂尾楼，公司因此破产解散。有些企业的债务结构存在缺陷，短期债务过多、长期债务过少，短期和长期债务之间的比例失衡，遇到企业债务问题集中爆发，这种企业的处境更加危险。例如，德隆集团利用债务杠杆推进产业整合时，短期债务集中爆发，债务危机迅速拖垮了该企业集团。

原材料供应紧张。原料的稳定供应是大型生产企业战略的关键环节。像铁矿石对于钢铁企业，石油对于石化企业，煤炭对于火力发电企业，控制铁矿、石油和煤炭等原料，就等于控制了钢铁、石油和电力企业的命脉。一旦原料价格上涨或供应数量不足，这些大型企业立刻陷于恐慌之中。

企业发生内讧。内讧可以造成企业内部组织的混乱，像企业员工的罢工，研发人员或营销人员大批流失，高管的集体辞职，都会出现人力资源的紧张或短缺，严重削弱企业的竞争实力。

无论出现上述的哪种情况，企业决策者都应该按照轻重缓急来调整战略部署。这时，调整战略的基本要求是，立刻"止血"重于盲目"输血"，稳定压倒一切。①

困局之四，成本迅速攀升。企业的成本与利润之间是负相关的关系。在赢利潜力已定的前提下，快速上升的企业经营成本，可以迅速吞噬企业的利润，企业因此可能陷于困难之中。假若不考虑企业之间的差异，在同一细分市场中的企业，可能面临一些共同的成本上升的风险。例如：

能源价格上涨。能源枯竭是人类生存和发展的共同危险。在全球的煤炭、石油、天然气等能源日益紧张的形势下，能源问题可以成为民族冲突和地缘危机的导火索，而能源生产的地区危机又进一步加深了全球能源供应的紧张。所以，在大多数的行业里，企业决策者们普遍关心能源价格的变动，高能耗的企业决策者就更加担心能源市场的风吹草动。

劳动力成本的抬升。一个企业涨薪的行为可以刺激邻近企业涨薪，一个地区的工资水平可以影响邻近地区的工资水平。企业劳动力成本的上升，具有相互攀比的现象和不可逆的趋势，因而可以称为"抬升"。在西方发达国家普遍滑入"高工资福利"的漩涡之后，一些相对先进的发展中国家的企业也正面临高工资福利风险。像中国东南沿海的外向加工贸易区，劳动工资的

---

① 刘学辉：《王健林的教科书式自救》，《中国经济学人》，微信号：economist china，2018 年 2 月 12 日。作者认为，王健林带领万达集团给中国企业家上演了一幕教科书式的危机应对案例。王健林在万达 2017 年公司年度总结会上说："万达集团将采用一切资本手段继续降低企业负债，……逐步清偿全部海外有息负债，……计划用两到三年的时间，将企业负债降到绝对安全的水平。"

轮番上涨，拖垮一批又一批的外贸加工企业。这些外贸加工企业被迫移向劳动力成本相对较低的中西部地区，甚至移出中国，进入劳动力成本更低的东南亚国家。剩下的那些无法转移的劳动密集型企业，也只能苦苦挣扎。

环保成本增加。企业活动必然加重生态环境的负担。在生态问题日益突出的背景下，企业必须为自己的污染行为埋单。像矿山开采、化工生产、食品加工等，几乎所有的行业都要考虑污染问题，以及由此产生的环保成本。高污染的企业决策者更需要格外小心。

当能源、劳动力、大宗材料和环保成本迅速攀升之时，多数企业决策者的应对策略是转嫁成本。可是，在成本普遍上涨的情况下，企业转嫁成本的行为肯定困难重重。通过转变业务方式消灭成本的上涨因素，或者选择离开某些高危的行业，这才是企业走出成本困境的明智选择。

困局之五，合作伙伴反目。企业之间的战略合作，无法排除企业之间的相互竞争。在商业世界中，为了生存的需要，企业的合作方毅然放弃昔日的合作关系，与企业构成直接竞争的态势，真是"友谊的小船说翻就翻"。商业合作过程中的反目现象，特别是战略合作伙伴的反目，可能给企业带来巨大伤害。

格力空调和国美电器是长期的供销合作关系。当年，国美公司提出更高的合作条件时，格力公司决定终止合作，自建销售渠道。这时，国美公司损失了中国空调第一品牌的支持，又可能引起其他电器生产企业的效仿，从而削弱国美公司对电器销售市场的控制。格力公司虽然拥有了自己的销售渠道，但也付出了不菲的代价。假若当时两个公司的决策者重新选择，他们将会做出怎样的决定呢？

韩国三星公司与美国苹果公司原先是生产合作关系，三星公司为苹果公司提供优质的手机零件。由于技术的提高和经验的积累，三星公司利用自产的手机零件组装智能手机，从而与苹果公司形成正面的市场竞争关系。随着三星公司不断蚕食苹果公司的市场份额，苹果公司逐渐感受到来自三星的竞争压力。如果苹果公司的决策者当初想到了今天的结果，他们还会选择三星公司作为生产合作的伙伴吗？

答案都是肯定的。企业之间的战略合作有其自身的道理，放弃合作也有自己的理由。合作伙伴的反目行为，是企业之间一种经常出现的商业现象。共赢才能共生。无法继续合作抑或合作不能共赢时，参与合作的企业必须另寻生路。天下大势，合久必分。企业决策者必须学会适应这种"分分合合"的商业关系，并拥有应对企业之间分手的战略思路。

困局之六，灾害事件的发生。天有不测风云，企业经营也是如此。企业经营中出现的"风云"，既包括自然灾难也包括社会灾难。突然发生的灾难事件，可以完全摧毁一些企业决策者的赚钱美梦，有时还可能波及一些相关的企业。

例如，2011 年 3 月的东日本大地震期间，日本东电公司福岛核电站发生核爆炸，引起一场核辐射灾难。这场核灾难完全是因为地震引起的。但是，这种说法已经毫无意义。福岛核爆炸完全改变了日本东电公司的命运，其决策者也只能乖乖投降，拱手将一个庞大的东电公司交出。可见，在巨大的自然灾难面前，人的力量是多么渺小！

中国奶粉的三聚氢胺事件，则是一场社会灾难。在奶液中添加三聚氢胺，可以增加奶的蛋白的检验含量，中国的三鹿公司因此破产重组。但是，三聚氢胺事件不仅摧毁三鹿公司，也影响到中国所有的奶粉生产企业。恢复中国奶粉的市场信任需要漫长的时间。这逼迫每个奶粉企业的决策者调整战略思路，寻求新的发展模式。

无论是站着中枪，还是躺着中枪，在突发的灾难面前，企业决策者必须接受灾难的事实。从灾难中走出的企业，需要度过一段艰难的时光，默默等待市场空间的缓慢恢复。

在商业实践中，企业陷于困境的例子形形色色，不胜枚举。如果困局形成之时，企业决策者改变原先的战略思路，利用战略调整促进企业组织和业务发生逆转，企业的经营可以重新回到正确发展的轨道。也许，经过困局考验的企业从此走上更好的战略之路。[①] 那些在困局中倒下的企业，往往是决

---

① 日本优衣库的创始人柳井正曾说："你挑战十次新事物，必定会有九次失败。""很多人不会去想失败，但我会思考，让这次失败变成下次的成功。"转自朱莉：《"常败将军"，如何成就商业神话？》，《华商韬略》，微信号：hstl8888，2018 年 4 月 15 日。

策者痴迷于原先战略或者看不清战略调整的方向，企业的战略调整迟缓，经营的困局无法逆转，最终导致企业的完全失败。

二、扭转败局

企业战略的困局和败局之间，有可能只是一步之遥。当企业被困的时间太久，决策者没有新的招数逆转困局，战略行为消耗了过多的资源之后，企业走向败局。败局，简单地说，就是企业战略完全失败后的局势。在多数的战略败局中，企业形象一落千丈，资产损失严重，员工人心浮动，整个企业都处在衰败与不安之中。

一般来说，挽救一个失败企业的希望非常渺茫，决策者可以利用的资源很少，其中的关键是企业的人心已经涣散，企业组织逐渐失去商业的生命力。正因为如此，大多数失败的企业选择破产清算，然后从市场中彻底消失。如果要扭转企业的败局，决策者必须拥有脱胎换骨的决心，挽救企业行为和调整战略思维双管齐下，方能看到败局企业重生的一丝希望。

决策者挽救失败企业的行动可以戏称为"收拾残局"。也就是说，决策者重新整合残存的资源作为企业东山再起的资源条件，启用新的经营战略唤起企业发展的活力。这是一个"死去活来"的过程。决策者对企业的战略失败具有不可推卸的责任。公众企业的决策者主动辞职或者遭遇董事会解职，新的战略决策者上台后，挽救企业的行动迅速展开。私人企业的决策者往往是义无反顾，赴汤蹈火，拼命挽救自己的企业。

剥离不良资产。不良资产也称"有毒资产"。保留不良资产的行为，可能消耗企业更多的资源。企业剥离不良资产，一方面可以收回资产的残存价值，另一方面又可以减轻企业的债务负担。经过一番剥离，企业聚拢了资源的剩余价值，轻装上阵，可以提高企业生存的概率。

裁减过剩人员。企业的人员数量是由企业资源规模决定的。随着企业剥离不良资产，大规模裁减冗员是不可避免的现象。同时，裁员也是企业的经济行为，这可以减轻企业的工资负担。至于企业那些信誓旦旦的不裁员保证，早已被企业决策者抛到九霄云外。

重建企业秩序。企业秩序是企业内部的运转规则，代表企业的业务流程的制度化。在混乱时期结束后，新的企业秩序必须重新建立起来。任何企业秩序的内容都包含权力、责任和利益三个方面。企业的全体人员按照权力和岗位不同，承担经营的责任与风险，也享受不同的利益。完成企业秩序的重建工作，标志着企业进入新的战略发展时期。

除了以上的挽救行动之外，真正救活一个失败的企业，决策者需要重新调整战略思维。在大企业中，随着前任决策者的离开，其错误的战略思想也随之消失，新任决策者必定提出和贯彻自己的战略思想。在中、小企业里，决策者需要彻底反思自己的战略失误，采用全新的战略思路引领企业前进。这两种情况都属于"战略反思"。具体来说，为了扭转败局，企业决策者战略反思的内容包括：

1.改变经营理念。经营理念又称"经营哲学"，这是决策者战略思维的理论基础。20世纪80年代初，杰克·韦尔奇担任美国通用电气公司的决策者后，提出和前任不同的经营理念，他希望通用电气公司成为"世界上最具竞争力的公司"。在此基础上，韦尔奇为通用电气公司制定了简明有力的"数一、数二"发展战略，创造了通用电气公司历史发展中的一个韦尔奇时代。这一案例说明，为了企业转败为胜，只有改变原先的经营理念，决策者才能提出新的战略思想。

2.改造企业文化。在调整战略思维的过程中，决策者不能忽视企业文化对战略的认同作用。例如，当法国人戈恩挽救日本日产汽车公司时，日产公司的旧企业文化阻碍了戈恩战略的执行。于是，戈恩大胆提出了新的成本文化，运用最严厉的成本控制，恢复日产汽车公司的竞争力。经过多年的磨合之后，日产汽车公司重新形成具有竞争力的企业文化，并且走出经营的低谷。

3.转变战略思想。在企业扭转败局的过程中，原先的战略方案和战略思想必须被推翻，决策者应该提出新的战略思想。但是，这种转变过程和一般的战略思维不同，其中必须具有"转败"的内容。也就是说，决策者需要明确企业必须终止的战略项目，并且提出新的战略方案。在企业新旧战略转换的时刻，决策者与经营团队在战略上的沟通非常重要。决策者扭转败局的困难往往不在于提出一个新的战略思想，而在于这种新战略思想是否被企业的战略执行者认同。理由非常简单，战略执行者熟悉原先的战略理念和战略思想。

在扭转企业败局期间，战略决策者总是小心翼翼，一方面收拾企业残局，另一方面贯彻新的战略思想。只有将这两项工作紧密配合，企业才能顺利渡过新旧战略转换的"排异期"。只有当企业获得新生之后，决策者对战略失败的反思过程才能宣告结束。一个崭新的企业战略过程正式开始。

现在，我们可以将战略反思的现象做出总结。在企业战略决策过程中，提出一种战略设想可能并不需要很长时间。但是，企业的战略设想只有经过多次评估和讨论，才能形成一种完整的战略思想。在战略行动之前，企业决策者需要对战略方案做出最后斟酌，战略迟疑有利于企业战略的成熟。在战略行动开始后，企业决策者需要根据战略行为的反馈，纠正战略思想的错误，总结战略思考的经验。当战略行动遇到困难或者失败，决策者必须对企业战略思路进行调整。总之，当企业决策者提出一种战略想法之后，反思就成为一种时间漫长、形式广泛、反复出现的战略思维现象。

作为一种特殊的战略思维现象，决策者的战略反思可能比提出战略思想还要复杂和费时。只是因为"反思"是反过来思考已经提出来的战略思想观点，而不是首先提出某一战略观点，所以，战略反思在战略决策中的重要性被人们普遍忽视。

从商业实践来看，企业战略总是在不断反思中成熟的。在此基础上，企业决策者经常复盘战略决策活动，总结战略思考的经验教训，是决策者走向成熟的重要标志。可以断定，对于一种完美的战略和一个优秀的战略决策者来说，战略反思具有不可替代的作用。

第五章　战略逻辑

本书的前四章向读者展示了企业战略思维的基本过程。接下来的三章，我们将重点分析企业战略思维的特性，即企业战略思维的特点和性质。分析企业战略思维的特性，有利于我们把握企业战略思维的过程，克服战略思考中的困难。

从思维的主体角度观察，企业战略思维就是企业决策者决定商业战略的思考过程。无论决策者属于哪路英豪，他所做的战略决策如何豪气冲天，一般来说，作为商业活动决策，其战略思维首先应该属于理性的商业思维，即具有追求价值和避免损失的商人思维特征。因此，"理性"应该成为企业战略思维的首要特征。

所谓企业战略思维的逻辑（以下简称"战略逻辑"），是指企业决策者进行商业战略思维的准则，它要求战略思考过程必须符合商业理性的特点。在人类的思维逻辑体系中，战略逻辑是一种特殊的逻辑，它既不同于形式逻辑，也不同于辩证逻辑。形式逻辑规范人们思维的统一形式与程序，辩证逻辑提供人们思维的普遍方法和手段。战略逻辑作为一种特殊的逻辑思维准则，主要是帮助人们判断思考战略的过程是否符合商业理性的要求。企业决策者的战略思维必须在遵循形式逻辑和辩证逻辑的基础上，进一步符合战略逻辑的要求。

当企业决策者进行战略思考时，违反战略逻辑的战略思想可能面临失败的风险，符合战略逻辑则可以避免商业决策的战略错误。商业成功总是具有成功的原因，商业失败必然存在失败的理由。一句话，战略逻辑就是企业战略中蕴含的商业道理。

在商业活动中，每个决策者做事成功都会自有道理。个体的商业道理代表了战略的个别逻辑。一般来说，战略的个别逻辑存在偶发性。因此个体的战略思维逻辑不是本章分析的目的。我们需要从那些成功的个体范例中找出企业战略思维的普遍规则，作为企业战略思维理性的一般逻辑。在思考战略的过程中，这些战略逻辑并非"战略的规律"，因而不能作为判断战略对错的根据。企业战略逻辑的主要功能是，显示某个战略的商业道理或者商业风险。

从无数个体案例中发现普遍的战略逻辑，这将是一件非常复杂的研究工作。在开始研讨这个题目之前，我们首先需要确定战略逻辑的活动范围。通常，企业决策者思考战略问题沿着三个方向展开：产品、市场、成长，也就是说，企业决策者们的战略思维，或者是围绕选择企业产品，或者是应对市场环境变化，或者是琢磨企业的成长模式，这三个方面代表了决策者思考企业战略问题的基本方向，也是战略逻辑发挥作用的主要领域。这样，我们就以企业决策者战略思维的三个方向，分别作为我们探寻战略思维逻辑的三个维度，开始我们发现"战略逻辑"之旅。

第一节　产品战略的逻辑

产品（服务）是任何企业战略都无法避开的内容。企业决策者常常是以产品选择为中心，系统思考企业的资源与能力、市场份额与前景、商业对手和伙伴等一系列战略问题。在这种复杂的思考系统中，做什么产品？怎样做产品？做多少产品？这些企业经营的具体问题也成为决策者思考的战略问题。有些决策者为做什么样的产品苦恼不已，有些则为产品是外购还是自制反复权衡，更多的时候，决策者则是因为大量的库存产品而叫苦不迭。企业决策者选择产品的行为貌似简单，却包含了战略思考的逻辑性。

产品战略逻辑，笼统地说，是企业决策者如何经营产品的战略逻辑。在经营产品的过程中，企业遇到的战略问题主要包括产品的种类，产品的定位，产品的生产方式，产品的产量与质量，产品的价格，等等。判断这些战略问题的理性规则，构成产品战略逻辑的主要内容。

一、重要的是经营，而不是产品

许多经营者抱有这样一种幻想，选择一个正确的产品可以改变一个企业的命运。例如，视窗系统软件改变了美国微软公司的命运，百度搜索改变了百度公司的命运。真是这样一种逻辑吗？我们先来分析一则商业传奇故事。

有一天早上，一个美国黑人小男孩非常沮丧地从家里出来，妈妈决定每天给他五角钱，让他从此自己解决早餐问题。怎么用五角钱吃饱肚子？小男孩边走边思考这个问题。突然，脚下一块石头引起了他的兴趣。他赶忙将石头捡起来，瞅了又瞅，脑子里突然想出了解决早餐的办法。于是，他揣着石头跑回家里，用铅笔在石头上签下自己的名字和日期。然后，小男孩挨家挨户敲门，推销自己捡到的石头。最终，他对一个感兴趣的家庭妇女说，阿姨，这是我收藏的石头，上面还有我的签名，我希望你能用 5 美元买下这块石头，这样，我就可以有钱买我的早餐。善良的妇女"买"下了小男孩的石头，男孩赚了人生的第一笔钱。从此，小男孩一发不可收拾，每天早晨捡石头，然后用同样的理由把石头卖掉。等有了一些储蓄之后，他开始召集他家附近的小孩子一起送牛奶、送报纸。在 12 岁的时候，小男孩成了百万富翁。这也是美国历史上最年轻的百万富翁。

从表面来看，石头改变了小男孩的命运。如果我们仔细分析，这个商业传奇的背后是一种"感情营销"逻辑的作用，石头不过是小男孩感情营销的道具而已。真正改变男孩命运的不是产品，而是产品背后的经营逻辑。

在商业历史上，美国谷歌公司的网络搜索技术和网景公司的网络浏览技术都是划时代的产品。谷歌公司凭借网络搜索专利技术的垄断，成就了一个伟大的公司。网景公司却因为浏览软件共享而无法获利，已经在市场中消失。鲜明的对比证明，产品本身无法告诉人们商业活动是否有利可图。任何产品的背后都隐藏着财富的逻辑，只是有人发现了这种逻辑，而有人忽略了这种逻辑。

从现象的角度分析，产品可以分为全新产品和普通产品两个基本类别。企业是经营全新产品还是普通产品呢？其中的产品逻辑是不同的。全新产品本身并不代表商业行为一定成功。例如，美国人乔布斯早年凭借一款优秀的麦金什电脑出名。但是，这款麦金什电脑却没有给乔布斯带来运气，反而因为电脑价格过高，公司销售不景气。最终，乔布斯被迫离开自己创办的苹果公司。后来,乔布斯重返苹果公司,率领自己的团队先后创造出 iPod、iPad、iPhone 等不同系列的精美电子消费产品。其实,苹果公司的战略逻辑不是精美的产品,而是精美产品背后的"精美"商业逻辑,即苹果＝精美设计＝时尚潮流。这种逻辑可以唤起"果粉们"的冲动,人们总是期盼苹果公司给自己带来新的消费惊喜。在乔布斯离世之后,假如这种精美商业逻辑逐渐消失,苹果公司可能面临经营的危机。

经营普通产品,企业每天面对无数的对手和残酷的竞争。显然,经营"大路货"是没有出路的,大路货终究要拼价格,企业的利润没有保障。企业做什么样的产品最靠牢?这几乎是每个企业决策者都在思索的战略问题。

从战略逻辑角度分析,和大路货一样,经营全新产品也不靠谱。一是全新产品本身需要承受巨大的投资风险;二是全新产品如果不能变为经营创新,企业就无法享受全新产品的价值。依靠全新产品成功的企业家只是商业的幸运儿。

对于大多数企业来说,赋予普通商品以新的价值,这种产品逻辑判断应该是最可靠的。普通商品的需求稳定,没有全新产品的投资风险。在稳定的市场需求中,如果依靠新价值点的引爆,企业拉动普通商品需求的迅速扩张,就可以构成一种销量稳中有升的产品经营逻辑。例如,香港加多宝公司运作南方消暑饮料"王老吉"时,充分挖掘了这种南方消暑饮料的新价值。加多宝公司的决策者通过分析发现,全国饮料市场中的降火饮料是一种空白。于是,加多宝决策者将王老吉饮料定位在"降火"功能上,在全国的绿茶、红茶、冰茶饮料之外,开辟了凉茶饮料市场。这样,加多宝的决策者把南方一个普通的消暑饮料,做成全国著名的凉茶饮料。

当不能赋予普通产品以新的消费价值时,企业可以尝试改变产品的规格或包装,给予普通商品以新的销售视角。这种产品逻辑思路也是合理的。例如,近年来,我国糖尿病的发病率居高不下,人们普遍担心吃甜食过多对身体不利。顺应这种消费心理,某汤圆企业决心将 500 克汤圆包装改成 200克包装。大分量的汤圆包装改成小分量的汤圆包装,肯定增加了企业的包装费用,却开辟了汤圆销售的新视角。结果,200 克包装汤圆在市场上销售火爆。

赋予普通商品某种新的消费价值，或者某种新的销售视角，都属于"产品部分创新"的逻辑。这种逻辑一方面避免了全新产品的投资风险，另一方面也避免了大路货的价格风险。与此同时，产品部分创新可以加强产品的差异性，刺激消费需求的增长，能够增加企业的盈利。

在产品经营方面，企业经常面临一系列的选择，从全新产品，到产品部分创新，一直到大路货。根据逻辑判断，全新产品是有风险的，大路货是没有出路的，产品部分创新应该是大多数企业的理想选择。在经营活动中，企业决策者总是希望找到有利可图的产品。无论决策者做出怎样的选择，企业成功一定来自产品背后的经营逻辑的支持。

二、质量是企业战略的基础

战略时代，商业战略成为企业身上最美丽的光环。企业的决策者普遍患有一种战略依赖症，认为一个好的战略犹如一颗救命稻草，企业依靠战略就可以在商业竞争中取胜。实际上，不管企业在战略上玩出什么花样，市场销售的商品都是人们的消费产品，质量是人们消费某种产品的基本前提，缺乏质量保证的企业必定玩完。

质量不仅代表一种产品的安全性、可靠性和舒适性，从广义上说，还包括产品没有缺陷和欺骗成分。产品质量作为企业经营的古老话题，现在和过去一样，它决定企业生存的命脉。特别是在我国进入小康社会以后，人们的消费能力不断提高，消费行为也逐步成熟，对产品缺陷的容忍程度必将越来越低。毫无疑问，提供低劣产品（服务）的企业肯定没有生存的希望。

产品质量构成企业战略的底线。质量合格的产品相当于企业战略的舞台，没有这个舞台的支撑，战略就像在空中的表演一样，虽然精彩，但企业的底气不足。假的总是假的。这是生活的普遍逻辑。中国的三鹿公司曾赫赫有名，却因为产品质量造假而破产倒闭。类似的商业案例一再证明，企业战略无法取代产品质量，也无法掩盖产品质量缺陷，企业战略只有在产品质量的基础上才能发挥作用。

　　产品的质量等级决定企业的市场细分战略。一般来说，不同等级的产品质量代表不同档次的市场类型。在大众消费市场，产品满足普通消费者的生存需要，只要产品的质量合格就可以满足市场的需要。例如，雕牌洗衣粉强调"只买对的，不买贵的"，显示出这个企业的战略逻辑是，在产品质量合格的前提下，低价是普通消费群体决定购买的重要因素。在中产阶级消费市场，产品质量只有达到优质水平，才能锁定中产家庭的消费需求。例如，宝洁公司在占领中产阶层的消费市场时，以"宝洁公司，优质产品"的逻辑来构建企业的市场战略。至于上层社会的消费市场，产品必须满足富豪们的奢侈需求，像劳力士手表一样，产品质量一定要达到精美的程度，因此奢侈品生产企业追求品质精美、价格昂贵的战略风格。总之，没有适应全天候市场的产品战略，企业决策者必须根据不同市场的质量诉求，判断产品战略的合理性。

　　有时，质量还能成为企业竞争的战略手段。在产品导向战略中，优质产品可以帮助企业圈定优秀的客户，从而为企业带来稳定的高额利润。从这种意义上说，质量本身就是企业的战略。当然，企业质量优势的形成是一个很长的积累过程，决策者需要付出耐心与艰辛。正是因为产品导向战略属于一种"慢功夫"，其战略逻辑的重要性被人们普遍忽视。企业更愿意赚"快钱"。这几乎成为中国企业的通病。

　　在肯定质量对于企业战略的作用的同时，应该承认，企业战略的质量诉求与消费群体的质量要求毕竟不同。产品的价格相同，消费者当然愿意产品的质量越高越好。可是，企业在战略上追求的是产品质量合适，过低或过高的质量都可能给企业战略带来风险。

　　比如，在采用成本领先战略时，企业必须严格控制经营成本，可削减成本的行为有时伤害产品的质量。一旦市场中出现产品质量缺陷，产品的质量事故就会影响企业成本领先战略的效果，甚至给企业带来灾难。例如，在中国的月饼生产领域，南京冠生园食品有限公司曾是一个著名的食品企业。当媒体曝光该企业使用发霉的陈年月饼馅料后，其品牌迅速贬值，最终从月饼市场中黯然退出。

　　相反，企业追求优质的产品质量，必然推高自己的经营成本。如果研发的优质产品没有足够的销量，过高的产品质量就会损害企业的利润，并可能将企业拖入险境。例如，索尼公司在电视、录像机等高档电器产品的研发中，由于成本和价格过高，产品市场销售暗淡，从而让"技术的索尼"背上了沉重的包袱。

总之，质量永远是人们购买产品的基本理由。尽管消费人群不同，消费者对于产品质量的诉求不同。但是，离开一定的质量标准，人们无法形成一种现实的购买行为。根据这一道理，对于企业的产品经营来说，没有消费者的购买行为作为支撑，任何商业战略都将走向失败。

三、产品线的长度与宽度

产品线是指企业提供产品的种类，比如，汽车制造企业提供卡车、商务车、乘用车等不同的汽车产品，旅馆提供住宿、洗澡、餐饮等不同的服务。其中，"同种的产品"可以理解为企业产品线的宽度（有人称为"产品线的广度"）；"同类的产品"可以理解为企业产品线的长度（有人称为"产品线的深度"）。在正常的情况下，企业经营活动至少涉及某一品种的某一品类，像牛奶站只向消费者出售鲜牛奶，其中，品种就是指牛奶，品类是指鲜牛奶。大多数企业可以提供同一品种中的很多类产品，像豆腐店提供鲜豆腐、豆腐皮、豆腐干和豆腐脑等豆腐产品。某些企业可以同时提供不同的种和不同的类的复杂产品，像生鲜超市提供种类不同的奶产品、豆腐产品、水果产品……可是，一个企业无法同时提供天下所有的产品，即使阿里的商业平台，也无法做到应有尽有。

为了竞争和发展，企业必须对经营的产品种类做出战略性的选择。实际上，企业经营产品是对不同产品结构的经营。从一种一类的单一产品经营到多种多类的组合产品经营，产品结构显示企业选择产品的战略逻辑。

如何分析企业产品结构的战略逻辑？我们可以建立一个简易的坐标示意图。如果以横轴表示企业产品线的长度，以纵轴表示企业产品线的宽度，本书将企业产品线的长度与宽度的组合关系表示为四种情况。见图 5-1。

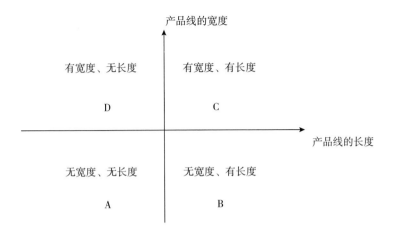

图 5-1 企业产品结构状态图

根据这个示意图，企业选择产品线的战略逻辑分为以下情况。

1.A 类情况，企业产品线无宽度、无长度。"无宽度、无长度"的情况并非指企业没有产品，而是特指企业提供一个产品的情形。其产品结构的特点是，产品线的宽度和长度均为 1，即产品的种和类都是一个。经营单独一个产品的绝大多数从业者是小企业。这种企业的实力单薄，一般处于市场夹缝之中。大企业对夹缝市场不屑一顾，但小企业之间的竞争也非常残酷。在企业经营中，企业小有小的难处。通常，小企业面对海量的同行小企业，它们之间的竞争有时会延伸到市场之外，直至变为一种纯粹的肉搏战。残酷的市场竞争可以毁掉大量的小企业，同时，市场的需求又会催生出新的一批小企业。市场中的小企业就像荒原的野草一样，青后变枯，枯了又青，虽然生机无限，却难以持久经营。

经营单一品种兼单一品类的产品线，企业必须依靠产品特色取胜。如果在产品特色基础上添加某种地理的优势，小企业也可能生存得很好。但是，对于小企业的长期发展来说，只有一个产品的产品线肯定是没有出路的。为了生存下去，小企业最起码需要延长产品线的长度，比如，在同一品种的产品中做出不同的规格和包装，争取转向 B 类情况。

2.B 类情况，企业产品线无宽度、有长度。在这种产品结构中，企业只提供某一种产品，但可以提供这一种产品的不同品类。这是大多数中小企业的产品选择模式。由于中小企业的具体情况不同，所以，它们选择产品线的长度可能不同，有长有短。像广东梁伯强的指甲刀公司生产了几乎所有型号的指甲刀产品，但大多数的中小企业只是生产某一种产品的主要系列和规格。

"无宽度、有长度"的产品线，是企业专业经营的基础，也有利于企业深耕细分市场。在选择时，企业的产品线到底应该有多长？做细分市场的全覆盖产品，可以增强企业的市场地位和竞争力，然而，经营那些低利润的产品可能浪费企业的资源。在多数情况下，中小企业必须对企业产品线的长度做出战略性的选择。一般来说，企业产品线的合理长度，应该充分显示企业的竞争实力，同时又要将那些低利润的产品型号和规格甩给竞争对手。

3.C 类情况，企业产品线有宽度、有长度。这种产品结构既反映了企业在专业市场的实力，又体现了企业多元化经营的能力。拥有这种产品结构的一定是优秀的大型企业。像杰克·韦尔奇时代的美国通用电气公司，由于采取"数一、数二"战略，当年通用公司所属的企业在不同产业中保持第一或第二的地位，否则，下属企业可能被通用电气公司转手卖掉。经过二十多年的努力，韦尔奇创造了一个既有产品线宽度又有产品线长度的伟大公司。

横跨许多种产品市场，又深耕每一种产品的不同品类的市场，这需要企业决策者高超的投资技巧与经营层的优秀管理相结合。当社会经济处于上升阶段，企业拥有充分的资源和能力，选择"有宽度和有长度"的产品结构容易成功。但是，当社会经济发展进入萧条时期，战略决策者选择这种产品结构，企业将会同时面临市场萎缩与资源紧张的双重风险。

4.D 类情况，企业产品线有宽度、无长度。这是一种奇特的产品结构。在这种企业产品结构中，无长度并非 A 类情况那样，A 类情况的企业只有一个产品，D 类情况的企业可能拥有一定的产品线长度，但 D 类企业产品线的长度严重不合理，说明企业在相关的细分市场中缺乏竞争力。同时，企业又横跨许多产业，经营许多种产品，造成企业资源紧张。假如出现"有宽度、无长度"的产品线，这表明企业已经陷入过度多元化的困境。

面对这种产品结构，企业决策者可以做出两种战略选择：一是加强细分市场的投资，增加产品线的长度，促使企业产品结构向 C 类情况靠近，可是，由于缺乏资金和机会，企业这种努力的希望非常渺茫；二是缩减产品线的宽度，企业利用削减业务品种换来的资金，延长强势业务的产品线的长度，逐渐向 B 类产品结构靠拢，企业由此可能进入一种良性循环和发展。

总结企业产品结构的四种情况可以看出，A 类代表势力单薄的小企业的产品选择情况，B 类代表多数中小企业的产品选择情况，C 类代表少数优秀大企业的产品选择情况，D 类则是大企业过度多元化经营的暂时情况。在战略上，除了 D 类情况之外，其他三类情况都存在合理的产品选择逻辑。

概括地说，企业选择产品的战略逻辑就是，企业根据市场需求的趋势，选择适合自己发展的产品结构，产品结构和企业资源一定是匹配的。决策者主动整合企业的产品结构，是一个企业理性发展的战略基础。

四、规模经济的合理界限

"规模经济"是一个非常重要的企业战略术语。规模代表一个企业的经济体量。在自然界中，大象是陆地上体量最大的动物。与其他动物争斗时，大象几乎所向无敌。从某种意义上说，决策者都希望自己的企业成为某一细分市场中的"大象"。过去曾认为，大象能跳舞——这可能是笑话。现在的情况不同，大象要跳舞——蚂蚁快闪开。当某一细分市场出现过多的大象，蚂蚁式的企业很快就会被饿死。

从竞争优势的角度分析，规模经济的核心优势就是"规模"。以规模为核心，企业的规模经济存在三种明显的战略逻辑：

一是规模导致成本节约，包括研发成本、采购成本、制造成本、营销成本，规模经济为企业经营的主要环节都可以带来成本节约的效果。

二是构成竞争壁垒，最小合理规模是企业在一个产业中生存的最小经营规模，比如，产量达不到 100 万辆的汽车生产企业可能亏损。这样，一个行业的企业最小合理规模，构成进入这个行业的重要壁垒。

三是获取规模效益，企业利润总量是企业单个产品利润与产品销售数量的乘积，大企业在降低单个产品利润的同时，依靠巨大的产量照样获取可观的利润回报，而其他小规模企业则可能亏损。

总之，规模经济就是企业因规模所获取的一种经济优势，企业追求规模经济是一种合理的战略行为。

但是，符合战略逻辑要求的"企业规模"一定是指"最佳效益规模"。所谓最佳效益规模，是指企业扩大的经营规模能够实现最佳的经济效益。什么样的规模才算企业的最佳效益规模呢？在理论上，最佳效益规模就是企业经营的最合理规模。最合理规模表现为企业效率更高、成本更低，而不应该表现为资产更多、业绩更大。

在实践中，企业所处的行业不同，不同行业的最合理企业规模各不相同。一般来说，判断企业达到最佳效益规模的标准包括：

1.企业占据细分市场的主导地位，有广泛的商业合作伙伴，有稳定的消费群体。

2.随着企业规模的逐步扩大，企业的经营活动继续产生边际效益，企业仍然存在一定的利润上涨空间。

3.决策者对企业的管理处于可控范围之内，企业保持一定的市场敏感性和经营灵活性。

与任何事物的发展一样，企业达到最佳效益规模之后，规模经济的效应开始逐步消失。企业的经营规模并非越大越好。

当企业的发展越过最佳效益规模后，决策者仍然冲动不止，可能决定继续扩大企业的经营规模。为此，企业决策者提出这样的理由：其一，只有企业成为行业的老大，我们才算安全；其二，继续兼并同行对手，可以进一步扩大市场份额，增强市场发言权，控制市场价格，才能最终改变市场不景气的局面；其三，……企业似乎什么时候都有成长的理由，无论这种理由背后的逻辑是否正确，企业都可以成长到最大经营规模。最大经营规模是企业可以控制的最大资产规模，令人伤心的是，这已经不是企业的最佳效益规模。

如果企业成长接近最大经营规模，规模经济就开始转变为"规模危害"。在企业运营中，与规模经济相对立的逻辑是"规模危害"。所谓规模危害，是指超大的经营规模对企业造成的伤害。这种超大经营规模的危害主要包括：

第一，管理规模企业的成本增长，抵消了因规模扩大而产生的成本节省效果，企业经营的总成本不降反升。通常情况下，兼并是企业扩大规模的重要途径。在企业纵向合并之后，新旧企业的业务部门之间产生协同效应，有利于减少企业成本支出。但是，纵向合并的企业管理的环节拉长，也容易拉升企业的管理成本。在企业横向合并过程中，合并后企业的采购成本和销售成本可以进一步被摊低，如果合并前已经实现最低的采购成本和销售成本，企业横向合并的成本效应根本不存在，那么，企业必须为庞大的横向合并费用埋单。

某些大企业，例如宝洁公司，其发展的轨迹有时非常滑稽，不是"买、买、买"，就是"卖、卖、卖"，前者是企业追求规模经济效应，后者是企业治疗反规模经济伤害。企业管理规模的行为和人们管理体重的行为相似，非常理性的情况总是不多见。

第二，当现有市场的容量有限时，企业扩大经营规模，势必增加产品的库存风险。每个行业的成长都不能是无限的，都会遇到行业成长的"天花板"。这种"天花板"就是指一种产品的最大市场容量。当企业规模扩大与市场增容不成比例时，扩大规模所形成的产量最终沉淀为企业的库存产品。例如，我国的体育用品市场在 2008 年北京奥运会期间达到顶峰，体育用品企业的扩张却没有及时刹车，四年之后，体育用品在市场上已经严重过剩。这时，体育用品企业的规模不仅不是企业发展的优势，反而成为企业调整的包袱。那些体育用品的大腕级企业，只能在长期的低价竞争中互相拼杀，几乎无一幸免。

第三，在市场萧条时期，最大的规模企业也是最大的困难企业。当市场退潮后，规模企业继续固守低利润的市场，需要承担庞大的经营成本。如果想转入新的行业，规模企业则需要折价处理大量的经营设备。昔日的市场首位可能瞬间变成市场末位。反规模经济暴露出其残酷的战略逻辑：旱季到来时，饥饿的大象是草原上最可怜的动物。巨型企业在享受规模优势的同时，也必须承受和大象一样的生存风险。

当规模经营的效益逐渐消失，特别是企业扩张步伐超过市场增容的速度，超大规模的企业必将滑入危险境地。稍有不慎，巨型企业的发展就像庞大的鲸鱼冲向浅滩一样，发现风险的时刻几乎就是企业死亡的开始。

五、自制还是外购

在企业进化的历史过程中，那种从原料加工、零件制造一直到产品组装的全景式的古老生产模式，早已被企业之间的分工协作的生产模式所淘汰。现代企业的分工程度更是今非昔比。比如，伴随计算机产品的分解，计算机的生产分工迅速被肢解并升级为不同的产业部门，像计算机中的显屏、存储芯片、微处理器、键盘鼠标、软件系统，这些零件的生产都已经成长为不同的产业部门。实际上，计算机是不同产业的组合产品。对于企业的决策者来说，当一个产业被迅速肢解后，产业的哪一块肉最肥？这不是一个简单的问题。

当年，IBM 公司为了在个人电脑市场中抢占地盘，决定将自己的个人电脑产品分成不同的产品模块，除了自己生产其中的小部分之外，其他大部分的模块采取外购的方式。IBM 公司设想利用外购的低价零件，组装电脑，贴上 IBM 商标，轻松而快速地占领个人电脑市场。依靠外购战略，IBM 公司的战略意图很快就实现了。但是，IBM 公司这一生产模式导致个人电脑的经营最终分割成若干产业。当更多的企业参与电脑组装时，市场竞争的天平倾斜了，个人电脑软件提供者微软公司以及处理器的提供者英特尔公司，取得了这个市场的优势。若干年后，微软公司建立了电脑软件产业帝国，英特尔公司则在电脑处理器产业中称雄，一手将两者推向产业帝王的 IBM 公司却宣布将个人电脑业务卖掉。这种戏剧化的结局提醒我们：企业产品的生产到底是自制，还是应该外购，决策者的思路必须符合战略逻辑的要求。

自制，是指企业自己制造产品的主要零件。一般来说，企业的生产模式可以分为两种，外购部分零件，自己制造关键零件并组装产品；或者正好相反，外购关键零件，自己生产其余零件，然后企业组装产品。显然，前一种生产模式比后一种生产模式更具竞争力。在现代商业竞争中，因为产品和产业分解速度很快，所以，企业决策者普遍主张"归核经营"。"归核经营"在生产方面的要求就是，企业自制关键的零件。

　　企业自制关键零件的逻辑判断是，自制的产品蕴含着产业发展的核心技术。"核心技术"相当于产业发展的根，企业掌握一个产业的核心技术，决定了企业发展的长期竞争优势。如果因为成本问题企业外购核心零件，那么，享有技术优势的企业最终可能沦落为"无根"生长的危险状态。

　　"外购"逻辑在现代企业经营中的地位十分重要。从外购零件一直到外购产品，企业外购的逻辑在于，降低产品的制作成本，节省产品的上市时间。像耐克公司那样，企业只做研发与销售，全部生产则以订单方式转包出去，订单生产企业只拿到产品的微薄利润，耐克公司却稳获产品的丰厚利润。这种外购逻辑是现代企业外包战略（也称"虚拟经营战略"）的根据。

　　剖析企业的自制行为和外购行为，我们可以发现，无论自制还是外购都各有逻辑，自制代表一种自强思路，外购则是一种借力思维，企业决策者不能轻易否定其中任何一种逻辑的合理性。在战略实践中，企业决策者的苦恼往往不是自制和外购的方式选择。让他们纠结的是，什么情况应该自制，什么情况又该外购呢？

　　一般来说，企业生产的竞争优势可以分解为研发优势和制造优势。企业应该自制，还是应该外购，最终取决于具体的竞争优势。假如企业拥有研发优势，没有制造的优势，外购是企业生产产品的最佳选择。这时，企业集中精力做研发，把研发设计作为企业的核心竞争力，与拥有制造优势且没有研发优势的生产企业合作，让那些生产企业完全依赖企业的设计与订单生存。如果研发企业进一步自制，投巨资来构建制造优势，最终会损害企业的研发优势，像日本的一些著名电器生产企业，例如索尼、夏普、东芝，几十年来，坚持研发与制造一体的垂直经营，结果，这些拥有研发优势的电器企业在经营中困难重重。

　　在一个产品的系统中，如果企业拥有技术优势是产业竞争的关键因素，那么，企业坚持自制关键的产品零件是明智的，比如，日本的本田汽车公司，拥有汽车引擎设计与制造技术，本田公司坚持自己生产汽车引擎，从而保证自己在全球汽车产业的竞争中占据优势。与企业自制普通零件的行为不同，企业自制关键零件的逻辑是以拥有产业技术优势为目的的。

　　至于企业在自制过程中因为故步自封而出现技术落后，或者因外购反而让生产企业积累生产经验并转化为新一代技术，这不是企业自制和外购的逻辑判断出现问题，而是企业自制和外购行为的博弈现象。从逻辑上判断，企业自制关键零件和外购便宜零件都属于理性的战略行为。可是，理性的商业决策并不能解决商业生活中的运气问题。人们必须学会接受商业活动的不幸后果。

六、产品定价的战略逻辑

对于企业来说，产品只是获取商业利润的手段。这种手段的作用如何，不仅取决于产品的品质，而且取决于产品的价格。经济学的理论认为，价格是单位商品价值的货币表现形式，比如一杯咖啡标价 10 元人民币。实际生活中的价格是一种复杂的经济现象。撇开货币因素，价格可以进一步分为市场价格、消费价格、产品价格等不同的价格概念。不同的价格概念，其含义存在一定的差异。其中，消费价格代表消费者的消费代价，产品价格强调企业的利益保障，市场价格和经济学中的价格概念一致。相比较而言，市场价格是企业与消费者之间商业博弈，以及同行市场竞争的结果。这种市场价格形成的客观过程，并不妨碍企业通过主动制定产品价格的行为，简称"定价"，来维护自己的经济利益。

在提出产品价格之前，企业决策者们一般都做了仔细的盘算。当然，决策者也可能在定价时出现"昏招"，随意喊出一个产品的价格，这毕竟是个别情形。在大多数情况下，产品价格承载了一个企业的战略定位与愿景，我们把具有战略意义的企业定价行为，称之为"战略定价"。成功的战略定价蕴含着深刻的战略逻辑。

作为理性的定价行为，产品的战略定价是多种因素综合作用的结果。排除某些突发因素的影响，例如 2013 年，中国爆发 H7N9 禽流感期间，禽肉价格一落千丈，养殖企业无论怎样定价，都无法扭转禽肉市场的冷清。从总体来说，影响企业产品定价的战略因素包括五个方面：成本、价值、市场、道德和信息，它们对企业的战略定价行为起着不同的作用。

成本构成产品价格的主要部分。然而，企业的"成本加成定价"，即在成本基础上增加适当的利润，这种定价行为不能被视为"战略定价"。理由是，企业的产品成本通常分为固定成本和可变成本两个部分，其中固定成本随着产品销量增加而减少，像软件的研发成本是固定的和巨大的，但是，随着软件销量大幅度增长，每份软件的固定成本可以被迅速摊低。如果根据一个简单的或者随意的销量推算，比如预计产品的销量不大，那么企业就有可能进入一个恶性循环：估计软件销量不大，固定成本分摊在每份软件中的数额加大，人为推升产品的价格，结果价格高涨导致产品实际销量更小，企业通过软件产品获利的想法必然落空。在战略定价中，企业不仅需要科学测算产品成本，而且要对成本进行战略意义上的管理。

在互联网时代，免费的商业模式大行其道。某些互联网企业从软件产品免费，进一步发展为硬件产品免费。免费意味着企业产品的价格为零。企业的成本如何处理呢？这是免费企业的一个战略难题。可以肯定，企业完全不顾成本的产品定价行为没有战略逻辑。

企业定价除了要覆盖经营成本之外，取得利润就是最重要的目标。可是，企业通过价格取得利润，必须依靠产品的价值。在这里，价值是指消费者购买产品（服务）的主观满意程度。在付出消费代价之后，消费者肯定会衡量这种代价能够给他带来哪些价值。这些价值可以分为消费产品的货币价值和心理价值两个方面。其中，货币价值代表消费产品的费用节约或者收入提高的货币效益；心理价值代表消费产品可以产生的生理满足感或者心理归属感。战略定价一定要满足消费者购物的货币价值和心理价值，让消费者感觉产品"值得"消费。

定价是企业的一种市场行为。市场状况影响企业定价的战略选择。其中，市场的供需状况反映了市场供应力量与需求力量的对比，市场的价格水平就是这两种力量博弈的结果。在市场发展的不同周期中，产品的生命力存在一定的差异，产品的价格随着产品的生命力差异而发生变化。在市场竞争中，价格常常成为企业与同行竞争的武器，用低价格压住竞争对手的气势，或者用降价争取市场份额，都可能成为企业根据市场定价的理由。总之，在市场中求生的企业无法免俗，战略定价必须紧随市场的"行情"。

为企业定价行为设置统一的道德标准，这也许是一件非常荒唐的事情。但是，认为企业的定价行为没有道德限制，则是文明社会无法容忍的经营观念。特别是，当企业与消费者双方的博弈相差悬殊，势必引起人们对企业定价中道德因素的关注。道德从来就不是影响企业定价的重要因素，可是，决策者的道德水准对于企业定价具有一种深层的影响力。这种道德约束力主要表现为三个方面：价格必须是自愿支付的；暴利不适合生活必需品；企业保住经营成本是合理的。这是企业定价的道德底线。只要没有突破这三条底线，企业定价就属于道德范围内的市场行为。应该承认，商业道德比其他生活领域的道德现象更加复杂。站在道德的角度，企业定价行为应该是一种公平的经济行为，而不可能成为一种慈善行为。

定价是企业主动的价格决策行为。当企业决策者确定和调整产品价格的时候，常常面临来自市场中的价格信息的影响，价格信息干扰决策者对产品价格走势的判断。在某些情况下，企业的价格优势来自决策者在价格信息方面的才能。市场价格永远不是信息对等意义上的公平价格。实时的价格信息收集、分析与判断，是决策者在合适的时间、合适的市场设定一个合适价格的重要条件。

综合来看，在影响企业定价的五种战略因素中，成本构成价格的主要部分，价值是价格变动的基础因素，市场是价格变化的重要力量，信息可以改变企业价格竞争的优势，相比之下，道德只是影响企业定价的隐性因素。这些因素的独立作用以及它们之间的相互作用，演绎出企业定价的不同战略逻辑。主要包括以下三条：

1. 锁住消费市场的主要群体。价格基于价值的变化，是企业定价的基本逻辑。企业定价的合理性并非简单的高价或者低价。从产品的价值和价格关系来看，"优质高价"或"劣质低价"都有道理，脱离价值特点的价格反而是没有道理的。企业定价必须传递产品的价值特点，即产品可以满足消费者某种货币价值和心理价值。企业忽视产品的价值特点，如果定价过高，失去"省钱"的消费吸引力，很容易将理性客户赶出消费队伍；反之，如果定价过低，失去"品位"的消费吸引力，则有可能把高端客户拒之门外。按照这种价值逻辑的要求，企业生产一般首先推出原价的创新版产品，然后，为了扩大消费群体可能推出廉价的简化版产品，同时，为了追求更高利润则可以推出高价的升级版产品。

消费者总是挑剔的，他们不断地比较和变换自己的消费品。企业通过定价来锁住消费群体的行为，具有一定的挑战性。为了吸引不同的消费群体，企业往往制定"捆售价格"和"搭售价格"。所谓捆售，即"捆绑销售"，是企业把价值不同的产品捆绑在一起销售，这样，消费者在选择高价值产品的同时也必须买进低价值的产品。比如，市场经常出现的优惠"大礼包"就属这种情况。企业捆售价格的总收益超过销售单件产品价格收益的总和。搭售，即"搭配销售"，是指企业在销售主导产品的同时，搭配销售附加产品。这时，企业往往利用低价的主导产品锁住客户，而利用附加产品的销售加价赚回利润。例如，惠普公司出售优质低价的打印机，打印机用户必须购买其打印机配套的专用墨盒，惠普公司的墨盒利润率却高达 60%。

针对特殊的消费者，企业经常制定一些价格方面的优惠政策。例如，公园和公交公司，根据消费者的身份差异，像老年人、儿童和学生，提供"特殊身份的折扣价"；航空公司、餐馆、酒店、剧院，根据消费时间的差异，提供"消费时段的折扣价"；大众消费品企业和大宗原料企业，根据购买数量的差异，提供"消费数量的折扣价"。这些价格优惠可以为企业争取更多的交易机会，也可以吸引更多消费者的关注。

为了影响消费者的价值选择，企业需要努力提升消费者的价值感受。例如，美国苹果公司在发售 iPhone 时，大力宣传 iPhone 产品的独特差异，并且定价 600 多美元。这时，与 iPhone 竞争的产品价格只有 200 美元，两者相差 400 美元。在推高 iPhone 的价值基准后，苹果公司把 iPhone 的价格降至 300 美元时，就能够吸引更多的人来购买 iPhone。

有时，为了彰显自己产品价格的价值优势，企业必须创造某些特别的价格计量单位。比如，一个西瓜售价 20 元人民币，一块西瓜售价 2 元人民币，西瓜分块定价，比按个定价更能显示出其价值。

总之，企业定价需要仔细研究产品的价值差异，提高产品的性价比，让消费者充分感受产品的价值。

2. 顺应市场变化。市场变化的状况直接影响产品定价的特点。在这里，所谓市场变化的状况主要包括：市场供求的变化，市场周期的变化，以及同行企业竞争形势的变化。企业战略定价必须顺应市场的变化，努力博取最大限度的商业利益。

市场供求变化直接影响消费者对产品价值的判断，刺激或者抑制消费者的消费意愿。当市场供大于求，市场变化不利于企业一方，供应产品的企业面临降价风险，在降价趋势尚未形成的时刻，先降价的企业占据了市场优势。在更低的价格出现之前，先降价的企业扩大了自己产品的销量，这就是所谓的"降先降"的价格变动逻辑。当市场供不应求，市场变化有利于企业一方，企业纷纷以涨价应对市场供不应求的局面，在涨价空间消失之前，后涨价的企业可以充分利用市场进一步增长的形势，利用低价的优势促进销量的增加。在产品市场饱和之前，后涨价的企业扩大了自己产品的销量，这就是所谓的"涨后涨"的价格变动逻辑。可惜，大多数企业的决策者忽视了价格变动的市场逻辑，过晚或过早地改变了企业的价格优势，损害了企业的战略利益。

在市场变化的不同周期，企业定价的战略逻辑也不相同。在导入期的市场中，企业的产品新颖，竞争对手不多，产品的研发成本与营销成本较高，因此，导入期的企业一般"定高价"。进入成长期，企业产品的销量扩大，经营成本下降，所以，成长期的主流企业愿意"定平价"。在成熟期市场中，同行企业的竞争激烈，为了维护自己的市场份额，这一时期的企业常常"定折价"。到了衰退期，企业纷纷退出市场，只有经营特色产品的企业才可以在衰退的市场生存，这时，具有经营特色的企业"定异价"。企业在不同的市场阶段定价逻辑的差异，基本反映了一种市场的周期变化特点。

在同行企业的市场竞争中，降价成为企业蚕食对手市场的主要行为。特别是中国，价格战是同行企业竞争的普遍现象。一般来说，有限的价格战有利于价格挑战者，长期价格战的胜利果实却被消费者们分享，盲目参与价格战的企业们将会痛苦不堪。面对同行的价格竞争，明智的企业决策者总是寻求市场价格的空档，卡住市场价格的有利位置，在无须激怒对手的前提下，细分产品的市场定价，分享更多的市场份额。例如，同样是智能手机市场，苹果手机占领的是高端市场，三星手机分占高端和中端市场，后来者的华为手机却以较低的价格挤占了中高端市场，华为公司明显占据一个特别的市场位置，避免了一场不利的手机价格战。从同行企业竞争的角度分析，企业的定价必须显示这样一种战略意义：低于战略价格的对手将无利可图，高于战略价格的对手将失去市场。

3. 保护企业利润。获取最大限度的利润，是企业定价的最高逻辑。价格决策者们都相信，一个好的价格可以为企业创造更好的利润回报。为了制定一种理想的价格，企业决策者们绞尽脑汁，不断玩转价格花样。可是，某些看似精明的价格算计却伤害了企业的利润。

一种产品的利润等于产品价格与产品成本之差。在定价过程中，企业决策者对成本和价格进行了反复测算，测算的结果是有利润的。然而，在残酷的市场竞争中，成本不是市场价格合理性的决定因素。有些时候，成本加利润的定价方式失去市场说服力，消费者完全忽略成本的意义，愿意享受"免费"的产品和服务。众所周知，商业生活中真正的免费实际上是不存在的。可是，在免费经济的浪潮袭来时，有些决策者决定暂时牺牲企业利润，直至不顾企业的经营成本，用"免费"或者"低价"讨好市场上的消费者，以便为自己的企业聚拢市场人气。在商业实践中，依靠"烧钱"为企业换来的消费者最终并不买企业的账，只要出现新的免费机会，消费者便很快忘掉曾经为他们"烧钱"的企业，继续品尝新的免费午餐。结果，免费博得企业在市场中的一时精彩，却违反了企业定价的利润逻辑。

企业的利润收入是单位产品的利润与产品销量的乘积。单位产品利润和产品销量分别是决定企业收入的两个因素。企业的战略定价必须在单件产品的价格与产品总的销量之间做出权衡。在产品成本稳定的前提下，提高产品价格可以提升单位产品利润，但高涨的价格能够抑制企业的产品销量的增长。如果盲目涨价，企业通过"撇脂"的方式收获利润，结果可能令决策者非常失望：一方面，单纯的产品涨价减少了产品的销售数量，产品销售不旺，企业总收益下降；另一方面，高涨的价格吸引了更多的竞争者进入市场，企业可能引火烧身，反而损失了自己的市场份额。

俗话说，世界上什么买卖都有人做，但亏本的买卖没人做。既然如此，为什么总有一些买卖人出现亏本呢？现在看来，亏本的逻辑非常简单，企业决策者在价格与成本的权衡中，可能忽视了利润的重要性；而在价格与销量的权衡中，可能忽视了利润总收入的重要性。企业决策者没有将利润作为经营的目标，又没有将收入作为经营的保证，所谓的战略定价行为也就变得毫无意义。

总而言之，企业战略定价的玄妙之处，是让消费者痛痛快快地掏出钱来，又不能被同行们妒忌，还要保证企业赚得盆满钵满。这样的定价逻辑在当前的商业活动中很难实现。中国的市场经济仍然没有成熟，经营者的经营行为与消费者的消费行为都存在盲目和冲动的特点。于是，中国企业的价格决策者更喜欢"随大流"的方式。你定出高价，我比你的价还高，企业的出价行为，总是有一种"捞一把，算一把"的投机心理；反过来，你定出低价，我出的价格更低，价格竞争变成企业之间残酷的价格恶战，显露出企业在经营上"熬一阵，算一阵"的绝望心态。结果，企业的高价行为引来无数的竞争者，低价竞争则落得赔钱赚吆喝。企业只能在价格变化的大风大浪中飘摇不定，决策者们希望在忽悠中赚到钱。一直等到市场经济成熟，战略逻辑在企业定价行为中的作用才能充分显现出来。

围绕企业的产品战略，我们一共分析了六个方面的逻辑。如果说企业的商务活动是一种商业的表演行为，那么，产品就相当于企业进行商业表演的道具。产品战略逻辑代表了企业选择"道具"时的一些商业道理。在商业的舞台上，企业即使选择了一种理想的"道具"，也不意味着这个企业可以进行一场精彩的商业表演。理由是，除了"道具"之外，一场成功的商业表演，表演者还必须遵循商业舞台活动的逻辑，即企业必须遵循"市场战略的逻辑"。

第二节　市场战略的逻辑

市场既是企业生存的场所，也是企业与对手竞争的场地。因此，企业战略决策必须着眼于市场形势，为企业生存争取一种有利的空间，同时也为企业竞争寻求一个有利的位置。所谓的"战略紧随市场"的思维原则，在企业决策者的战略思维中占据重要地位。

企业决策者研究市场的内容，一般分为分析市场特点和判断市场趋势两个方面。决策者们都希望为企业寻找蓝海市场，以便企业独享某一细分市场的利润。这几乎是一种妄想。商业世界到处是红海，企业能够在红海之外找到自己独享的蓝海市场的概率非常低。正常的情况是，决策者需要对目标市场的主要特点做出分析，比如，市场的壁垒有多高？市场中的对手有哪些？市场生存的手段是什么？只要市场满足较好的价值性和较低的竞争性，企业决策者就可以决定进入市场。

即使企业已经在市场里生存，决策者也需要经常对这个市场的形势做出判断，比如，市场潜力如何？市场结构有什么变化？市场趋势正在转向哪里？这些市场战略问题决定了企业继续生存的概率。对于那些在位企业的决策者们来说，市场问题就是"吃着碗里的，还必须瞅着锅里的"。

市场战略的逻辑，是指企业决策者在战略思考中顺应市场变化发展的特点和趋势的思维原则。决策者的思路遵循市场战略逻辑，企业可以从市场需求结构的变化中发现新的市场机会，可以从行业运营体系的变化中找到满意的商业角色，可以从同行竞争形势的变化中扩大自己的市场份额。总之，谁最了解市场，谁就可以在市场竞争中笑到最后。

一、哪一块奶酪属于你

小时候，我们都曾仰望晴朗的夜空，希望在朗朗夜空中有惊奇的发现。成年之后，晴朗的夜空已经换成躁动的市场。面对不同的商业市场，成年的人们经常思考相同的一个问题：哪一个市场可以成就自己发财的梦想？在人们疯狂涌向美国西部淘金的年代，淘金工人整日辛苦劳作也很难发财，为淘金工人缝制牛仔裤的人却赚了大钱。多少年过去之后，人们终于明白，一群人的淘金市场不如一个人的制衣市场。站在逻辑的角度，一个企业的战略决策者到底应该如何发现适合自己企业的市场呢？

市场源于人们的需求。发现市场的真谛在于观察人们的需求。伴随社会经济的发展，社会生活的水平从生存到温饱，从温饱到小康，从小康到富裕，每个时代的社会经济文化的发展，最终都会浓缩成一种具有时代特征的消费偏好。偏好，就是消费者喜欢某种生活行为、生活用品或者生活服务的经济现象。当一种消费偏好形成之后，旧的市场体系开始瓦解，同时，新的市场和商业模式初露端倪。

比如，20 世纪 90 年代，当中国人的收入普遍提高后，人们开始喜欢购买时髦的成衣，而不愿到个体服装店做衣服。于是，个体服装店的生意逐渐冷落，服装公司的业务开始兴盛。如今，个性着装成为新的生活时尚，名牌公司和私人定制的服装成为市场的宠儿，普通服装公司的经营则日显艰难。中国服装市场的变化过程，证明了消费者偏好的重要性。企业决策者关注社会的消费偏好，就是发现人们需求的流行趋势，确定今后市场的流行特点，调整企业的经营方向。

流行市场的标准是什么？在生意人眼里，市场相当于一个利润池，利润丰厚的市场就是最流行的市场。但是，市场的好坏与利润池的大小无关。市场好坏的关键在于进入这个市场的门槛，即一个产业的"壁垒"。如果市场的利润非常诱人，却没有进入市场的壁垒，什么样的人都可以进入市场经营，结果，再大的利润池也会迅速干涸。因此，发现市场的壁垒与发现市场的存在同样重要。没有任何障碍的市场通常就是竞争最激烈的市场，也是最坏的市场。比如，现在的年轻人喜欢在网络上开店，由于网络知识已经普及，年轻人几乎都可以在网络上开出自己的网店，可以预期，网店将是最糟糕的市场。网络市场的主要受益者应该是网店的服务商。

除了观察流行市场的壁垒之外，企业决策者还需要分析流行市场成熟的程度。一个流行市场的形成，依赖于市场需求拉动和市场开发推动的共同作用。在两者之间，如果只有市场开发者的推动，市场流行的进程缓慢，这有可能耗尽开发者的资源与热情，像 20 世纪 90 年代末，最初的互联网经营者为网络市场呐喊、奋斗，但真正生存下来的网络企业却是少数。进入 21 世纪，消费者蜂拥进入互联网世界，网络市场才迅速流行开来。由此可见，分享流行市场的奶酪，企业决策者需要把握好进入市场的时机。

企业的决策者看到了市场的存在，也看清了市场的壁垒，还看准了进入市场的时机，这个机会也不一定属于市场的发现者。分享市场的奶酪，最终需要凭借企业的竞争能力。前几年，有人曾尝试推销一种汽车节油产品"节油宝"，市场潜力巨大，尝试者为此投资 3 万元开始小范围的市场铺路。其实，这一尝试的行为属于无谓的牺牲。这种巨大的产品市场不是小企业可以参与的市场。假若"节油宝"流行之后，中石油、中石化等大型企业可以非常轻松地将这种节油产品拎走，作为他们经营的节油系列产品中的一个品种，享受"节油宝"的市场利润。对于这种利润丰厚的大市场，小企业们只能望洋兴叹。

对中小企业来说，与其在流行市场里火中取栗，倒不如在传统市场中淘金。如果利用一个新视角观察传统市场，企业决策者就可以发现新的商业机会，例如，由于中国大部分家庭只有一个孩子，城市的孩子将会得到很多玩具，这些玩具在还是比较新的情况下就被孩子们抛弃，收购城市的旧玩具，并在城镇地区建立二手玩具的市场，一个企业就可以在传统儿童玩具市场中另辟新径，创造出一个特别的玩具细分市场。

另外，如果重新定义传统的市场行为，决策者可以突破传统市场的习惯与做法，从传统市场中分享更多的奶酪。例如，在农贸市场中贩卖土豆，这是一个典型的传统市场行为，假如卖土豆的人把土豆洗净，然后，将洗净的土豆装在网兜内销售，每四个土豆一兜，价格提高30%，专门卖给那些时间紧张的上班族，这种新的土豆销售方式可能受到某些上班族的欢迎，在土豆市场中创造出一种"净土豆"的细分市场。

总之，面对形形色色的市场，寻求自己奶酪的人们总是雄心勃勃。然而，从市场中黯然退出的人，却是灰头土脸的。这并不是说选择市场就是撞大运，而是说明市场的发现必须拥有逻辑。不管是闯入一个流行市场，还是颠覆一个传统市场，发现市场的逻辑其实只有一个：战略决策者懂得人性的真实需求，企业拥有满足这一真实需求的竞争优势。否则，市场里的种种美好，可能都与市场的发现者没有关系。

二、规避市场行为的风险

企业的经营可能遇到多少种商业风险，这是一件永远无法准确预测的事情。倘若因此认为企业经营可以不用考虑风险问题，这纯粹是自欺欺人的想法。商业风险涵盖了企业可能遇到的各种风险，比如，经营环境风险，市场行为风险，自然灾害风险，等等。其中的许多风险，比如环境风险和自然风险，这些风险并非人为可以解决的，因而也没有逻辑的问题。

市场行为的风险，只是企业面临的所有商业风险中的一部分，是指那些与企业自身的市场行为有关的商业风险，主要包括企业合同违约的风险和经营违法的风险。其中，合同风险涉及企业的采购合同、销售合同、合作合同、转让合同、劳动合同等可能遇到的违约问题；违法风险主要是指生产、技术、产品、服务、销售等经营行为可能出现的违法情况。与企业面临的其他商业风险不同，市场行为的风险来自企业的主动行为。因此，企业规避市场行为的风险，必须依赖战略决策的逻辑。

企业的市场行为风险虽然无法消除，但决策者可以尽量减少这种风险的发生。企业减少市场风险的战略重点是预防风险的发生，比如，企业决策者们对战略行动方案进行风险评估。在风险评估过程中，涉及的风险事项必须全面、清楚，风险的最低程度和最高程度必须明确，风险超过企业承受能力的项目必须终止，可预料的风险事项必须准备预案。凡事做到有备无患。

有时，面对某些无法减少的市场风险，企业决策者可以考虑转移风险。在经济活动中，市场风险（也包括某些其他商业风险）已经成为一种交易的对象。比如，企业遇到技术研发或者资源开发风险时，决策者按照利润与风险一致的原则，可以和商业伙伴进行合作开发。企业在分割经营项目的部分利润的同时，也能够转移项目中的部分风险。转移风险的目的是减轻企业战略的风险压力。这和转嫁风险不同，转嫁风险只是将风险转给别人，却没有转让利润。因而企业转嫁风险的行为一般是不能持久的。

对于确实无法转移的市场行为风险，企业必须承担风险的后果。这些后果大致可以分为两种情况：一是企业经营困难，二是企业经营终结。市场风险发生之后，是导致企业经营困难还是经营终结，往往是决策者无法预料的。有时，一个风险就可以终结企业的性命，比如，三聚氰胺事件直接导致三鹿公司的倒闭。挽救一个身处风险的企业的关键，是企业决策者制定理性的危机战略。

企业一旦涉险，企业决策者必须立刻启动危机战略。这时，危机公关成为企业的战略行为。在解决危机的过程中，企业决策者应该向公众澄清事实，向受害者提出补救措施，切忌掩盖错误，更不能无理狡辩，而应努力争取消费者的谅解。在度过一段漫长的沉寂期之后，利用时光的漫长换取市场空间的逐渐恢复，企业一般能够化险为夷。这时，企业的蛰伏就是化解危机的战略行为。

总之，市场行为风险是企业经营行为带来的不确定情况。在充满诱惑的商海中，每个企业都无法避免自身商业行为所带来的风险。重视风险、转移风险和解决风险，构成企业决策者应对市场行为风险的主要逻辑。

三、追求价值

市场犹如企业的逐利场。在企业逐利的过程中，价值就是企业决策者判断商业利益的工具。为了逐利的目的，企业的手段和方法可谓五花八门。但是，无论怎样做，企业的逐利行为必须体现价值。追求价值，是企业选择行为方式的一种基本逻辑。

作为一种谋利的社会组织，企业的价值追求可以分解为不同层次，主要包括：企业组织、股东以及员工的价值诉求。其中，对于企业组织本身来说，生存就是价值，企业的价值行为就是产品（服务）可以满足消费者的货币价值与心理价值；对于企业的股东来说，利润就是价值，企业的价值行为就是扩大资产与增加利润；对于企业的员工来说，工资就是价值，企业的价值行为就是提高员工的薪水与福利。这样，企业在市场上追求价值的行为，最终体现为企业关注客户价值、股东价值以及员工价值的战略选择。

在企业与客户之间，企业为客户提供产品，客户为企业贡献利润。客户决定企业的生存，客户价值应该成为企业追求的最高价值目标。为了满足客户的价值需求，企业一般采取两种基本的战略行为，一是通过控制成本以提高客户的货币价值，二是通过完善产品以提升客户的心理价值。为此，企业需要做出一系列的战略改变，例如扩张规模、研发产品、引进人才、加强服务……不幸的是，恰恰是这些为客户提供价值的企业行为，最终却破坏了客户的价值。比如，生产规模扩张之后的产品可能成为市场上的大路货，损害了产品在客户心目中的心理价值；企业创新产品的成本高居不下，产品可能失去在市场竞争中的货币价值。如此看来，企业满足客户价值并非简单的事情。

企业不仅要提供产品的价值性，还要保持这种产品价值的独特性。例如，企业能够提供独特的产品功能、成分、结构、产地、包装，或者拥有产品的垄断技术、保密工艺、商业文化，等等。从长期来看，企业不仅要保留产品价值的独特性，还要保护这种独特价值的持久性，比如，当美国可口可乐公司的可乐变成一种美国文化，喝可乐是一种美国文化的体验，这样，美国可口可乐公司就可以享有更长久的可乐价值。

当客户在市场上只能有限地选择产品时，企业反而可以轻松地实现客户价值。比如，本地超市的畅销货、非常方便的上门服务者以及冷门行业的必需产品。面对这些情形，企业的客户总是容易满足的。可见，企业追求客户价值，不仅是一种战略逻辑的体现，而且也是一种战略博弈的结果。企业如何利用价值的优势博赢自己的客户，请参阅本书的第六章的相关部分。

股东是企业股份的持有者。在企业与股东之间，股东为企业投资，企业向股东分红。企业关注股东的价值，必须重视企业行为的利润回报。为了利润目标，在社会的产业体系中，企业谨慎选择那些具有稳定市场前景的产业领域，作为自己经营的方向；在行业的经营系统中，企业努力争取那些具有赢利潜力的市场环节，作为自己经营的角色；在产品的构成系列中，企业尽量挑选利润丰厚的产品规格，作为自己经营的内容。正当企业冲向利润的时候，风险也会悄然而至，比如，产业投资过剩，灿烂的市场前景突然暗淡，企业生产的产品堆满了仓库，折价销售损失了其中大部分利润。像家用电器、传统汽车、个人计算机等产业，昨天还是风光无限，如今这些产业的利润率迅速走低。

对于企业来说，发现市场价值可能不是最重要的，最重要的是企业能够守住自己发现的价值。企业守住市场价值的唯一办法就是为价值产品设置壁垒。一旦市场壁垒松动，企业产品的市场价值开始逐渐流失。随后，企业就会流尽自己应得的利润，也流走了自己的股东。

员工为企业创造产品，企业理应关心员工价值。为了满足员工的价值需求，企业愿意上调工资，增加福利。企业的这种行为的目的是想留住自己的员工。但是，企业追求员工价值的行为却容易把企业拖入恶性循环。一般来说，企业员工的工资是刚性的，具有"涨而不跌"的特点。同行企业之间的人才竞争，又将这种刚性工资拖入轮番上涨的趋势。企业劳动力成本的普遍上涨，挤压了所有企业的利润空间。同时，刚性的高薪把那些缺乏创新的员工沉淀在企业内部，这些沉淀员工的高薪进一步变成企业的固定成本，最终成为企业发展的包袱。

可见，企业追求员工价值的逻辑，不是简单地提高薪水和增加福利，而是为有才华的员工提供创新和发展的机会（薪酬高于平均水平），为普通员工提供生活来源（薪酬等于平均水平）。

追求价值是企业在市场中生存的一种本能行为。企业满足客户、股东和员工的价值需求，决策者可以在战略上获得源源不断的支持力量。然而，企业追求这些价值的行为方式，决定一个企业在市场中的生存与死亡。正如前面的分析，企业决策者一旦做出了错误的逻辑判断，企业追求价值的行为就会变成破坏价值的行为，其追求价值的结果也只能是南辕北辙，求成得败。

四、发挥优势

市场是同行企业之间的竞技场。企业充分利用自己的商业技能，与同行进行生存竞赛。和体育竞赛不同，同行企业之间的竞技只有单项冠军，没有全能冠军。凡是在市场竞争中胜出的企业，都有自己的"绝活"或者"绝招"。每个企业都要凭自己的"绝招"生存，市场竞争战略在本质上都属于"焦点战略"。

在当代社会，各国的经济进步和市场开放，导致全球市场需求总量的极大增长。人类社会的大多数产业都能够获得极限式的发展机会，企业可以创造出巨大的生产数量。从战略逻辑上判断，企业的跨行业经营行为与行业的极限式增长之间相悖，多元化经营明显不如专业化经营具有竞争优势。不仅如此，当一个产业获得极限式发展之时，一种产品的价值链可以迅速分解为产品不同部分的价值点，每个价值点的市场需求量也可以支撑许多企业的运行。可见，企业经营产品的价值链不如经营产品的价值点更具竞争优势。

根据以往的战略观念，体现跨产业经营优势的多元化战略，以及体现价值链条优势的一体化经营战略，未来可能逐渐沦为"平庸的战略"。在未来的市场竞争中，企业的有效战略只能是焦点战略或者焦点战略的集合。所谓"焦点战略"是指对企业战略特征的一种描述，其核心就是企业充分挖掘和运用自己某种独特的优势以形成自己的竞争战略。根据这一趋势判断，长期生存的企业必将面临不断改变战略的痛苦，没有永久的竞争优势以及稳定的发展战略。与此相对应，商业竞争的未来景象必然是，拥有某种优势的企业，可以在市场中生存；那些拥有很多不明显优势的企业，反而可能在市场消失。

在中国互联网经济中，像 BAT 等企业，积极鼓吹所谓的"生态经济"模式，主张以不同领域结合的超大经营规模来取得竞争优势，最终可能违反了市场优势的战略逻辑。例如，乐视公司依靠硬件免费、软件收费的方式，相继进入机顶盒、手机、电视和汽车等领域，短时间内形成所谓的经济生态圈，但是，这种生态圈经济仍然没有超出盲目多元化的范畴，与现代技术和产品的快速迭代的特点相悖。乐视的案例充分说明，企业进行生态圈竞争缺乏市场逻辑。如果企业多元化战略取得成功，那么，其战略轨迹一定具有"东突西击"的特点。企业在商业活动中画出的"多元"，必须紧随企业竞争优势的变化。

处于同一市场，企业竞争行为必须符合"以己之长攻人之短"的逻辑。现代商业在规模膨胀的同时，也吸引了更多的企业参与市场竞争。在强手如林的情况下，企业只有发挥自己的独特优势，把企业的独特优势作为企业战略的焦点，才能帮助企业从竞争中胜出。战略决策者设想企业在每个经营环节上都要保持优势，这几乎是痴心妄想。

企业如果坚持"以己之长补己之短"，依靠自己的优势慢慢补足自身的短板，这是一种平庸的战略逻辑。现代市场的变化节奏加快，每天产生大量的战略机遇，那些长期的企业战略普遍受到市场快速变化的挑战。只有凭借当前的竞争优势，迅速将自己的优势行为变成战略行为，企业才能争到自己的市场份额。相比之下，企业的远期战略规划并不靠谱。

至于企业经营中的弱项，决策者可以通过合作的方式，将弱项业务交由其他企业完成。在未来激烈的市场竞争中，"点对点"的竞争逐渐取代"面对面"的竞争，短时间的战略选择逐渐替代长时间的战略规划，企业的焦点优势构成商业战略的主要根据。

如何识别企业的焦点优势呢？焦点优势源于企业独有的竞争力。道理非常简单：真正具有竞争力的经营行为，才能构成企业市场竞争的独特优势。

至于什么样的行为才算企业独有的竞争行为？也许这几个方面是关键：具有消费号召力，技术前沿性，资源垄断性，人才稀有性以及资本充足性。企业的决策者永远不能设想"恒久而全面"的竞争力，在花样迭出的商业竞争中，不管企业拥有怎样坚固和全面的竞争壁垒，最终都会被快速的市场变化摧毁。

在确认焦点优势的基础上，企业把最重要的资源用在企业的焦点优势上面，将焦点优势变成焦点战略，企业才能超越竞争对手。与此同时，决策者还需要全力保护企业的焦点优势，防止焦点优势过早暴露或者外传。一旦企业丧失了自己的焦点优势，决策者不要欺骗自己，不能根据已经过时的竞争优势拟定新的企业战略。企业的新战略只能依赖企业新的焦点优势而定。

一般来说，优势代表能力的超越。可是，任何超越都是相对的。在英雄辈出的年代，衰落几乎是任何一个先进企业的宿命，优势企业的失败和退出是不可避免的现象。

正是因为企业之间优势的不断超越，商业才会出现优秀企业各领风骚十几年的竞争局面。那些基业长青的老牌企业，他们或者对自己的焦点优势给予了一种特别的保护，像美国的可口可乐公司；或者不断培育出新的焦点优势，像美国的3M公司。决策者试图凭借企业的最初优势不断打败所有的对手，这样的战略设想缺乏逻辑根据。

五、改变游戏或者改变游戏的规则

世上没有公平竞争的市场，只有公平竞争的理想。在商业竞争中，无论大企业还是小企业，新进企业还是在位企业，每个企业都希望市场的形势朝着有利于自己的方向发展。其中，大企业和在位企业尽力维护自己的市场强势地位，这些企业的决策者经常设想，"如果能够进一步增加市场份额就更好了"；而小企业和新进企业则试图改变自己的弱势地位，它们的决策者希望企业有朝一日能够在市场上立足和稳定经营。为了争取竞争的有利后果，企业决策者们努力采取各种手段和策略。但经过一段时间的竞争之后，市场里的企业依然分为强势群体与弱势群体，真正的公平竞争仍然无法实现。

对于企业的决策者们来说，市场竞争的公平性其实并不重要，自己的企业成为市场中的强者最重要。当然，强者不能恒强，弱者不会恒弱，市场上企业的强势与弱势一直处于转换之中。从长期来说，"改变"也许才是企业市场竞争的永恒逻辑。

从变化的角度来说，市场竞争犹如商业游戏。在同行企业的游戏活动中，强势企业可以提出游戏规则，扮演游戏的主角，控制着游戏的局面。弱势企业要想在市场中生存，则必须接受不利的游戏规则。现存的商业游戏有可能一直持续下去，直到新的强势企业产生并改变了游戏规则，乃至改变了游戏本身。于是，旧的商业游戏（阶段）结束，新的商业游戏（阶段）开始。

一个企业改变游戏，意味这个企业成为市场上的新霸主。改变游戏，是指企业改变市场竞争游戏的方式、内容或者位置，当然也包括企业创立全新商业游戏替代原有商业游戏的情形。企业改变商业游戏的行为，反映了一个企业争取市场的优越地位的战略逻辑。

游戏的方式，即市场中的商业经营模式，总是容易受到企业创新的挑战。例如，在20世纪80年代，美国的咖啡市场由大企业卡夫、莎莉和宝洁等公司操控。这些公司从原料商那里大规模购进咖啡豆进行加工，然后向大众市场提供低价咖啡。美国人霍华德·舒尔茨在意大利出差时发现，意大利人在城市中开设了很多咖啡馆，咖啡馆采用现场加工的方式，向顾客提供优质的浓咖啡。意大利咖啡馆的咖啡价格虽然较高，但生意相当不错。这是美国市场中还没有出现的咖啡经营模式，它既满足了消费者喝咖啡的乐趣，又提供了消费者交流情感的场所。于是，舒尔茨决定把意大利的咖啡经营模式引入美国，并根据美国的特点对其加以改进，形成咖啡市场的"星巴克"品牌，挑战传统的美国咖啡经营模式。起初，人们一直怀疑这种模式能否赢利，但是，经过十几年的发展，到2001年之后，星巴克竟然成为美国文化的一种标志。目前，星巴克公司在全球68个国家经营2.3万家咖啡连锁店，年营业收入高达54亿美元。

企业改变游戏的内容，即改变产业经营的某些内容，促使现存商业游戏中的某些竞争优势成为多余的东西，从而改变当前的商业游戏。美国人迈克尔·戴尔尝试经营计算机的时候，面对的竞争对手是美国计算机产业的巨人IBM公司、惠普公司和康柏公司。这些巨型公司通过庞大的代理商网络控

制美国的计算机市场，戴尔公司根本无法立足。于是，戴尔决定改变计算机
商业游戏的内容，采用全新的直销定制模式来经营计算机。这是计算机商业
游戏的新版本。在顾客付费定购计算机后，戴尔公司再采购计算机配件进行
组装。由于计算机配件每周价格下跌 10% 左右，戴尔公司的利润主要来自
配件成本的节约，所以，戴尔能以最低的价格销售同样质量的计算机。在计
算机直销订制模式的游戏中，传统的计算机销售的渠道优势成为多余。与传
统的计算机巨头们相比，戴尔可以提供物美价廉的计算机，所以消费者更喜
欢戴尔的直销模式。经过一番竞争之后，美国计算机巨头们的大势已去。后
来，康柏公司也曾尝试追随戴尔公司的经营模式。无奈这种直销定制的游戏
是戴尔公司的优势和规则，康柏公司虽几经努力，仍然无法适应新的商业游
戏，只得放弃这种模式。结果，戴尔公司从零开始，到 2002 年的时候，成
为一家资产 300 亿美元的公司，在人类商业历史上书写了一种传奇。

　　和改变体育比赛的场地相比，改变商业游戏的位置显然要复杂得多。但
是，企业利用新的游戏位置，增加新的游戏规则，可以创造商业竞争的绝对
优势，从而改变了原先的商业游戏。一般来说，传统的百货零售商业游戏的
位置设在城市的中心地带。城市中心的辐射作用可以增强零售企业的竞争
力。美国沃尔玛公司的领导者山姆·沃尔顿决定改变这种游戏的地理位置，
把百货连锁零售商店开在乡村的中型城镇，并以"天天超低价"替代传统百
货商店的不定期折价促销，吸引人们改变原来的购物地点，从中心城区转移
到城郊地区。结果，奇迹开始出现：借助汽车和高速公路的优势，这种新的
购物模式迅速被美国人接受，美国传统的百货业巨人凯马特公司、西尔斯公
司以及彭尼公司的市场份额逐渐减少，沃尔玛公司一枝独秀，逐渐成长为新
的零售商业巨人。

　　当网络在生活中普及之后，以网络为基础的商业创新游戏不断涌现，成
为新时期商业游戏变革的潮流。例如，网络商店挑战实体商店，网络银行威
胁实体银行，网络租车优于实体租车……其中最成功的案例是，亚马逊的网
上书店打败传统的实体书店。经营实体书店的商业游戏是，企业开出一定规
模的连锁书店，构造优雅的购书环境，等待读者上门浏览和挑选书籍。在这
套游戏中，书店规模、书店位置以及书店内部环境构成游戏竞争的主要内

容。大型的连锁书店凭借书店资源的优势一直控制图书市场。当亚马逊开出网上书店的时候，图书市场中出现了一种全新的商业游戏，读者可以在网上轻松挑选书籍，不用离开家门就可以浏览 100 多万册图书，而且网上定购书籍可以享受相当的折扣，并可以在 24—36 小时内收到书籍。这种购书新游戏一经推出，就完全颠覆了传统的图书市场。传统书商们还没有明白这是一种什么游戏，就只能乖乖投降。如此干净、利落地结束旧的商业游戏，令人感叹网络商业创新的神奇。

当前，"互联网＋"的商业观念正在横扫商业世界，越来越多的传统企业将自己的业务与互联网相接，相信更多的传统商业游戏也将惨遭改变。人类已经进入网络商业时代。①

在无法改变商业游戏的时候，一个企业可以尝试改变游戏的部分规则。企业改变商业游戏规则的行为，涉及商业游戏角色的改变、游戏节奏的调整以及游戏方向的变化。从效果来看，改变游戏规则肯定不如改变整个商业游戏那样令人震撼。但是，只要能够改变某些游戏规则，即使在旧的商业游戏中生存，企业也可以改善自己的竞争地位。企业改变游戏规则的行为，反映了一个企业争取市场的优势地位的战略逻辑。

参与商业游戏的企业可以分为主角和配角，作为游戏主角的企业享有市场的较大份额和利润，配角只能分享较小的市场份额和利润。当商业游戏的主角和配角颠倒，原来游戏的规则以及游戏的结果也将随之发生改变。这是商业游戏规则改变的一种普遍现象。

例如，在中国传统的家用电器市场中，家电生产企业是一直是游戏的主角，经销家电的百货商店则是配角，市场上的家电产品价格由生产企业控制。20 世纪 80 年代以后，国美和苏宁先后构建了家电连锁销售体系，这种家电连锁销售体系可以轻松地卖掉某个家电生产企业的全部产品。于是，竞争的天平开始倾斜，国美和苏宁逐渐成为这场游戏的主角，家电生产企业反

---

① 互联网的出现，消灭了实体商业"位置"，也干掉了传统商业"中介"。于是，人类商业的"位置竞争"变为"眼球竞争"，"价格竞争"化为"服务竞争"。互联网商业凭借强大的虚拟平台与快捷的物流服务，让那些拥有位置优势和渠道垄断的实体商业统统傻眼。人类商业游戏开启了新时代，"等你来买"的传统商业模式开始转变为"卖送你家"的新零售模式。

倒成为游戏的配角，家电竞争游戏的规则发生了改变，家电生产企业的市场优势逐渐丧失。在新的家电商业游戏规则中，价格和利润由家电销售巨头控制，家电生产企业只能为那些家电销售巨头们打工。由于家电产品的同质化非常严重，即使那些名牌家电生产企业，在同销售巨头的谈判中也不能幸免。

在游戏地位无法改变的情况下，如果能够调整游戏活动的节奏，一个弱势企业可以改善自己不利的市场处境。比如，农产品的生产具有明显的季节性，生产者一窝蜂似的把农产品推向市场，等于把自己推到农产品游戏的弱势位置。在这种情况下，农产品企业主动调节生产和销售的速度，农产品市场的游戏就可能出现不同效果，比如，农产品企业可以反季节安排生产活动，提前或者延后供应产品，还可以减少现货交易的比例，增加订单销售的比例，这些行为能够帮助企业控制供货数量或者锁住产品价格。只要避开高峰低价的时刻，农产品企业就可以争取到一定的竞争优势。

改变商业游戏的方向，大家向左我向右，这样可以帮助企业在游戏中创造一种新的竞争优势。例如，在汽车保险游戏中，传统的汽车保险游戏规则是：尽量不要承保那些可能会发生意外的人。遵循这种游戏规则，汽车保险公司普遍愿意承保没有交通事故纪录的人，以降低保险公司的经营风险。长期以来，汽车保险公司的游戏一直就是这样玩的。但是，美国前进保险公司决定反其道而行，专门为已经出过险的人提供汽车保险。该公司的精算人员研究的结论是，一个人第二次出险的概率要比第一次出险的概率要低。结果，到 20 世纪 70 年代，前进保险公司一举成为美国第四大车险公司，每年的营业收入超过 60 亿美元。[①]

总而言之，同行企业之间的商业游戏可谓眼花缭乱，千姿百态。在同行企业的商业游戏活动中，只要改变游戏的某些规则，弱势的企业就可能在商业竞争中谋取优势地位。在此基础上，一个企业如果能够改变游戏本身，那么，企业的"优势地位"可以进一步上升为市场上的"优越地位"，因而成

---

① 美国前进保险公司的案例选自《战略是领先思维训练》一书，作者是 [美] 米歇尔·罗伯特，林宜萱译，东方出版社 2010 年版，第 98 页。

为某个行业的新霸主。这就是同行企业竞争的普遍逻辑。

六、合作共赢

合作是企业在市场中生存的重要条件。无论如何优秀，一个企业也达不到完美经营的程度，其产品（服务）都会存在或多或少的缺陷。企业主动寻求市场中的支持者，可以减轻产品瑕疵造成的不利影响。处于庞大的社会分工体系之中，每个企业只是产业体系的某个节点。无论怎样强势，企业经营也不能包揽产业的所有环节，寻求市场的经营协作者，可以增强企业在市场竞争中的力量。既然不能生产一种完美的产品，也不能单独享有某一产品的全部市场，那么，一个企业与其他市场主体的合作就在情理之中。

企业的合作，特别是战略合作，既不是简单的利用关系，也不是单纯的依附关系，而是构建一种和谐的共生关系。企业合作战略的成功必须以"共赢"为逻辑。在这里，"共赢"要求合作各方恪守利益共享、风险共担、市场共存的原则。从长远来说，没有共赢的战略合作关系，企业将会失去稳定的生态环境，以及快速成长的商业机会。

利益共享，是指企业与合作方共同分享市场利益。其实，无论什么时候，企业实际上都无法独享一种产品（服务）的全部加值。企业的利润来源于消费者的消费行为，企业让出一部分价值，产品的价格对消费者更具有吸引力，这可以换取消费者在市场上选择产品时对企业的支持。在企业占有利润的过程中，企业的资金支持者、技术支持者、产品的供应商、产品的经销商也都会参与产品价值的分享过程。在获取净利润之前，企业还要通过税收和慈善的方式，进一步与政府以及社会分享价值。

正是依靠这种一层一层的价值分享行为，从现象来说，就是让出一次又一次的利益，企业才可以获得源源不断的支持力量，并最终获得属于自己的利润。

风险共担，是指企业与合作方之间共同承担商业风险。在合作开发新产品的过程中，假若产品不能满足市场的期望，有关新产品的调查、研究、设计以及试制的费用，构成了合作各方开发市场的损失。把开发市场的全部损失和风险都留给研发机构，生产企业可能失去企业创新的外部支持力量。在进入产品的市场培育期，企业与代理商面临启动市场的风险，一旦产品退市，培育市场的费用，包括广告、宣传、场地、人工等的投入，成为双方开发市场的共同损失。企业决策者把这些损失推给代理商，等于摧毁企业产品通往市场的渠道。

合作的风险与合作的利益之间总是具有一致性。当商业风险无法化解，合作的各方承担各自的风险是基本原则。企业无端地推卸责任和转嫁风险，其后果只能是放弃未来的市场机会。

市场共存，是指企业与同行企业之间的相互包容。经过长期的商业竞争之后，一种产品的市场总是朝着两个方向发展，一方面因强势企业的控制行为形成垄断市场，另一方面因众多企业不断分割造成碎片市场。在垄断的产品市场中，强势企业设置强大的壁垒，其他企业进入市场受到一定的限制。如果无法抗拒强势企业的市场壁垒，一个弱势企业可以选择加入强势企业的队伍。毕竟，利润才是企业竞争的目标。在竞争取胜无望的时候，弱势企业求得与强势企业合作，可以给自己谋求另外一条出路。只要有利润，企业的"委屈求生"行为也是一种商业理性。反过来，当一种产品的市场碎片化之后，每个碎片市场的利基太小，大型企业的优势在碎片市场中无法展现。如果大企业与小企业合作，或者中小企业联合，就可以把一个个碎片市场重新整合成为规模市场，规模化市场的利益则由合作各方共同分享。这种抱团取暖行为体现出合作共生的战略逻辑。

在争夺市场份额的过程中，企业拼掉所有对手，意味着市场中形成了更大的生存空间，而更大的生存空间能够吸引体量更大的竞争对手进入市场。可见，企业独享市场是一种愚蠢的想法。和谐的市场环境总是一种错落有致的景象：强势企业为弱势企业留下生存的机会，弱势企业帮助强势企业占据市场的空间。

竞争与合作，是企业和其他市场主体相处的两种基本行为。可以形象地说，竞争是企业的一种粗暴的相处行为，如果决策者眼里只有竞争，企业就会到处传播敌意，市场中的任何竞争力量都可能变成企业的反对者和干扰者。与竞争相反，合作是企业之间的一种优雅的相处行为，在让出利润的同时，企业可能收获更大的市场份额；在分担风险的同时，企业可能获得更多的市场机会；在给别人出路的同时，企业的生存之路可以更加坚实。

可见，合作是一种更加聪明的企业生存方式。然而，失去共赢局面的合作难以持续。因此，共赢成为企业合作发展的坚定逻辑。

关于市场战略逻辑的讨论，我们不妨做这样一种比喻，企业与市场的关系就是鱼和大海的关系。所谓市场战略的逻辑，实际上就是企业在商海中谋生行为的道理。根据前面的分析，企业在商海中生存的基本道理可以归纳为三个方面：

一是，企业努力寻求适宜生存的细分市场，了解市场中的各种风险。

二是，企业必须明确自己在市场中的价值追求，认清自己与对手竞争的优势。

三是，企业应该掌握在市场中的生存技巧，学会在合作共赢中发展。

假如决策者出现战略短视，忽略市场行为的战略逻辑，把市场作为"战场"拼命杀敌，或者把市场当作"天堂"贪图享受，企业随时可能被卷入商海的漩涡或暗流之中。这时，作为企业生存之地的市场，也能成为企业的死亡之地。

第三节　成长战略的逻辑

渴望成长是企业决策者的普遍心愿。做企业不必在乎规模的大小，关键在于生意能够一天比一天见长。即使路边的一个馄饨小铺，如果今天的营业收入比昨天多卖了五碗馄饨，老板也会看到小铺成长的希望。等到馄饨铺子变成了星级酒店，酒店老板每天忙碌生意的同时，往往产生一种生活的充实感和成就感。处于激烈的商业竞争中，企业的成长能给决策者带来生存希望，缓解决策者的生存忧虑。

即使解决了企业的生存问题，决策者也不可能摆脱企业成长的烦恼。成长的烦恼几乎伴随企业的一生。在最初的野蛮生长期，企业随时可能关门大吉，决策者最担心的是生意没有起色。终于有一天，企业在市场中闯出一片天地，决策者又为企业进一步发展而苦恼，从专业化到多元化、一体化，一路拼到国际化。为了企业的成长，决策者几乎要尝遍人间所有的辛酸与痛苦。

可是，企业的成长总会遇到"天花板"。除了夭折或者英年早逝之外，即使已经成长为一个垄断企业，大型的垄断企业也可能遭遇拆分而结束自己的成长过程。退出市场竞争的舞台，常常是企业成长过程中的最后一个行为。和地球上的任何生命现象一样，企业也是在不断发展中完成自己的生长过程。

显然，为了成长而成长的企业是最愚蠢的。在生命的每一个阶段，企业生长的核心问题应该是"健康快乐地成长"，而企业健康成长必须遵循企业成长的战略逻辑。所谓企业成长的战略逻辑，是指企业成长速度与组织结构之间保持协调性，成长规模与产业市场的扩张具有一致性，企业的成长过程处于理性和可控的状态。根据这一逻辑，企业的成长一般从夯实竞争的基础开始，不断提高企业的经营效率，努力改善企业的市场地位，经历一种由弱小到强大的演变过程。

每个企业都具有自身的成长特点，世上没有统一的企业成长之路。成长战略的逻辑只是代表企业成长的一些共同道理。这些道理提醒企业的决策者们：走自己的商业之路，但要顺应企业成长的普遍逻辑。

一、效率也是战略

在战略管理的时代，企业效率是一个经常被人们忽视的战略问题。传统的企业战略管理理论认为，战略上的优势可以弥补企业效率的不足。甚至有人认为，现代企业管理可以划分为战略管理和日常管理，效率考核属于企业的日常管理，与企业的战略管理无关。因此，企业效率问题不能进入企业战略研究者的法眼，也就毫不奇怪。

实际上，撇开那些花里胡哨的管理术语，评判企业经营管理行为的基本指标应该有两个，即产品的质量与组织的效率。产品（服务）质量相当于企业进入市场竞争的资格，而组织效率则是企业参与市场竞争的基础。企业的经营管理离不开质量与效率。

效率是评判企业经营是否经济的重要标准。根据企业经营行为之间的差异，企业效率在总体上分为组织效率、生产效率和服务效率三个方面。其中，组织效率主要考核企业管理行为的效率，生产效率主要考核企业生产行为的效率，服务效率主要考核企业服务行为的效率。这三种指标相互结合，构成判断一个企业是否健全的基本标准。有一种错误的观点认为，企业效率就是生产效率，生产效率就是员工的劳动效率，只要给足钱，员工就有劳动效率，生产效率就可以保证，企业效率也就没有问题。至于企业的组织效率和服务效率，几乎所有的战略学派都假设企业是有效率的。结果，效率成为企业决策者战略思考的前提，而不是战略思考的内容。其实，离开企业的效率，企业的一切战略谋划都无从谈起。

首先，效率是企业市场竞争力的主要内容。在市场竞争中，效率与竞争力几乎是同义语。市场中的商业机遇稍纵即逝。对于企业来说，看到机遇和抓住机遇是两个问题。只有抓住战略机遇，企业活动才具有实际意义。企业能否抓住机遇，主要取决于企业组织的效率。在企业的生产过程中，生产效率自然是关键，错过市场销售的黄金季节，企业的优质产品也可能成为废品。如果实力相当的几个企业在同一个细分市场竞争时，企业的服务效率就是企业的生命力，多服务一个客户，企业就可能多一个生存机会。即使在高新技术产业中，我们也会发现，当苹果公司依靠精美的设计在手机市场独领风骚的时候，富士康公司却可以凭借出色的代工效率生存。

其次，效率是企业成本领先战略的重要手段。"成本领先"是企业参与市场竞争的一种普遍战略。在成本领先的企业中，严格和科学控制成本是企业主要的战略方法。如果仔细观察企业的成本节约行为，我们就能发现，提高效率是企业节约成本的一条重要捷径。比如，企业提高生产效率可以增加产品数量，而增加的产品数量则能够降低单位产品的成本。再如，提高员工的劳动效率，企业在增加产量同时，还可以降低单位产品的劳动力成本。从某种意义上说，企业的成本领先战略也是企业的效率战略。令人奇怪的是，学者们关注成本的战略意义，却忽视效率对于成本的决定作用。因而多数人知道成本战略，只有少数人懂得效率战略。

最后，效率构成企业所有战略行为的基础。即使强调战略的重要性，我们也必须承认，效率是企业完成战略行为的基本条件。企业的某些战略行为，例如差异化战略、聚焦战略、一体化战略、多元化战略、国际化战略等，从表面上看，这些战略与企业的效率无关，但是，离开企业的一定效率，这些所谓的企业战略实际上都是空谈。正确的战略必须依靠有效的企业行为来实现。假若企业的战略相似，效率优势就是企业战略制胜的关键条件。

在商务活动中，低效率常常是企业战略失败的重要原因。无视效率问题，企业容易错失战略机遇，产生不必要的浪费，弱化企业战略的效果。相反，企业在战略上没有明显优势，甚至没有明确的战略，却可能凭借经营效率活得有滋有味。

千里之行，始于足下。对于一个企业来说，百年基业，始于效率。在战略制胜的时代，战略固然重要，但战略不能替代效率。两者相比较，战略代表企业生存的技巧，效率构成企业生存的基础。在逻辑上，只有企业生存下来，决策者的战略技巧才能发挥作用。因此，一切战略都应该建立在企业效率或者效率的改善之上。

二、生存优于发展

人们每天享受生活，成长是一种自然的过程。同样道理，企业每天健康运营，成长也是一种自然的现象。准确地说，发展不是企业成长的目的，更好的生存才是企业成长的真正目的。站在逻辑的角度分析，企业生存与发展之间的关系是：先生存，后发展；边生存，边发展；生存好，发展快。一句话，企业的生存优于发展。

生存和发展代表两种性质不同的企业成长逻辑。企业生存的逻辑是，企业生存必须依赖一定的利基市场。只有不断改善生存环境，精心维护自己的利基，企业才可以从细分市场的优势中稳定获取利润。但是，大多数的企业决策者忽略这一重要前提，忘记企业自然成长的逻辑，希望通过一种超常的发展，实现经营规模迅速膨胀，从而满足自己追求业绩的愿望。这种以发展求生存的战略观念，导致追求经营业绩成为企业决策者的普遍倾向，以至于人们把企业战略直接称为企业的"发展战略"。企业不顾生存逻辑的盲目发展，必然出现资金紧张、库存增加、成本提高、利润下降等情况，有些企业因此走上死亡之路。

为了避免这种因盲目发展而快速死亡的悲剧，企业决策者在处理生存与发展的矛盾时，必须掌握以下三条原则。

1.企业的生存是企业发展的前提。利润是企业发展的基本条件。但是，企业能否获取利润与企业的发展无关。企业利润来源于企业的生存优势，即企业选择的市场利基以及企业在市场中的定位。企业发展可以增加利润的数量，却无法改善利润来源的状况。如果企业的利基消失，任何发展行为都是徒劳无益的。这就是企业"先生存，后发展"的道理。

2.企业合理发展是企业健康生存的自然结果。面对经营过程中出现的问题，企业决策者习惯用发展来解决困难，比如，遇到产品滞销就盲目扩大销售市场，利用市场规模的扩大解决产品的积压问题。其实，产品滞销可能是企业定位与利基的问题。促销与改善企业利润来源没有逻辑关系，属于典型的"为发展而发展"，这容易导致企业过快地耗尽资源，出现资金断链，乃至资金崩盘。相反，决策者专心做好产品，搞好服务，维护利基，调整定位，企业的市场逐步扩大，利润稳定增加。这就是企业"边生存，边发展"的道理。

3.企业的生存活力决定企业的发展机遇。企业改善生存状况，提高经营活动的营利性，这有利于企业的发展，一是决策者可以从企业生存的困扰中脱身，集中精力思考企业的发展问题；二是可以为企业的发展积累资源，资源是企业争夺商业机会的重要条件。可见，强调企业生存优先的观点，并非忽视企业的发展，而是为企业发展积蓄更好的条件。这就是企业"生存好，发展快"的道理。

以上的分析表明，对于企业来说，"好的生存"优于"快的发展"。生存优于发展的逻辑非常简单，可是，企业的决策者为什么屡屡违背这种逻辑呢？

第一，外部环境的竞争压力。在选择战略时，企业决策者经常出现身不由己的情况。竞争对手都在快速发展，如果自己的企业发展缓慢，就可能被市场淘汰。现代市场竞争在很多方面是企业发展速度的竞争，发展速度的压力迫使决策者普遍采用"以发展对抗发展"的策略。当企业遇到生存与发展的双重困难时，先解决生存问题，企业可以赢得生存时间。反之，用发展来解决生存问题，则有可能加速企业的死亡。

第二，企业内部的发展冲动。发展是硬道理。这是中国企业在资本原始积累时期形成的一种商业逻辑。从 20 世纪 80 年代到 21 世纪初，中国的资本原始积累期间，市场突然涌现出巨量的商业机会。这时，企业快速发展拥有巨大的市场空间，甚至还包括一些市场的空白地带。在混乱时代，企业胡乱发展也可能趁乱成功，决策者根本不考虑企业生存与发展的逻辑关系。在资本原始积累结束后，中国的市场竞争开始由混乱走向秩序。先找到企业生存的有利位置，然后寻求企业的发展之路，这恐怕是今后中国企业成长过程中唯一的逻辑选择。

第三，企业决策者用发展替代生存。有人认为，企业一经注册，就等于企业已经存在，剩下的问题就是企业如何发展。这种观点的错误在于，企业注册只是表明企业在法律意义上已经存在，并非解决了企业的生存问题。企业的生存取决于企业怎样从市场获取利润。如何在市场中生存？这不仅是新生企业需要面对的问题，也是老企业自始至终都要面对的问题。任何一个企业的决策者都要不断地思考：企业当前生存的理由是什么？这种生存的理由是否依然成立？这种生存的理由将来是否变化？以及会出现怎样的变化？可以毫不夸张地说，"生存的理由"是企业一生中永恒不变的战略命题。

总之，决策者重视企业的生存逻辑，企业可以快乐经营和健康成长。凡是这样做的企业必然长寿，相反，企业不顾生存而盲目发展则必然短寿。

三、先行与尾随

人类迈入新的世纪之后，互联网开始普及，高新技术快速发展，社会经济领域不断形成新的产业。然而，企业进入一个全新的产业环境，其结局常常难以预料。比如，新世纪之初，互联网经济泡沫的破灭，大大超出人们原来的预想，大量的先驱企业成为这一产业的牺牲品。面对一个全新的行业，先行还是尾随，可以考验一个企业决策者的战略智慧。

奇迹总是发生在结果形成的时刻。当阿里公司投资网络商业的时候，大多数企业决策者的感觉是麻木的。他们认为，实体经济才能赚到真金白银，网络商业不过是一种花哨的商业形式，充其量也只是实体商业的一种补充而已。现在，阿里集团携带巨大的网络市场的影响力，不仅冲垮了实体商业，也强烈冲击了金融、物流、娱乐、文化等一系列服务产业。转眼之间，阿里公司由一个小小的电商企业变成一个庞大的超级商业帝国。人们在感叹决策者马云的眼光和谋略的同时，也希望自己在下一次类似的商业嬗变中扮演先行者。

一般来说，产业的先行者可以享受一种"像蔚蓝的大海一样"的市场优越环境，收获市场中最容易的利润部分，膨胀企业的经营规模，构筑市场竞争的壁垒，享受垄断市场的商业利益。这种"蓝海梦想"足以吸引企业的决策者们通过"烧钱"方式，成为创新行业的第一。但是，在资金不是稀有资源的年代，企业烧钱创造市场，只会引来更多的烧钱者，大家都想用烧钱的办法来分享新兴市场的第一杯羹，结果，新兴市场的资金供应非常充裕。在很长的一段时期内，企业只能以低廉的价格或者免费的方式吸引消费者的注意力。许多烧钱的企业还没有见到新市场的曙光就已经死去。即使勉强活下来，企业的利润收入也不足以弥补最初巨大的市场投资。那些成功的先行者的经验表明，只有企业的经营形成差异和规模，市场的先行优势才能变成先行企业的竞争优势。

在大家力争成为行业第一的时候，企业成为行业的第二也许会更好一些。

首先，行业的先行者面临市场不确定的风险。在现代商业环境中，消费者享受的时尚产品越来越多，他们的口味和水准越来越高，企业推出的新产品能否吸引消费者的眼球，从而培育出一个全新的消费市场，先行企业的市场投入是不确定的。同时，现代企业的技术研发难度逐渐提高，工艺和技术的不稳定，可能过多地消耗先行企业的资源。即使先驱企业千辛万苦，克服了技术研发、产品创新和市场培育的所有困难，终于唤起消费者的消费欲望，新兴市场也可能成为众多的后来者的共享市场。由此可见，先驱者创造全新市场是一回事，创造属于自己的市场又是另一回事。

其次，企业采取尾随战略具有很多好处。夜晚，汽车在公路上行驶的时候，后面的汽车可以借助前车的灯光尾随行驶。这就是"借光"效应。企业采取尾随战略具有明显的借光效应。进入一个新的产业市场时，尾随者借光的好处是：可以节省市场的开发成本，避免市场先驱者那种彷徨的心理折磨；可以减少技术研发的缺陷，尽量不要成为技术试错过程中的"踩雷者"。另外，在先驱者忙于技术研发和市场开发的时候，尾随者更容易发现产业成功的关键因素。总之，只要保持适当的前进速度，在新兴市场的壁垒形成之前，任何尾随者都可以从容地进入新的市场。

最后，企业成为第二需要实力和勇气。不是任何企业都可以成为行业第二的。作为产业的尾随者，其和先驱者企业一样，都拥有进入新兴市场的资源与技术基础，它们的决策者同样都具有进入新兴市场的胆量。尾随与先行的差异是，先行企业是新兴市场的领跑者，尾随企业则是新兴市场的跟跑者。如果尾随的企业与先行的企业差距太大，不幸成为新兴市场的"尾巴"，那么，这些尾巴企业才是新兴市场的真正牺牲者。尾巴企业为新市场的最终兴盛助力，却没有在新兴市场获利的机会。在一个产业的初期发展中，聪明的尾随企业兼有竞争优势和战略谨慎，它们不仅和先驱企业分享新兴市场的利润，而且有机会成为新兴市场的真正"王者"。

在新的世纪里，网络、医药、生命、通讯、材料、人工智能、能源环保、自动驾驶等产业领域的技术发展日新月异，社会新兴产业的涌现如雨后春笋。通过对新兴产业发展历史的分析，企业在新兴产业的盈利，最终来自市场的成长性、优势的单一性以及行业的保护性等一系列的条件。因此，面对新兴市场的诱惑，企业决策者应该关注新技术产业的发展，但不可以盲目烧钱，充当新兴市场的先烈。

四、快的理由与慢的道理

动物世界充满瞬间的变数和残酷的竞争。有时，速度的快慢可以直接决定动物的存亡。与此相似，在商业世界中，速度已经成为企业竞争的重要手段。以时间或速度作为市场竞争的维度，企业可以与对手展开"时基竞争"，即以时间为基础的竞争，又称为"速度竞争"。时基竞争的特点是，企业在市场开发阶段存续的时间决定企业的生存概率，或者企业占领市场的速度决定企业的发展结局。可以说，速度已经从最初的战略手段，进一步发展成为完整的"速度战略"。

　　企业的速度战略可以分为快速应变战略和快速成长战略两种情形。其中，快速应变战略的内容包含企业快速响应市场机遇，快速组织产品生产，快速服务客户需求三个方面；快速成长战略是指企业在适宜的市场环境中，迅速完成由小变大的发展过程。在商业竞争进入"快者为王"的时代之后，企业的速度战略具有充分的战略逻辑。

　　1.企业利用速度可以抢夺商业机会。现代社会的商业环境瞬息万变，市场信息的传播速度大大加快，各种商业机遇转瞬即逝。企业决策者如果抢先一步获取市场信息，继而将市场信息转变成企业的商业机会，就为企业争取了宝贵的生存时间。人们常说"机不可失，时不再来"。这句话在商业中的意义是，没有时间性的商业机会是不能称为"商机"的。所谓"商机无限"，是指商业机会出现的频率非常高，而不是商业机会存在的时间无限长。企业最佳的商业机会常常是靠自己的速度抢来的。

　　2.企业利用速度能够掠夺市场份额。任何一个商业市场的空间都是有限的。从静态角度分析，一个企业占据的市场份额，取决于企业的资金规模、技术档次、产品特色、服务质量等因素。可是，市场份额的瓜分是一个动态过程。当一个企业推出自己的创新产品，特别是当创新产品成为市场的消费时尚或者消费标准时，抢先的企业可以轻松地占领大部分的市场份额，相应地，抢先的企业能够获取这个市场最大的利润蛋糕。在资源过剩的年代，企业决策者们已经把"速度"排在资金、产品、服务的前面，作为企业取得市场竞争胜利的最重要的因素。许多企业因为排在行业第三，可能最终功亏一篑，被行业的老大或者老二吞掉。

　　3.企业利用速度来抑制对手的成长。市场竞争的一般法则是大鱼吃小鱼。但是，在现代市场竞争过程中，速度已经成为企业竞争的关键手段。大鱼的速度太慢可能逐渐被饿死，小鱼依靠快速应变逐渐强大，最终快速发展的小鱼可以吞食虚弱的大鱼。这就是所谓"快鱼吃慢鱼"的新市场竞争法则。在战略环境相似的前提下，企业决策者不能计较战略的完美程度，应该比拼的是战略的应变速度，只有反应最快的企业才能生存得最好，那些行动迟缓的企业必然被市场竞争淘汰出局。例如，在手机市场中，魅族一直喜欢"小而美"的发展模式，因而错过智能手机的黄金发展期，被后来的小米、华为抢先，其至被 oppo 和 vivo 甩在后面。

最近的十几年里，由于社会风险投资的迅猛发展，资本的供应越来越充足，企业运用速度竞争的现象越来越普遍。然而，企业的快速发展不能伤害企业的营利性。所谓营利性逻辑，是指企业经营行为导致企业经营成本降低或者产品价格提高的必然性。营利性是商业战略的最基本逻辑。一旦企业的发展速度伤害了企业的营利性，企业的快速发展便失去了战略逻辑的支持。

也就是说，企业的超常发展必须建立在企业超级竞争力的基础之上。如果市场份额完全是靠牺牲利润换来的，企业只能换取一时的风光，抢到的市场份额最终会丧失殆尽。无论是国内市场，还是国际市场，残酷的价格战曾帮助某些中国企业迅速占据很大的市场份额。现在，那些依靠死拼价格获取的市场份额已经开始消失。这就说明，第一个占领山头的，并不一定是山头上的最后胜利者。

换一个角度来看，在企业快速发展的时代，"慢动"也可以构成企业经营的一种时尚。快与慢是相比较而言的，在这里，"慢动"并不意味企业发展的停滞或者成长的缓慢，而是企业主动控制发展的速度，在战略、资源与发展之间取得一种相对的平衡。在战略逻辑方面，企业慢动的道理在于：

其一，"慢动"有利于决策者把握企业成长的节奏。如果失去理智，企业快速应变市场就会变成企业在竞争中的"疯狂"，企业的成长可能成为一种单纯的"疯长"。企业在战略上的慢动，要求决策者在看不清市场方向的时候不动，看不准市场潜力的时候尽量少动。企业行为与人的行为一样，疯狂之后总要后悔，短暂的疯长之后可能出现长期的停滞。企业慢动的逻辑更强调了商业行为的合理性与企业的自然成长。

其二，"慢动"有利于企业维护细分市场的稳定。现代企业普遍崇尚速度制胜。但快速满足市场需求的后果可能是，一个卖方市场很快变成一个买方市场，从而摧毁了企业生存的市场利基。这种恶果在现代经济发展中屡屡出现，逼迫企业只能更快地创新自己的产品，再加上其他企业的快速跟进，这又可能引起一个稳定的市场更快地成为买方市场。于是，现代企业经常陷于一种快速发展的恶性循环。企业慢动逻辑的合理性表现为，企业只寻求属于自己的利基市场，尽量保持这个市场的饥饿感，维持利润的相对稳定性。

由于受到某种特殊市场壁垒的保护，一个企业能够放慢节奏，充分吸收市场利润，积累竞争实力，这样的企业发展不仅不慢，从长期来说反而更快。

总而言之，企业成长应该是一种自然生长过程，快有快的理由，慢有慢的道理。与动物的生存相比，人类拥有生存的战略智慧。这种智慧决定了企业的成长必然是快慢相结合的过程，有快有慢，能快则快，该慢则慢，企业成长的快慢应该蕴含战略逻辑。

五、多元化经营是减少风险还是增加风险

多元化经营，是企业长大后必然遇到的一个战略问题。当一个企业在细分市场中长成为巨人的时候，这个巨人企业便会产生多元化的跨界冲动。从表面来看，大企业决定多元化经营的理由是非常充分的。

1.企业的成长已经受到现有市场容量的限制，继续投资同一行业的边际效益下滑。

2.企业内部沉淀了一些资源，这些剩余资本具有要求赢利的冲动。

3.不能把所有的鸡蛋放在同一个篮子里，多元化可以降低企业成长的风险。

以上这些理由，显示了企业多元化战略的强烈逻辑：企业在多个行业展开竞争，比在一个行业经营获得更稳定的结果，有利于控制企业成长的风险。

多元化经营真的能够减少风险吗？传统战略管理理论认为，多元化经营减少风险的机制是，通过分散投资风险，从而降低企业整体经营的风险程度。然而，从战略逻辑的角度分析，这种所谓的分散风险的机制并不可靠。在企业成长战略中，最可靠的逻辑是，企业拥有的独特资源与决策者具有的专业经验相互结合。多元化经营（主要是指"不相关多元化"）的决策，恰恰忽略了企业决策者的专业经验的作用。传统的多元化战略理论隐含了一种假设：企业的决策者具有洞察多个行业的神明。实际上，这种假设是不能成立的。多元化经营决策与多元化的财务投资决策不同。多元化的财务投资决策要求，财务投资决策者明白投资的企业为什么赚钱即可。但是，多元化的经营决策，是在前者的基础上，还要进一步明确什么样的战略行为才能赚到

钱。可见，多元化经营决策远比多元化财务投资决策复杂。当企业的决策者进行多元化经营时，这种错误的理论假设开始显示出它的杀伤力。

通常来说，在做出理性的投资战略决策之前，企业决策者对即将投资的行业应该具有深刻的战略认识。行业投资的基本标准应该有两个：一是这个行业本身具有营利性；二是企业拥有在这个行业赢利的资源与能力。在讨论多元化经营时，传统的战略管理理论强调，（行业）进入或退出就是企业多元化的战略选择。这是一种明显简单化的观点。一个赢利良好的行业必然具有坚固的进入壁垒，大多数企业被挡在这个行业之外，假若外面的企业拼命杀入这个行业，可能出现两种不利的后果：企业付出的代价过高，或者，市场饱和致使行业的营利性消失。反之，企业可以轻易进入的行业，往往是没有壁垒保护的市场，行业的赢利前景可能很差，这种行业应该是企业投资的陷阱。可见，遇到多元化的实际行动时，"进入或退出"的观点将会变得毫无用处。

对于即将多元化经营的企业来说，其战略决策者只是新商业竞赛中的业余选手，而非专业选手。通常，业余选手是赢不了专业选手的。为了克服这一重大缺陷，大多数多元化经营的企业在经营中做了以下分工：最高决策者授权业务经理制定业务单位的战略，自己则充当了不同业务单位的资金调拨者。从战略逻辑的角度分析，企业的战略决策与投资决策应该是统一的，多元化经营的企业将战略决策权与投资决策权分开显然是荒谬的。为了避免这种荒谬的战略决策机制产生荒唐的结果，企业战略管理的理论提供了一种多元化企业投资的战略分析工具，即所谓的"波士顿矩阵图"。这个矩阵图把企业复杂的多元化经营划成四种情况：现金牛、明星、问题、瘦狗。企业的最高决策者可以根据波士顿矩阵图的分析结果，轻松地决定企业资金投向什么地方，以及不能投向什么地方。很明显，这种战略分析工具将企业多元化战略分析过程简单化，充其量是企业多元化决策的一种辅助分析工具。在多元化企业的内部，企业资金数量总是有限的，每个业务经理都可以认为自己所在的业务单位是重要的，因而都想多分一些企业总部的资金，以便争取更好的经营业绩。最终，波士顿矩阵图可能沦为最高决策者说服下属的一种工具。

如此看来，通过多元化经营实现企业低风险成长的想法，只是企业决策者的一厢情愿。在企业出现资源剩余的前提下，多元化经营不仅不能分散风险，反而因为企业盲目的战略决策，增加投资的风险程度。

还有一种观点认为，多元化经营能够实现各业务单位之间共担风险的目的。多元化企业的各业务单位之间共担风险，不仅可以化解企业某个单项业务的风险，而且可以有效降低企业经营的整体风险程度。比如，当某一业务单位在市场竞争中遭遇逆境，企业总部可以利用掌控的资金，对亏损业务进行输血再造。经过总部的长期输血，企业的亏损业务终于成为市场的"明星"，从而演绎出一种多元化经营可以共担风险的神奇。但是，这种商业的神奇现象同样缺乏战略逻辑的支持。如果亏损的业务具有赢利的潜质，社会风险资金肯定会投向这个亏损的业务单位，亏损的业务单位使用社会资金可能更具效率。如果亏损业务本来赢利无望，企业总部向亏损的业务单位输送资金无疑就是一种愚蠢行为。即使这种商业神奇最终产生，企业总部付出的资金代价也会太高，多元化经营的企业完全可以凭借这些资金捕获更好的商业机会。在多元化经营的企业中，共担风险的行为可能把有限的风险变成无限的风险，以至于将整个多元化企业集团拖垮。

如果决策者的确想把企业多余的"鸡蛋"分散开来，又想降低这些"鸡蛋"存在的风险，多元化财务投资比多元化经营更理想一些。多元化财务投资相当于企业把自己的"鸡蛋"放在他人的篮子中，并由他人替自己看管这些"鸡蛋"。多元化经营表面上把"鸡蛋"分在不同的篮子中，但是，多元化经营企业的决策者需要看护更多的"鸡蛋篮子"，结果很可能是顾此失彼，得不偿失。这就是企业多元化经营不如企业多元化财务投资的根本原因。

假若企业决策者对于他人看护自己"鸡蛋"的行为确实不放心，非要多元化经营，企业也只能进行有限的多元化经营，即采取"相关多元化"的战略。与非相关多元化经营比较，相关多元化战略隐含了一种战略谨慎的逻辑。其一，企业决策者可能熟悉与企业原本经营业务相关的新业务，避免一个外行做出荒唐的战略决策；其二，相关多元化的各业务单位之间共享某些经营成本，可以产生某种协同效应。显然，相关多元化可能避免多元经营对企业营利性的伤害。这样，相关多元化经营就成为企业降低成长风险的一种比较不错的战略选择。

在讨论多元化战略是减少风险还是增加风险的问题时，逻辑上的标准非常明确：多元化经营是否伤害企业的营利性。事实上，"不要把鸡蛋放在同一个篮子里"逻辑的反面也是成立的，这就是，"把鸡蛋放在一个篮子里，然后盯好它"。如此看来，多个鸡蛋的风险来源并非篮子。那么，降低鸡蛋风险的战略逻辑是什么呢？经过前面的分析，我们可以得出一个重要的结论：不管鸡蛋放在多少篮子里，有人可以"盯好鸡蛋"，才是企业减少多元化经营风险的关键。

六、企业们的强大之路

在企业成长的过程中，做大做强是企业决策者的普遍梦想。一般来说，没有功利追求的人是不去做企业的，正是人的功利欲望刺激了决策者梦想把企业做大做强。可是，由于忽视了企业强大背后的战略逻辑，有些决策者把企业做得很平庸，更有一些决策者把企业做得很失败，令人惋惜不已。

"强大"是人们评价企业成长的基本标准。其中，"强"是对企业成长的质的评价，"大"则是对企业成长的量的评价。在企业成长的质的标准中，"强"相对应的是"弱"，"强"和"弱"分别代表了企业成长的基本性质的判断，"强"表示企业具有生命力和竞争力，"弱"意味企业缺乏竞争能力。从质来说，每一个企业的成长都要经历由弱到强的发展过程。在企业成长的量的标准中，"大"相对应的是"小"，"大"和"小"分别表示企业成长的规模判断，"大"代表企业的资源较多，"小"意味企业的资源较少。从量来说，每个企业成长都要经历由小到大的发展过程。

评价企业的成长状况时，质的标准和量的标准必须相互结合。单纯的质的标准，或者单纯的量的标准，都无法准确反映企业成长的真实情况。如果把不同的质和量的标准结合在一起，根据企业发展的质和量的不同程度，我们就可以将企业的成长过程大致分为四个明显的阶段。

1.弱小的阶段。这是企业成长最脆弱的时期。这一时期，企业的生命脆弱，很多企业不幸夭折。中国企业的平均寿命是 2.9 年，夭折是企业成长过程的普遍现象。

2.小而强的阶段。这是企业最渴望成长的时期。这时的企业具备了一定竞争力，但是企业的规模尚小，决策者特别渴望企业能够尽快成长。

3.大却弱的阶段。这是企业成长最容易出现战略错误的时期。企业虽有规模，但无明显的市场竞争力。决策者在战略上的盲目冲动，可能导致一个企业英年早逝。

4.强大的阶段。这是企业成长最辉煌的时期。强大代表了企业成长状况良好，这一时期的企业既享有市场竞争的优势地位，又具备后续发展的潜力。

通常，企业从弱小走向强大的道路充满了艰难与挑战。企业强大之路的一般逻辑是"先强后大"。"先强"是指企业在成长过程中首先需要具备超强的生命力，主要包括企业的产品特色、资源优势以及决策者的决策水平等，这些生命力指标决定了企业未来成长的基础。"后大"则是指企业扩大自身体量的过程，包括资产、人员和市场份额等方面的增加，企业长大是其生命力增强后的必然结果。那些"夭折"或者"英年早逝"的企业们，它们成长的行为可能没有遵循"先强后大"的逻辑，比如，在企业生命最脆弱的时期，决策者不顾企业的生存问题，提出不切实际的战略设想，贪大求全，过多消耗了企业的宝贵资源，造成企业的"夭折"。再比如，企业凭借偶然的商业机会形成一定的经营规模，却没有培养自己的核心竞争力，又盲目进行多元化经营，一旦遭遇市场竞争不利的情况，可能出现业务相互掣肘和企业资金断流的情况，导致企业的"英年早逝"。

与"先强后大"的一般逻辑相比，"先大后强"属于企业强大之路的特殊逻辑。这种特殊的企业强大逻辑，是指企业先抢占市场空白地带，迅速构筑商业网络关系，在抑制对手发展势头的同时，提升自己产品的影响力，从而实现做强企业的目标。这种特殊逻辑一般发生在某个商业市场的空白时期，企业们围绕创新产品的标准进行殊死的商业竞争。例如，在松下公司和索尼公司关于录像机技术的竞争中，松下首先开放自己的录像机技术 VHS 标准，允许其他企业免费使用这一技术生产录像机及其相关产品，结果，VHS 标准迅速成为录像机市场的通用标准。索尼的 Beta 录像机的技术虽然比松下技术更先进，但是，索尼坚持自己垂直生产，逐渐失去了市场份额的支持。最终，在录像机以及录像带产品的竞争中，松下公司实现了"先大后强"的发展。索尼公司虽然技术先进，但也不得不接受在录像机产业竞争失败的结果。随着这种商业机遇的减少，以及企业决策者在战略决策上的普遍成熟，企业"先大后强"的现象将会越来越少。[①]

在成长的过程中，无论是"先强后大"还是"先大后强"，任何企业都无法同步实现成长的"强"与"大"。企业决策者怎样实现企业"做强"与"做大"的平衡呢？

首先，企业做强与做大必须相互结合。企业"有强无大"，企业的竞争强势便失去意义。只有变大，企业的市场强势才可以变成企业的利润。相反，企业"有大无强"，企业没有办法保护自己的市场份额，也不可能在一个市场中长期生存下去。

其次，先强的企业应该主动寻求做大的机会。任何技术优势或者产品优势都是不能持久的。做强并不是企业成长的最终目的。在做强的基础上，把企业进一步做大，获取最大限度的利润才是企业的战略目的。为了实现这一目的，做强的企业的战略重点是，争取社会资源的支持，迅速推广自己强势的产品与技术，提高企业的市场份额。

最后，做大的企业应该关注企业的竞争能力。应该说，有机会把企业做大本身就是一种"强"。然而，单凭市场机会做大的企业也是最危险的。一是企业战略决策者容易故步自封，二是企业缺乏自我保护市场份额的能力。可见，做大的企业决策者应把提升竞争力作为企业的当务之急。

人们经常把高速成长作为企业经营成功的标志。从长期来看，这种观点是错误的。企业成功的标志是企业"既强又大"。在做大做强企业的过程中，

---

① 毕亚军：《看得懂的李嘉诚，看不懂的王健林》，华商韬略，微信号：hstl8888，2017年7月28日。作者从战略的角度比较了李嘉诚与王健林之间的企业发展之路。作者提出，李嘉诚的企业发展之路属于"稳中求快"，王健林的企业发展之路属于"快中求稳"。李嘉诚的"稳中求快"实质上就是企业发展"先强后大"，代表一般的逻辑；王健林的"快中求稳"实质上就是企业发展"先大后强"，代表了特殊的逻辑。和大多数人一样，作者理解李嘉诚的一般逻辑，却无法理解王健林的特殊逻辑。其实，企业的特殊发展逻辑也不是没有成功之例，只是风险相对较大而已。

很多决策者违背了企业强与大之间的战略逻辑关系，其结果只能是，企业"夭折"、企业"早逝"或者企业大而不强。按照企业"强大"的标准，在人类的商业历史中，企业经营失败的例子总是多于成功的例子。

当然，不管是商业的成功，还是商业的失败，商业的成败主要是战略决策的结果。美国的艾森豪威尔将军曾说："战争的决胜点是在作战指挥室，而非战场。"① 同样道理，商业的决胜点应该来自企业的战略决策室，而不是企业所在的市场。准确地说，商业最终的成败取决于决策者在办公室的战略决定。

实际上，企业的战略决定过程是决策者研究商业的过程。这种研究具体可以划分为三个方面：研究产品的特点，研究市场的状态，研究企业的成长。企业决策者根据对这些商业现象的判断，可以明确三个基本的战略问题：消费者需要什么样的产品？这种产品的市场将发生怎样的变化？企业经营这种产品的成长模式应该是什么样的？企业决策者的判断必须符合商业战略的逻辑。其结论则构成企业战略决策的根据。凡是没有战略逻辑的支持，企业的战略活动没有成功的道理，决策者也将失去战略决策的底气。

企业决策者在战略上雄心勃勃，总是基于坚定的逻辑判断。这些逻辑包括哪些内容呢？确切地说，商业生活的复杂性决定了企业战略逻辑的丰富而神秘。本书关于战略逻辑的讨论，只是企业战略逻辑体系中的冰山一角。大量的战略逻辑出现在海量的个体战略决策过程之中。在个体的战略思考过程中，企业决策者需要反复提问自己：这次战略行为的逻辑是什么？只有在战略逻辑上具有清晰的判断，决策者才能真正拥有战略成功的信心。

商业活动是以成果论英雄的。从商业的结果来看，战略逻辑只是说明企业行为具有商业道理，并非预测企业未来必定成功的根据。做个比喻，当人抛出一个物体时，根据逻辑的判断，被抛出的物体总会在前方的某一地点落下，但是，物体最终落在哪一个点上，还会受到风向等许多非逻辑因素的影响。结果，物体的最终落点就变成不确定的。企业的战略决策行为远比人们

---

① 转摘自〔美〕米歇尔·罗伯特：《战略是领先思维训练》，林宜萱译，东方出版社2010年版，第3页。

的抛物行为复杂。企业决策者单凭一种战略逻辑就断言商业的成功与失败，未免太简单了！就像抛出的物体落地一刹那间的偶然性，商业成功最终也会受到许多非逻辑因素的影响。

　　既然商业的成功包含逻辑因素和非逻辑因素，那么，企业决策者的战略思维不仅具有理性的特点，而且还应该具有赌性的特点。也就是说，在理性的战略思考之外，企业决策者必须学会应付商业的意外情况。企业决策者怎样赌赢自己的商业对手？我们需要进一步讨论企业战略思维中的博弈现象。

第六章　战略博弈

博弈理论来源于人类的游戏活动。在游戏活动中，游戏参加者需要判断形势并做出行为选择，以求在游戏比赛中能够胜出。其中的形势判断与行动选择，可以统称为"博弈"。游戏的结果主要取决于参加者的博弈能力。后来，人们发现，政治活动、军事活动、经济活动以及体育活动等社会活动也具有游戏的特征。人们参与这些社会活动，也需要游戏的技巧来赢得胜利。

为了探索游戏技巧的普遍意义，有人开始总结游戏活动中准确判断与理性选择的规则，逐渐形成关于博弈行为的理论，简称"博弈论"（game theory）。概括地说，博弈论是人们在互动关系中判断形势以及选择行为的普遍规则。此外，针对某些特别的游戏活动，人们总结出一些特殊的博弈理论，比如军事博弈论、体育博弈论、商业博弈论等等，它们分别反映了这些专项活动的技巧和规则。无论是一般的博弈理论还是特殊的博弈理论，博弈理论代表了人们游戏活动经验的总结和应用。人类的博弈文化源远流长。

在古代社会，博弈理论已经出现并开始发挥作用。例如，我国战国时期的"田忌赛马"就属于一种典型的博弈技巧。进入现代社会，人们首先将博弈作为数学研究的一种现象。当博弈论从数学的象牙塔中走出，进入人们的经济和商业分析过程，博弈论的经济价值才最终表现出来。1944 年，数学家约翰·万·纽曼和经济学家奥斯卡·摩根斯特恩合著的《博弈论和经济行为》发表，标志着博弈的经典理论形成。

博弈论应用的经典案例是数学家约翰·纳什提出的"囚徒困境"（prisoner's dilemma）。所谓囚徒困境，描述的是两个被逮捕的嫌疑犯面临的刑罚对策博弈。具体的博弈过程简述如下：

囚徒困境中的两个疑犯只有选择招供或者不招供两种行为。按照法律规定，如果其中一人招供，另一方不招供，那么，警方可以赦免招供者的罪行，不招供的则被判处死刑；如果双方都招供，双方均被判处无期徒刑；如果双方都不招供，警方又找不到任何证据，双方就可能被无罪释放。两个疑犯被分别羁押，无法沟通交流。陷于困境的囚徒应该怎样进行博弈呢？一共可以得出四种结果，即甲方招供，乙方不招供；甲方不招供，乙方招供；甲、乙双方都不招供；甲、乙双方都招供。按照对自己最有利的选择，其中一种结果的可能性最大，那就是双方都主动招供，但博弈的结果对双方都不利，最终的博弈结局是双方的"非合作平衡"。

　　纳什提出的囚徒困境，只是对博弈进行了简单和抽象的说明，其理论意义大于实践意义。在人类社会中，博弈现象广泛存在于不同的生活领域，博弈内容也丰富多彩。博弈的基本原则是，面对游戏结果的或然性，博弈者应该对游戏的形势做出全面分析、理智判断，然后决定自己的合理行为，利用自己的优势博取游戏的成功。博弈的一般步骤可以分为，首先是确定和谁进行博弈；其次是对优势进行判断；最后按照理性的原则决定行动。人们博弈的心理活动，可以描述成这样一种思维模式，"假若……，结果……，反之……"，或者"条件……，行为……，否则……"。总之，博弈充满了行为选择的可能性。这决定了博弈者思维灵活的必要性。

　　商业游戏是人们对商业活动的形象描述。与社会的其他游戏行为相比较，利益是商业游戏的主要目的，交易是商业博弈的基本行为。在商业游戏中，由于利益的诱惑，人们的交易经常出现一些意想不到的因素，因而导致一场商业博弈的成功或者失败。即使博弈者事前已经知道这些因素的存在，但其中一个因素的微小变化，再经过一系列利益环节的发酵和扩大，也可能引起交易过程出现各种意外情形，结果远远超出博弈者的设想。

　　对于大多数企业来说，比如生产企业，商业游戏是一种组合式的游戏活动。除了企业之外，这种组合式商业游戏的参与者还包括：消费者、同行企业、供应商、代理商等。企业分别与这些商业游戏参与者之间发生相互的博弈行为。这样，企业整体的商业博弈活动实际上可以分解为不同场景的博弈行为，即企业与消费者的博弈，与竞争对手的博弈，与供应商的博弈，与经销商的博弈，它们各自的博弈内容和原则存在明显的差别。

　　在商业游戏之外，企业可能参与某些非商业性质的游戏，比如，企业与政府机构、社区或者工会组织之间的博弈。对于企业的战略决策者来说，企业博弈的最终结果是一系列商业的和非商业的博弈行为的叠加情形。这就是商业预测为什么比天气预测还要困难的主要原因。

　　从博弈的角度观察，企业的商业活动与决策者的战略选择，完全符合游戏的特征和赌博的特点。游戏情节和博弈条件的变化，致使原本已经确定的企业战略变得不再确定，战略在变与不变的交错中显得扑朔迷离，这种现象可以称为"战略博弈"。虽然战略博弈出现在企业的商业游戏活动之中，但是，企业的战略博弈不同于一般的商业博弈。它具有三个明显特点。

　　第一，战略博弈是为了"企业愿景"的实现。从战略博弈的目标来说，企业战略决策者总是预先设定了未来的"发展愿景"，并决心为此舍弃当前的某些利益。

　　第二，战略博弈是关于企业根本利益的选择。战略博弈行为就是为了博取企业的根本利益。因此，普通商业博弈表现为"博傻"，战略博弈常常表现出"傻博"。

　　第三，战略博弈是涉及商业最终成败的决定。企业的战略博弈过程充满了风险与未知。尽管决策者努力将企业博弈风险最小化。可是，企业的战略博弈往往演变成一种战略悖论：最可能的商业成功往往面临最可能的商业失败。企业的战略决策者要么成为一个彻底的"傻瓜"，要么成就一番宏大的事业。

　　从商业结果来看，企业的战略博弈就是一场商业战略决策的赌博。企业博弈的成功可能就是一种运气。企业决策者在战略上必须具有愿赌服输的豪气。①

---

　　①　据《苏盟管理咨询》（微信号：sumeng-consulting）2018 年 4 月 2 日转发的消息，2018 年 3 月 29 日，在"融创中国"2017 年度的业绩发布会上，面对记者提问乐视投资失败的感想，董事长孙宏斌这样回答："这个社会应该宽容这种失败，……我们去年投了 165 亿元，脑袋都断了。我从来没有后悔过任何事，我也检讨了，这是一个失败的投资。我今天给股东做一个检讨，对于我来说，我的团队比股东更重要，做生意肯定有输有赢，没有失败就没有成功。（投资乐视）是我们转型中的代价，但文化娱乐这个行业还是看好。文化就是诗，旅游就是远方，我们投资的是诗和远方。"孙宏斌表现出的愿赌服输的豪气，的确令人佩服。

　　为了减少战略博弈带来的损害，企业战略决策者需要主动适应商业环境的突变，注意观察那些突变因素的作用，利用战略的调整应对商业环境的变化，努力追求一种更好的商业结果。这就是企业战略博弈的目的。如果说战略逻辑反映企业战略决策的确定性和坚定性，那么，战略博弈则揭示了企业战略决策的易变性与灵活性。从结果来看，企业战略的成败不仅取决于决策者在战略思考中的战略逻辑，而且依赖决策者在战略思考中的战略博弈。

　　不管是喜欢还是不喜欢，对于企业决策者来说，经营的游戏性质、交易的博弈特点以及赚钱的戏剧效果，这些都是必然面对的商业生活。因此，博弈思维构成企业战略思维的重要特征，决策者的博弈水平影响企业战略的效果。

第一节　企业与消费者之间的博弈

　　无论是在实体的商店，还是在虚拟的网店，企业与消费者之间的行为总是表现为一种商业游戏活动。在这种商业游戏中，企业与消费者保持着互动的商业关系，企业向消费者提供产品(服务)，消费者向企业支付产品(服务)的对价。以前，人们愿意将企业与消费者之间的商业关系感情化，比如，企业认为消费者是自己的上帝，消费者也会认为自己是某个品牌企业的粉丝。撩开这层情感的面纱，我们蓦然发现，企业与消费者之间实际上就是一种竞争的商业关系。双方都是为了自己的商业利益才向对方示好，他们之间的交易属于一种典型的博弈行为。

　　消费者是企业博取商业利润的终极对手。在双方的商业博弈中，企业使出浑身解数，其目的就是把自己的产品卖出最好的价格或者最多的利润。反之，消费者千挑万选，只是追求最小的消费代价或者最好的消费品质。长期以来，人们把商业竞争只看作是企业与企业之间的竞争，从而忽视了企业与消费者之间的竞争关系。实际上，许多企业并不是败在对手企业面前，而是败在与消费者的博弈之中。例如，当美国的王安公司死守着日渐衰落的文字处理机市场的时候，王安公司已经失败，因为它已被消费者放弃，消费者更喜欢电脑而不是文字处理机。站在商业博弈的角度，不是生产个人电脑的企业打败了王安公司，就像恐龙不是被哺乳动物打败的一样。只有博赢自己的消费者，一个企业才能在市场中继续生存下去。

企业怎样才能博胜消费者呢？谁也无法提供精确的答案。但有一点非常清楚，对于企业来说，与消费者之间的博弈是一场关键的商业博弈。这种博弈过程从企业选择客户开始，然后，企业与客户之间围绕产品、价格、服务展开一系列的博弈行为。

一、选择客户

在游戏活动的博弈中，博弈的主体不同，博弈的目标存在差异，博弈的结局主要取决于你和谁博弈。基于这一道理，假如能够在消费者群体中选择自己理想的博弈对手，企业通常愿意主动选择，努力寻求优质的客户，将优质客户作为自己的博弈对手。企业尝试寻找优质客户的思路，大致可以分为两个层面：

（一）确定产品的消费对象

适宜所有人群消费的企业产品非常稀少。总有一些消费群体肯定不能成为企业的博弈对手。比如，生产女式内衣的企业不能把男性消费者作为博弈对手，希望男性消费者购买女式内衣，无异于缘木求鱼。不仅如此，由于收入、年龄、性别、民族、地理、宗教、文化等条件的不同，消费目的相同的消费者，在市场上选择的产品也并不相同。这些因素决定企业选择消费群体的方向。只有那些可以消费企业产品的消费群体，他们才有可能成为企业的博弈对手。

明确企业产品的消费对象之后，企业应该主动展示产品的特点，吸引潜在的消费者注意自己的产品。在这方面，现代企业特别强调品牌设计、广告投放、产品促销，其目的是争取更多消费者关注自己的产品。这种博弈思路没有错误，但是这种选择博弈对手的行为需要付出代价。除非是进入市场时间不长的新企业，它们需要从在位企业手中争夺消费者，付出这样的代价是不可避免的。对于已经在市场中经营的在位企业来说，决策者应该关注老客户的需求，谨慎选择新客户。新的消费群体是未知的、不稳定的。企业专门以新客户作为商业博弈的对手，特别是企图用钱砸出一个消费市场，必定增加商业博弈的风险。

聪明的企业决策者喜欢栽下梧桐树，招来凤凰一大群。具体地说，为了聚拢自己的消费群体，企业需要供应一种特别的产品（服务）。企业拥有这种特殊的梧桐树，自然可以招来凤凰——消费者。可惜，大多数的企业决策者不愿下功夫栽树，而把心思花在各种各样的"招凤术"上，其结果可能是，还没有开始与消费者大规模博弈，企业已经走向失败。

（二）选择优质的客户群体

消费群体和客户群体是两个具有差异的概念。在企业产品的消费对象中，消费群体只是可能消费企业产品的消费者，客户群体才是企业产品的实际购买者。只有购买企业产品的客户群体，才与企业进行博弈。当然，即使已经成为企业的客户，这些消费者也不一定成为企业最有价值的博弈对手。按照购买数量的多少以及购买频率的高低，企业的客户可以划分为优质客户、一般客户与垃圾客户。显然，垃圾客户不应该成为企业关注的商业博弈对手。优质客户和一般客户应该受到企业的关注，前者是企业利润的主要来源，后者是企业生存的市场基础。

在企业与消费者之间，商业游戏存在一个普遍的现象：企业从富人身上赚钱比从穷人身上赚钱更容易。于是，富人成为众多企业心目中的财神爷。富人虽然不在乎产品的价格，但是，他们对企业产品的质量与品味相当挑剔。产品是否适合富人的口味，是企业与富人消费者进行商业博弈的前提，何况富人在社会中消费的总量是有限的，那些把富人作为财神爷的企业决策者应该醒悟："财神爷"的钱多，却不一定好赚啊！

相比较而言，社会的中产者既有一定的消费能力，又有消费数量的优势。与社会上的富人相比，中产者的消费水平不是最高的，但他们的消费总量比富人多。而与穷人相比，中产者的消费水平具有明显的优势。一般来说，在消费行为方面，中产者需要优质、体面的产品。这是多数企业经过努力可以满足的消费需求。因此，社会的中产者成为众多企业博弈的理想对手。

　　有时，企业博取的商业利益与消费者的穷富之间没有必然的联系。富人可以购买价格高昂的高档产品，然而，高档产品的经营成本高，产品的销量小，提供高档产品的企业的收益并不一定高。相反，穷人主要消费低档产品，但低档产品的成本低，加之低档产品的销量大，经营低档产品的企业可以薄利多收。只要避开消费群体中的赤贫者，一个企业完全可以把低收入的消费者作为自己的优质客户。

　　企业从社会的消费群体中挑选商业博弈对手，犹如一场海选活动。只要决策者用心选择，企业总是能在茫茫人海之中寻到自己的"意中人"。无论选择的"意中人"属于富人、中产者还是穷人，企业的决策者都可以根据产品的特性以及博弈对手的特点，与消费者进行一场特殊的商业博弈。可悲的是，试图与所有的消费者博弈的企业，或者干脆不挑选博弈对手的企业，在现代商业竞争中，这些不能根据消费者的特点进行博弈的企业，最终只能空手而归。

　　这里所谓消费者的特点，主要是指消费者的消费痛点。在实践中，即使明确了产品的消费对象，决策者也无法完全了解企业产品的消费痛点的详细情况。所以，企业博弈消费者的实际过程，只能是利用自身产品优势或者服务优势，吸引足够多的消费者加入博弈活动，经过不断筛选与调整，争取最多的客户和最大的收入。

二、企业的产品优势

　　企业与消费者之间的游戏，是一种类似于"玩跷跷板"的商业游戏。消费者与企业分别居于跷板的两端（即市场交易中的买卖位置），他们博弈的目标都是追求自己一端的商业优势。这种商业跷板游戏与儿童跷板游戏的玩法正好相反，其规则是以"己方翘起而对方落下"为赢。如果企业或者消费者一方高高跷起来，那么，跷板落下的一方直接输掉游戏。如果跷跷板是平衡的，说明游戏的双方难分胜负。在绝大多数的市场中，商业游戏的跷跷板是倾斜的。如果企业一方翘起，我们通常称之为"卖方市场"；如果消费者一方翘起，则称为"买方市场"。根据这样的商业游戏规则，只要其中一方的游戏参与者数量太多，另一方就可以轻松赢了这场游戏。①

　　显然，企业要想在游戏中胜出，最有效的博弈方法是鼓动更多的消费者站上跷板。例如，在中国的房产市场中，当 1999 年政府宣布取消福利分房制度后，房产的消费者可以参与两种商业游戏：买房游戏或者租房游戏。非常不幸，中国的消费者更愿意参与买房的游戏。从结婚房、学区房、改善房、养老房一直到投资房，人们以不同的身份参与买房游戏，大量的买房者不断地站上跷板的消费者一方，于是，房产企业的一端高高翘起。结果，房产企业在这场游戏中几乎是"不搏而赢"。企业与消费者之间的跷跷板游戏也会出现相反的情况。例如，在 20 世纪 90 年代，当更多的中国企业涌向彩电生产的商业游戏时，彩电最终卖出了"白菜价"，彩电的消费者轻松获胜。

　　企业与消费者大量集中在跷板一端的情形，只是某些产业发展的个别现象。从普遍情况来看，双方的博弈经常处于一种胶着状态。这时，企业和消费者寻求跷板稍微倾斜的机会，或者挤到跷板的有利位置，争取一次更好的博弈局势。如果要实现这样的游戏局面，企业只有掌握更多的博弈筹码，才能吸引更多的客户。其中，产品优势就是企业吸引和博弈消费者的主要筹码。

　　产品差异性是企业拥有的最重要的产品优势，这主要是指企业产品表现出来的特别优点，比如，产品的质量、品牌、功能、产地等，每个优点都可以形成独立的产品差异性。其中，产地是产品的天然优势，像波尔多葡萄酒、烟台苹果，消费者对于特殊产地的产品趋之若鹜，企业抢先占有这些商业资源，就等于抢到与消费者博弈的筹码。没有这种筹码的企业可以通过技术与管理，实现产品在功能与质量上的差异，以及在此基础上形成品牌差异，像青岛牌啤酒，也能够给企业带来大量的博弈筹码。相比较而言，企业产品的文化差异性是一种特殊的筹码，它能够吸引某种特别文化的爱好者加

---

　　① 目前，企业与消费者之间的"跷跷板"游戏已经进入互联网时代。在互联网时代，企业与消费之间游戏的场景发生变化，由过去"有限的交易空间"变成现在"无限的网络平台"，从而导致游戏过程中的信息发布、商品选择、价格比较更加便利和透明，游戏的优势明显转向了消费者。创新的企业为了博胜消费者，对线上和线下进行双向投资，努力探索新零售的技巧。展望未来，新零售的成功必须保证消费者更便宜、更方便、更舒心地参与跷跷板游戏。

入博弈过程。

当企业产品差异性受到冲击的时候，产品价格的诱惑就可以成为产品的主要优势。买东西不是捡东西，消费者购买产品需要付出一定的货币代价。一般来说，价格弹性可以帮助企业吸引更多的客源。毕竟，消费者既喜欢物美，也喜欢价廉。然而，廉价的弹性不是无限的。对于富裕的消费者来说，继续廉价的产品可能失去消费的心理价值；对于贫穷的消费者来说，追求低价的欲壑难填。假若产品价格低于成本，企业运用降价方式赢来的筹码并不能换成企业的赢利，而赢利才是商业博弈的目的。聪明的企业不是简单地利用低价吸引消费者，而是采用价格灵活性，比如，折扣、赠送、奖励、最惠顾客条款，即通过在一定价格水平之上的价格变化，诱惑市场中的消费者。企业与消费者之间的价格博弈没有透明度，完全透明的价格可能失去对消费者的诱惑力。有意思的是，企业为了在低价竞争中生存而降低成本，很可能伤害产品质量，结果企业输得更快。相反，企业利用较小的成本提高客户对产品的满意度，则会赢得更多筹码。可见，产品的价格优势最终是产品的"性价比"优势。

除了产品差异和价格优势之外，下列因素常常影响企业与消费者之间的商业博弈行为。

一是购买习惯。购买习惯是指客户愿意经常性购买某一产品的行为特点。这种消费的惯性可以视为客户送给企业的博弈筹码。人们不愿意改变自己的习惯，这是一种普遍的生活现象。对于企业来说，客户形成购买习惯，就意味着企业可以在一定程度上锁住客户。随着中国消费水平的提高，安全、健康、时尚、文化成为决定客户购买习惯的主要因素，特别是当企业品牌成为某种时尚文化时，比如，可口可乐的美国文化，同仁堂的中医药文化，非常容易促成客户的购买习惯。企业决策者需要关注消费者的购买习惯以及这一习惯的变化，从而不断调整企业的产品特色和商业模式。

二是选择成本。选择成本是指消费者搜寻满意产品所付出的代价。质量与价格是产品让顾客满意的两个重要因素。可是，质量与价格都是可以相互比较的概念。对于消费者来说，在质量方面，没有最好的品质，只有更好的品位；在价格方面，没有最低价，只有更低价。假如消费者无法选择产品，或者搜索产品的成本太高，消费者就容易接受当前的产品质量与价格。在网络购物市场，专门的"比价网站"可以免费为消费者提供不同购物网站的产品质量评论和价格对比，企业在消费者面前很容易失去博弈的优势。反之，在区域性的实体商店中，货物的摆放空间有限，企业有机会占据商店有限的货物摆放空间，等于把进入商店购物的消费者限定在一定的选择范围之内，这时，无论从产品质量还是从产品价格方面，客户没有多少筹码与企业博弈，企业非常容易赢了自己的客户。

三是转换成本。转换成本是指客户转用其他产品所造成的麻烦与损失。在企业与消费者的交易中，绝大多数的产品并不存在转换成本问题。但是，某些特殊产品的情况可能就不一样，比如，消费者更换自己的电话号码，放弃熟悉的电脑软件，辞退自己的私人医生等，这些特殊消费行为的转换往往造成消费者的生活不便，甚至产生一些安全性的问题。客户不愿轻易改换自己商业博弈的对手，这等于消费者为企业奉送博弈的筹码。

在与消费者博弈的过程中，企业利用产品差异性和价格灵活性可以赢取博弈筹码，消费者因为购买习惯和转换成本送给企业一些博弈筹码，选择成本实际上限制了消费者利用自己的博弈筹码。企业手中积累的博弈筹码越多，消费者对企业的忠诚度越高。对于企业来说，赢了消费者就可以赢得天下。一旦缺少了产品优势，要想博赢自己的客户，企业必须增加服务筹码，从而弥补博弈筹码的不足。

三、企业的售后服务优势

在企业与消费者的博弈中，企业利用产品的优势吸引消费者下注，并尽可能完成交易。消费者为这些产品付出对价之后，企业与消费者之间的游戏和博弈并没有完全结束，而是一直延续到了产品的消费过程。

当产品的消费过程开始后，消费者可能因为产品的使用、维护、保管等问题向企业提出求助，根据合同或者惯例，企业向客户提供保养、修缮、更换、咨询、培训、指导等服务行为。这些服务行为发生在企业出售产品之后，通常被称为"售后服务"。从性质来判断，售后服务就是企业与消费者之间后续博弈的筹码，它可以为企业博来"回头客"。相对于"拉新客"的费用来说，企业与老顾客的后续博弈成本是比较低的。作为企业与消费者博弈的一种筹码，售后服务的博弈优势主要表现在以下几个方面：

1.售后服务可以为客户提供完美的产品体验。企业与消费者的商业博弈，实质上是企业取悦消费者的过程。凭借产品的优势，企业可以吸引消费者参与游戏和博弈。当产品交换行为完成后，双方的博弈行为宣告结束，企业从客户身上赢来的筹码已经变成利润。可是，这仅仅是企业与消费者之间的一次博弈，企业也只是博取了一次利润。对于在市场中博弈的企业来说，只有连续博弈，企业才能够从消费者身上获取源源不断的利润。如果双方连续博弈，企业需要继续取悦于自己的客户。企业协助客户实现对产品的完美消费，就可以进一步取悦客户，为双方的再次博弈创造条件。

有人认为，最优的产品无需服务，最好的服务不用后续服务。这种观点听起来有些道理，实际上，任何企业都是做不到这一点的。企业可以努力减少售后服务，但无法完全避免售后服务。在售后服务方面，聪明的企业是向客户提供免费和温馨的售后服务，帮助客户感受产品的完美程度。客户对于产品的美好感觉，可以诱导客户重新回到与企业的商业游戏之中。虽然售后服务需要投入成本，但售后服务可以黏住更多客户，企业能够享有更多的博弈机会。

例如，小米手机成功的秘诀，不仅表现在小米公司通过网络研发和销售手机，而且得益于小米的售后服务。小米公司曾投巨资创办"小米之家"，设立1700个客服席位，拥有2750人的售后服务团队。这是竞争对手的服务规模的10倍。优质的售后服务确保了小米手机的口碑。可是，小米的这种战略基础性（举措）被人们普遍忽略。[①]

2.售后服务可以赢得消费者的同情。提供完美的产品或服务，这可能只是企业经营的一种理想。对于长期经营的企业来说，产品或服务存在瑕疵是一种无法避免的现象。当客户遭遇产品或服务的瑕疵时，瑕疵肯定影响他们的消费心情，还有可能引起他们的不满，以至于减少或者取消与企业继续博弈的机会。售后服务实际上就是企业对客户的一种心理安抚过程。这时，售

---

① 赵政：《吴革：从小米案例看"互联网+"模式的落地》，《中国经营报》2015年6月22日。

后服务人员的态度、言辞和行为就是企业博弈消费者的优势。他们诚恳的态度、温馨的语言以及热情的行为，可以消除客户对企业产品的误解，对企业经营的误会，以及对企业形象的误判。

在企业产品优势不足的情况下，完善的售后服务可以为企业博弈加分。例如，中国的海尔公司一句"服务到永远"，曾感动了无数的中国消费者，优质的售后服务也成为海尔与消费者持续博弈的重要筹码。

3. 售后服务可以为企业提供创新机遇。在售后服务的过程中，企业的服务人员可以发现产品存在的缺陷与不足。如果能够克服产品缺陷，并顺势推出改良的新型产品，企业就可以为新的博弈增加筹码；如果针对现有产品的不足，研究并发现有替代产品，企业还可以与消费者展开新的商业博弈。最重要的是，售后服务提供的创新机遇，企业的竞争对手是无法分享的。

正因为如此，优秀的企业愿意进行专项投资，建立完善的售后服务体系，严格监管售后服务过程，努力提高服务人员的待遇，充分重视和利用服务环节的反馈信息。

总之，售后服务可以为企业博弈消费者继续添彩。但是，企业的服务优势无法替代产品优势。试图将售后服务作为企业博弈消费者的主要筹码，这种观点对企业的长期发展来说是有害的。

商业博弈有时表现得相当残酷，某些企业可能根本没有与消费者博弈的机会。导致这一结果的原因，恰恰不是因为企业手中没有与消费者博弈的筹码，而是竞争对手抢走了企业与消费者的博弈机会。因此，在与消费者博弈的同时，企业还需要和竞争对手展开一场同行之间的商业博弈，争取与消费者博弈的机会。

第二节　企业与同行对手之间的博弈

假若商业游戏是一种比赛行为，那么，企业与消费者之间博弈是论（利益）输赢的，而企业与同行对手之间博弈则是分（行为）胜负的。在企业与同行对手的博弈过程中，那些博胜的企业可以留在商业的跷跷板上，继续与消费者进行跷板游戏博弈；而失败的企业则可能被挤下跷板，失去与消费者博弈的机会。如果企业与同行对手在博弈中互有胜负，根据胜负的程度，企业不断地改变着自己在商业跷跷板上的位置。企业在商业跷跷板上的位置是否有利，直接影响企业与消费者博弈的形势。可见，企业与同行对手之间博弈的胜负状况，决定企业与消费者博弈的机会与形势。

一般的竞技比赛，通常需要根据参赛运动员的水平，划分比赛的级别。与此相似，企业之间的商业博弈也分为不同等级，大象级别的选手与蚂蚁级别的选手肯定不在同一比赛场地。蚂蚁无法撼动大象，同样道理，小企业无法取胜大企业。只有选择合适的竞争对手，企业才能与同行企业展开一场实实在在的商业博弈。

即使走进一个理想的比赛场地，这也不意味企业一定能够取得博弈比赛的胜利。企业之间博弈的胜负最终取决于自己的竞争优势。这里的"竞争优势"，相当于竞技比赛中的"绝招"。在企业与同行对手之间的博弈比赛中，不同产业的市场以及产业发展的不同时期，企业博弈成功所需要的竞争优势是不同的。但是，企业博弈成功的优势具有一个共同特点，即其拥有的市场优势，恰恰是对手们所没有的市场优势。依靠独有的竞争优势，企业才能在博弈中战胜自己的同行对手。这是同行企业博弈的普遍特点。

有的时候，缺少竞争优势的企业在市场博弈中也可能活得不错。企业之间博弈的妙趣在于，博弈者无法事先准确判断哪种筹码是决定性的，博弈的各方通常需要轮换下注，一直到彼此分出胜负。在长期的博弈过程中，竞争优势可以影响企业交易的机会存在某些差别。但这并不意味着，那些没有优势的企业完全失去交易的机会。商业世界经常出现这样一种情况：与同行博弈失败之前，凭借行业的整体营利性，一个没有竞争优势的企业照样可以赚得盆满钵满。在这一过程中，经营效率可以弥补竞争优势的不足，帮助那些在竞争中处于劣势的企业继续博弈。

从大多数行业的发展来看，一个企业既没有市场竞争的优势，又缺少经营效率的优势，最终将彻底失去参与商业游戏的资格。

一、选择对手

企业与同行对手之间的比赛更像一种"擂台赛"。在这种商业擂台赛中，对手们通常已经站在擂台上，面对眼前的商业擂台，一个企业只能做出两种截然不同的决定：加入比赛，或者不加入比赛。加入比赛，企业就要登上擂台与对手比出高低；不加入比赛，等于企业放弃了比赛机会。这是同行企业博弈的重要特点。

也就是说，凡是选择了一个具有诱惑力的市场，企业也就确定了自己的商业竞争对手；凡是看到了自己的竞争对手，企业决策者也只能做出一个明确的商业决定。这种选择和决定的后果是非常严肃的。在企业登上擂台之前，战略决策者需要认真思考以下问题：

1. 企业是否拥有市场竞争的优势。商业比赛与一般的竞技比赛不同。一般的竞技比赛只是分出胜负。但是，商业比赛却有所不同，胜者可以赚得盆满钵满，败者可能要赔个精光。另外，企业与同行对手之间的比赛没有预赛，登台的企业选手们必须一鼓作气，直到将竞争对手打服，才可以作为胜利者继续留在台上。那些没有明确优势的企业仓促进场，其结果只能是落荒而逃。一般来说，在与对手企业博弈时，选手们应该对自己的优势了如指掌。这些优势可以是资源优势、技术优势、生产优势、地理优势等，我们统一称为企业的"竞争优势"。中国有句古话：没有金刚钻，不揽瓷器活。企业在选择博弈对手企业的时候，竞争优势相当于企业手中的"金刚钻"。

假如企业手里没有金刚钻，决策者果断地放弃或者退出商业比赛，这未必就是一件坏事。人们完全可以做出另外的商业选择，还可能避免盲目投资的损失。有时，市场的诱惑足以让那些缺乏战略智慧的决策者不顾一切，闯入一场没有任何胜算的商业比赛。他们的理论根据可能是"站在风口，猪也会飞"。可惜他们忽略了一个明显的后果，大风过后，摔死的也是猪。

2. 在位企业是否具有竞争的缺陷。游戏的博弈是一种互动式的应变行为。在企业与未来对手博弈之前，决策者必须了解对手企业的优势与劣势。通常，对手企业的优势是容易发现的。如果一个企业决策者只看到竞争对手的优势，这个企业可能永远没有登上擂台比赛的机会。与发现对手的优势相比较，企业决策者发现对手的缺陷更加重要。对手的缺陷就是自己企业在博弈中胜出的机会。假若企业的竞争优势恰好可以解决对手企业的市场缺陷，企业的决策者就更加坚定博弈的信心。

怎样发现对手的缺陷呢？企业决策者可以尝试这样一些途径：体验和分析对手的产品，可以发现对手产品的不足；走访对手的客户，倾听他们对于竞争对手的抱怨；关注有关对手的市场评论，特别是那些负面评论和批评报道，这说明对手企业的缺陷已经非常严重。企业选择同行对手的普遍原则是，只要挑对了博弈的对手，企业博弈的行动就成功了一半。

3.市场是否留有企业生存的空间。企业与同行对手之间博弈最终是博取一种商业的生存机会。面对一个没有壁垒保护的市场，即使企业拥有战胜对手的竞争优势，这也是一种十分危险的选择。一般来说，没有壁垒保护的市场是企业自由进出的市场。太多的企业涌进市场，挤在跷跷板的卖方一侧，改变了企业与消费者之间的博弈局势，消费者可以不博而赢。面对消费者的博弈压力，企业之间的价格战、口水战将会接连不断。这时，站在跷跷板上的企业之间是一种没有胜利者的残酷博弈。相反，市场进入的壁垒坚固，市场中的在位企业不多，一旦进入这样的细分市场，企业生存的空间很大，但没有竞争优势的企业是无法进入的。除了完全开放的市场和完全垄断的市场，企业在一个市场的生存空间的大小，主要取决于企业自身的竞争优势。

在判断市场生存空间方面，企业经常面临两难选择：当市场中的对手太多时，企业进入市场可能面临商业过剩的危险；当市场中的对手太少时，企业可能面临进入市场的壁垒困难。是选择进入市场后的危险还是选择进入市场时的困难，这不仅取决于企业的竞争优势，而且还依赖决策者的商业智慧。①

对于战争游戏，军事战略的决策者最担心，自己的军队在错误的地方，与错误的敌人打了一场错误的战争。假如把战争游戏换成企业之间的商业游戏，也是这个道理。在企业与同行对手之间的商业博弈中，"错误的地方"就是"没有生存空间的市场"，"错误的敌人"就是"没有竞争缺陷的商业对手"，"错误的战争"就是"没有竞争优势的博弈"。由此可以推测，一个企

---

① 有些时候，企业决策者选择市场的智慧是"不选择"，比如，狭小的社区已经有人开设小型超市，最好的战略就是不要进入这种零售市场，让小超市保持垄断地位，自己再做其他选择。

业在一种没有生存机会的市场，同一个没有缺陷的竞争对手，进行了一场自己没有优势的博弈比赛，这样的商业博弈将会是什么结果！

二、同行企业博弈的竞争优势

在讨论企业与同行对手之间博弈的优势问题之前，我们首先做出一种假设：企业与对手在商业上具有相似性。这种商业相似性主要包括：它们在产品以及技术上具有相同的特点；面对的是同一消费群体；博弈的目标是相似的。这三个方面的商业相似性表明，企业与同行对手之间的博弈，是一种相同级别的企业之间的商业博弈。基于这一特点，同行企业间博弈的性质属于一种"零和竞争"。在某些特殊情况下，同行企业在市场中博弈的残酷程度，并不亚于战场上敌我之间的生死博弈。其中的商业失败者因为失去市场份额而消失在市场之中。但是，同行企业的博弈失败者不是真的死掉，失败者完全可以从某一市场退出之后，重新进入另一市场。

这种现象决定了同行企业之间的博弈没有开头，也没有结尾。正如我们在真实的商业世界中所看到的那样，市场上每天都有准备开张的企业，也有正在关门歇业的企业。在退出市场之前，一个企业几乎用遍自己所有的招数，以求在市场竞争中获得更多的交易机会。

市场地位是同行企业间博弈的首要目标。在市场地位方面，企业与对手之间进行的是一种"进入／分享"的博弈行为。多数情况下，一种市场的生存空间总是有限的。新的企业进入市场，必然分享在位企业的市场利润，侵蚀它们的市场利基，挤占它们的生存空间。于是，新进企业与在位企业之间经常围绕市场地位进行博弈。一个企业想要进入某个市场，说明这个市场具有某种诱惑力。聪明的在位企业常常掩盖市场的营利性，以便打消其他企业进入市场的念头，比如，改变产品的暴利形象，走"平价"路线。从长期来说，一个市场的诱惑是遮挡不住的。那些优秀的在位企业开始加强市场进入的壁垒，试图挡住市场的后来者。然而，进入壁垒只是代表进入市场的困难，并不是无法逾越的鸿沟。市场应该是企业生存的共同空间，并不是在位企业的私有资源。在市场经济中，任何企业都可以凭借竞争优势进入一个开放的市场。

除了具备一定的竞争优势之外，新进企业和在位企业展开博弈，还需要采取灵活的博弈策略。

第一，表达坚决进入市场的决心。进场企业要发出明确的信号：自己不会轻易放弃机会，并有能力接受任何竞争的挑衅。

第二，选择市场的边缘部分。进场企业尽量做一个乖巧的孩子，不要抢占在位企业的主要市场，也不能随意激怒在位企业，尽可能把自己进入市场的冲击力平均地分散在不同的在位企业身上。

第三，接受市场的游戏规则。新进企业要顺从现有的市场游戏规则。假若在位企业利用市场规则压制新进的企业，在位企业将会遭受更大的损失。如果容纳一个企业比驱赶这个企业更划算，在位企业一般都会接受新进入的企业。

无论怎样，企业进入市场都是一种危险的挤占行为。新进企业必须保持足够的耐心与灵活性，才能在新市场中找到立身之地。一般来说，合理的微利与竞争地位缓慢提高相结合，是企业进入一个热门行业的普遍过程。新进企业需要保持低调。即使具备相当的竞争能力，新进企业也无须破坏市场的营利性，就像一头野牛进入瓷器店撞坏瓷器那样，这样的企业是无法分享产业利益的。

当企业与对手已经站在同一市场的时候，同行企业之间博弈的目标就转成市场份额的争夺。在市场份额方面，企业与对手之间进行的是一种"价格／产量"的博弈行为。市场份额代表企业在市场中的生存能力，价格和产量是企业博取市场份额的两个基本因素。当企业之间的市场份额相对稳定时，首先降低产品价格的企业就会扩大自己的市场份额。只要产品的价格仍然在成本之上，主动降价的同时又努力提高产量，企业完全可以消化降价对利润的影响，反而能够增加企业的总收入。于是，同一市场的企业纷纷加入"降低价格／提高产量"的博弈行为。从短期来说，个别企业利用降价可以换来自己市场份额的增长。但是，从长期来看，企业间的降价／增产博弈逐渐演变成一种持续的价格混战，市场总供给终将超过市场的总需求，造成企业整体的生存环境恶化。

假如产品价格普遍降到成本以下（或者接近成本），企业间的降低价

格 / 提高产量博弈将自动调转方向，转换成一种"提高价格 / 限制产量"的博弈。在企业普遍亏损的情况下，只要其中某个企业发出涨价信号，大多数的同行企业自然跟随涨价，即所谓企业在市场上的"报复性涨价"。这是一种企业之间的价格合作博弈。但是，那些产能过剩严重的企业可能主动减缓涨价步伐，以求彻底扭转经营亏损的局面。最终，同行企业的"提高价格 / 限制产量"博弈遭遇"囚徒困境"，每个企业的理性博弈行为导致企业之间的非理性不合作，让市场持续涨价的希望化为泡影。

以市场份额为目标的企业博弈，总是以企业之间的降价 / 增产的博弈行为开始，又以涨价 / 减产博弈行为的失败结束。大多数的产品市场反复经历了这种残酷的博弈过程。只要行业存在显著的固定成本和可变的消费需求，企业之间的价格战争几乎无法避免。假若在一个细分市场中的企业足够少，并且这些企业的决策者足够聪明，企业之间关于市场份额的博弈才会由残酷的价格竞争转向良性的品质竞争。保持这种良性博弈，企业的战略决策者必须坚持的原则包括：一是，企业不要盲目扩大市场份额；二是，企业不要轻易将价格降到成本以下；三是，企业主动配合竞争对手的涨价行为。

显而易见，这些博弈原则并不具有普适性。按道理来说，企业之间的良性博弈可以优化市场环境，有利于市场中的每一个企业。然而，人性的丑恶往往破坏市场环境。这就像人与居住环境的关系一样，每个人都需要生活环境的安全舒适，但个体为了自己生活的改善，总是可以找到某个借口破坏大家的生态环境，结果人类的生态环境可能遭到严重的破坏。在商业世界中，每个企业都希望扩大自己的市场份额，从而不顾一切地降低价格，或者盲目增加产量，造成市场环境整体恶化，最终每一个参与博弈的企业都要吃尽苦头。

当市场份额的博弈机会减少时，企业一般会转向抢占资源的博弈。在市场资源的瓜分方面，企业与同行对手进行的是一种"利润 / 成本"的博弈。企业获取利润必然付出成本。当成本提高时，企业的利润必然降低；相反，当成本降低时，企业的利润必然提升。由于某些市场资源的稀缺性，所以，一旦某个企业抢占稀缺的市场资源，必然推高竞争对手的经营成本。这样，企业在提高自己利润的同时，也削弱了同行对手的赢利能力。

企业与同行对手之间的固定成本是相似的。因此，企业与对手间的"利润 / 成本"博弈主要集中在可变成本方面。这种博弈主要可以分为以下两种情况：

其一，原料成本方面的博弈。在市场原料紧张的时期，一旦控制了生产原料的供应，企业就可能完胜自己的同行。例如，当鲁花公司突然控制了中国的花生果原料时，其他花生油生产企业只好高价进口国外的花生果。这样，鲁花公司凭借花生资源的优势，既可以低价拼杀自己的对手，又可以较低的成本享受高额的产品利润。在酿酒、化工、食品等一些行业中，企业之间经常出现类似的原料博弈行为。

其二，劳动力成本方面的博弈。在低利润市场的竞争中，企业与对手常常展开劳动力成本的博弈，比如，企业主动将生产环节转移到劳动力成本较低的区域，可以博取廉价劳动力的优势。如果对手也将生产转移到廉价劳动力区域时，这种简单的劳动力成本博弈行为就可能失效。在同一区域经营时，某个企业为了降低经营成本而不涨员工的薪水，企业的优秀员工就会流向竞争对手那里。企业缺少优秀员工和经营人才，与对手的其他一切博弈优势将逐渐消失。例如，在房产中介行业，2015 年，链家中介公司的经营规模比爱屋吉屋中介公司的规模大很多，但是，爱屋吉屋将中介人员底薪提到6000 元（链家公司约 4000 元）以上，并可以享受该公司中介收入 60%（链家公司约 30%）的提成，显然，最优秀的房产中介人才将流向爱屋吉屋公司。[①] 在劳动力成本方面，聪明的企业总是能跑赢大盘（即企业工资保持在行业的一般水平之上），留住企业发展所需的人才（对人才实行特殊的薪水制度），把低素质的劳动力甩给竞争对手。

假如以上几种博弈的效果都不明显，说明同行企业在市场地位、市场份额以及资源占有方面势均力敌。这时，企业需要从经营创新的角度继续博弈。在经营创新方面，企业与对手之间进行的是一种"投入 / 风险"的博弈行为。企业在经营创新方面的博弈优势主要表现在三个方面。

第一，产品创新可以帮助企业进一步细分市场，企业依靠在新的细分市

---

① 周丽：《爱屋吉屋演绎房产中介版"狼来了"》，《中国经营报》2015 年 6 月 15 日。

场中的优势压制自己的对手。

第二，通过技术创新带来的效率提高或者成本节约，企业能够拉大与对手之间的成本差距。

第三，业务流程创新可以获得企业整体经营成本的优化，增强企业的综合竞争力。

只要控制好创新的风险，创新企业就能改变在商业博弈中的不利局面。那些害怕创新风险的企业，有可能错过企业创新的时机，这等于送给创新企业一些博弈筹码。

在当代的商业社会中，资本大量过剩，技术发展迅速，信息非常发达，这些条件导致不同级别的企业之间偶尔也会发生商业博弈。比如，大企业侵占中小企业主导的新兴市场；再比如，小企业钻进大企业的垄断市场。这种级别大小不同的企业间的博弈可以称为"超级的企业博弈"。超级博弈属于同行企业之间博弈的一种特殊情形。在超级博弈中，大企业与小企业之间进行的是一种"资本／技术"的博弈行为。大企业凭借资本优势进入某个市场，市场的壁垒几乎没有什么作用。这时，市场中的小企业纷纷让路，以免被大企业撞伤。反过来，强势的小企业可以依靠某种特殊的技术优势分享大企业的市场。例如，在中国的手机市场已经出现过剩的情况下，"小米手机"却以独特的技术方案和商业模式杀入这个行业，与手机的巨头们进行周旋，并取得不俗的经营业绩。

无论是同级对手的博弈，还是超级对手的博弈，同行企业间的商业博弈的基本原则在本质上是相通的。企业要博胜自己的同行对手，决策者必须熟悉这些基本原则。

其一，分析对手的博弈动机。同行企业之间博弈的动机主要来自四个方面：市场地位、市场份额、资源占有、经营创新。企业决策者猜对同行对手的博弈动机，并积极采取预防措施，企业就可能在博弈中获胜，起码可以减少博弈的损失。

其二，判断对手的行动范围。博弈对手采取意料之外的行为，企业就要损失博弈筹码。相反，企业猜准了对手博弈行为的内容，并采取有效的应变行为，对手企业将损失博弈筹码。然而，大多数企业决策者对此麻木不仁。

结果，企业之间的商业博弈往往变成企业之间的商业混战。

其三，学会与博弈对手妥协。企业之间的商业博弈发生在同一个玻璃屋内（即同一个市场）。打破玻璃屋的行为，对任何参与博弈的企业都没有好处。在同行企业之间的博弈过程中，合作可能比竞争更重要。商业妥协是一种博弈智慧。"大家赚钱我更赚钱"，这是同行企业博弈的最好结果。

有的时候，决策者即使懂得以上的博弈原则，也不意味着企业就可以博胜自己的同行对手。说到底，同行企业之间博弈的胜负，主要取决于企业在同一行业内的竞争优势。对于那些没有竞争优势的企业来说，如果要想继续在市场中博弈，它们必须另寻优势的来源。

三、同行企业博弈的效率优势

在同行企业之间的博弈中，拥有竞争优势并在博弈中胜出者属于优秀的企业。优秀企业只是一个市场中的少数，市场中的大多数从业者属于普通企业。长久以来，几乎每一个市场都是由少数的优秀企业与多数的普通企业组成。普通企业参与了市场中的同行博弈活动，它们只是因为没有明显的竞争优势才被称作普通企业。普通企业在博弈中怎样生存？普通企业的博弈筹码是什么呢？答案只有一个：企业的效率。

效率代表企业经营的主观努力程度。在企业与同行对手之间的相互博弈中，效率优势就是指企业比竞争对手更快地完成某项经营活动。具备竞争能力的企业也可能具有一定的效率优势。在这里，企业的竞争能力主要是指企业经营的客观优势和条件。对于缺乏显著竞争优势的普通企业来说，提高效率成为企业参与博弈的主要筹码。这种基于主观努力的博弈优势表现在以下几个方面。

1.效率是企业参与商业博弈的资格。优秀企业不是商业博弈俱乐部的唯一成员，普通企业也可以加入博弈俱乐部，效率就是普通企业进入博弈俱乐部的入场券。有人认为，企业的利润收入来自企业的竞争优势。这是一种误解。在绝大部分市场中，企业只要付出努力都可以获得一定的利润回报。当然，优秀的企业可以凭借竞争优势获得更多的利润。企业之间的差异是，那些效率低的企业需要为此付出更高的经营成本，或者说，它们无法赚取更多的利润。其中的道理非常明显：企业经营行为的效率越低，企业完成经营行为的成本越高；而企业经营行为的成本越高，企业收获的利润则越少。

人们容易忽视商业活动的"合理利润"现象，认为商业博弈就是小的努力博取大的收益，只要施展一定的博弈技巧，企业参与博弈总会获得一份惊喜。其实，商业的博弈并没有人们想象得那么美好，高额利润是一种稀少的现象，"合理利润"才是普通企业的博弈结果。普通企业赚的是辛苦钱。

2.效率优势可以补充企业竞争能力的不足。博弈从来都不是完全平等的对弈行为。在企业与同行对手的博弈中，企业与对手之间博弈条件的相似性，并不排斥企业与对手在博弈能力上的差异性。事实上，企业与同行对手在市场地位、市场份额以及资源占有方面总是存在一些差异。比如，因为进入市场的时间长短不同，在位企业与新进企业在市场地位上具有明显的差别。在位企业的从业时间长，市场经验丰富，具有一定的市场影响力。无论是从业经历，还是商业关系，新进企业都无法与在位企业抗衡。只有努力提高经营的效率，新进企业才可以弥补自己的竞争缺陷。

俗语称：笨鸟先飞。企业与同行对手之间的博弈不是一次性的博弈行为，而是表现为一种持续的博弈过程。正是在持续的博弈过程中，企业之间原先的优势与劣势可能相互转化，落后企业完全可以凭借效率的不断提高，缩短与先进企业之间的差距，乃至超越同行的先进企业。

3.效率可以成为企业博弈的重要筹码。当企业与对手的实力相当，且采取相同的战略行为时，企业之间的博弈结果往往难以预料。最后，鹿死谁手呢？效率或许成为这种博弈的关键筹码。假若企业与对手在资源、技术、产品和地理上的优势难分伯仲，在持续的博弈中，拥有更高效率的企业可以更快地满足市场需求，可以更好地服务客户，可以实现更低的经营成本。这些行为也许都是一点一滴的差异，恰恰是这种由效率带来的点滴优势差异，引发了企业的经营从量变到质变，保证效率更高的企业熬到博弈的最后。经营效率上略逊一筹的企业在长期的博弈中可能功亏一篑。

在经营情况非常接近时，企业与同行对手的博弈往往是在最后一刻分出胜负的。即使最后没有胜出的企业，依靠效率的支持也能走出一段令人感叹的经营之路。从这个意义上说，效率属于一种特殊的企业竞争能力。

可是，作为博弈的条件，效率优势和竞争优势不能同日而语。竞争优势代表企业博弈的客观实力，效率优势则表示企业在博弈中的主观努力。那些同时拥有竞争能力和效率优势的企业堪称"卓越企业"；拥有竞争能力或者拥有效率优势的企业都应称为"优秀企业"；缺乏竞争能力但拥有一般经营效率的企业属于"普通企业"。至于那些既没有竞争能力，也没有经营效率的落后企业，其博弈的结局只有一种：关门歇业。商业世界的市场博弈与自然界的生存博弈是一样的残酷，优胜劣汰，毫不留情。

第三节　企业与供应商之间的博弈

复杂的社会游戏存在一个普遍现象，人们的利益相同，他们博弈的立场和行动必然一致。依据这一观点，我们可以发现，企业和供应商博弈与企业和同行对手的博弈迥然不同，前者是在根本利益一致基础上的博弈，后者则是在根本利益相互冲突中的博弈。假若没有供应商的合作，企业很难博胜自己的同行对手。

当然，在双方分享商业利益时，企业和供应商都会利用各自的市场优势，为自己博取更多的利益份额，利益的一致并不意味可以忽略双方之间的利益分歧。即使存在利益的分歧，企业与供应商博弈的长期目标仍然是"合作"。

在漫长的商业博弈过程中，拥有一些可靠与可信的搭档，是企业取得博弈整体胜利的重要保证。企业在众多的供应商中选择理想的搭档，并与它们顺利合作，需要显示自身的优势。概括地说，企业与供应商博弈的优势是一种"购买者优势"。所谓购买者优势，是指企业在购买数量、购买标准、购买价格以及购买方式等方面的市场吸引力。经过一段时间的相互选择过程，企业的购买者优势可以吸引优秀供应商参与到自己的经营系统中来，从而形成一种商业搭档关系。

利益可以把企业与供应商聚到一起，也可以把它们分离开来。在与供应商的博弈中，假设企业失去购买者优势，供应商便没有与企业合作博弈的兴趣。如果想继续与优秀的供应商合作，企业必须付出一些代价。无论怎样，企业的决策者也应该相信，企业与供应商的博弈是一种"战略合作"。这种博弈的最高境界就是，企业让出一部分商业利益，换取优秀供应商的真诚合作。

一、选择商业搭档

企业不能把供应商视为自己的利润供应者。道理非常清楚，一个企业如果可以获得廉价供应品，企业的竞争对手迟早也能获得这种低成本的资源。从长期来说，企业的利润来自企业的竞争能力以及企业的经营效率。那些妄想长期压榨自己的供应商而获得利润的企业，或者把供应商逼到竞争对手那里，或者直接将供应商逼成自己的竞争对手。

一个好汉三个帮。在企业与消费者博弈中，供应商的优质原料或者配件，帮助企业构成产品的差异化，形成对消费者博弈的产品优势。当企业与同行对手博弈时，供应商在供应数量与供应价格上对企业的支持，成为企业战胜竞争对手的重要力量。由此可见，在商业博弈的征途中，供应商首先是企业博弈的搭档，然后才是企业博弈的对手。

企业应该尊重自己的供应商。在企业之间的博弈比赛中，如果说企业与同行对手之间的博弈是一场"淘汰赛"，那么企业与供应商之间的博弈就是一场"友谊赛"。"比赛"只是企业与供应商博弈的形式，"友谊"才是企业与供应商博弈的目的。企业决策者必须按照搭档的标准，选择自己的供应商。

首先，选择一个业务可靠的供应商。在企业经营过程中，供应商的产品和技术融于企业的产品系统之中。一般来说，供应商提供的优质配料和配件，可以成就企业优秀的产品，相反，一旦供应商的产品或技术出现问题，势必影响企业的产品和服务。例如，日本丰田公司长期与供应商的友好合作，造就了丰田汽车优质低价的竞争力，但是，2010年供应商提供的汽车脚踏板出现质量事故，也让丰田公司在全球的汽车市场中跌了大跟头。

当不同的供应商向企业抛来合作的橄榄枝时，企业应该选择那些业务上可靠的供应商。在这里，"业务可靠"包含一系列的标准，比如，供应的产品技术先进，供应的产品工艺成熟，供应产品的质量合格，供应产品的数量稳定，供应产品的时间准确，等等。业务可靠的供应商，可以为企业整体的商业博弈活动锦上添花。

其次，选择一个商誉良好的供应商。"商誉良好"与"业务可靠"是两种不同的选择标准。业务可靠表示供应商的业务能力出色，商誉良好则说明供应商的行为诚实可信。在复杂的商业环境中，供应商在商务活动中出现龌龊行为的现象比比皆是，比如，一些供应商利用与企业的长期客户关系，进行价格欺诈，以次充好，偷工减料。在良莠不齐的供应商队伍中，企业选择商业博弈的合作者，商业信誉应该是一个重要标准。只有那些珍惜自己商誉的供应商，才是企业可以真正信赖的商业搭档。

倘若决策者在选择供应商时忽视了商誉标准，企业在未来的商业博弈中可能遇到两种麻烦：一是企业管理供应商的成本增加；二是关键时刻供应商可能与自己反目成仇。在充满风险的商业游戏中，只有选择商誉良好的供应商作为博弈搭档，企业的商业博弈之路才能走得更远。

最后，选择一些后备的供应商。供应商是企业的商业搭档，组成这种商业搭档的基本理由就是利益。随着商业利益关系的变化，昔日共闯市场时的搭档，在分享市场利益时却可能成为对手。假设决策者把某项关键业务交由一个供应商完成，就等于把企业放到一个不利的博弈位置之上，供应的危机可能随时发生。

为了防止供应行为发生意外，保持企业与供应商博弈的优势，企业决策者应该未雨绸缪，选择一定数量的后备供应商。为此，企业一方面不断扩大自己的供应关系，另一方面在重要业务上实行主次供应商制，以避免供应过程中发生卡壳现象。

在企业挑选自己的供应商的同时，供应商也在寻找自己的优质客户。对于那些没有购买者优势的企业来说，选择的权利并不在企业手里，而是掌握在强势的供应商的手中。企业接受强势供应商开出的苛刻条件也是理所当然的。这就是游戏的相互博弈的特点。

只要条件允许，企业总是愿意选择自己的最佳搭档，即在业务上可靠以及商誉上可信的供应商，作为产品或服务差异性竞争优势的重要条件。无论供应商是强势的还是弱势的，也无论双方合作的时间长久还是短暂，企业的这种选择可以为整体商业博弈的胜利寻求一种支持力量。

二、购买者优势

在企业与供应商的博弈中，企业的游戏角色是购买者，供应商则是出售者，博弈的具体内容是企业购买供应商的产品（服务）。一般来说，采购企业处于博弈的有利位置，供应商应该处于不利位置。但是，供应商的产品构成企业产品的组成部分，可以直接影响到企业产品的质量与成本。所以采购企业与供应商之间博弈存在一种微妙的关系。其微妙之处在于，采购企业博弈的目的不是战胜自己的供应商，而是争取优秀的供应商合作。如果要实现这一目的，企业必须展示自己的优势，并让出一部分利益，换取优秀供应商的长期合作。

企业博取供应商合作的优势依次是，购买数量的优势，购买标准的优势，购买价格的优势以及购买时间的优势。企业施展自己的购买者优势，就等于向供应商抛出合作的绣球。供应商与企业的合作关系，主要取决于企业手中绣球的多少，以及企业的采购决策者抛绣球的水平。

购买数量，是指企业在一定时期购买供应商产品的总量。企业购买数量占供应商产量的比例越大，采购企业的购买者优势越明显。通常情况下，采购企业利用购买数量的优势博取供应商的价格优惠，而供应商也愿意给予自己的大客户一定的价格优惠。在运用购买数量博取供应价格优惠的时候，采购企业也要警惕其中的博弈风险。

1.供应商的价格优惠不是无限的。当供应商的利润空间逐渐压缩，增加购买数量可以产生的价格优惠幅度逐渐降低以至消失。在商业实践中，供应商为了降低经营的风险，常常主动抛出一个最优惠价格，以此作为自己供应的底价。对于采购企业来说，重要的不是供应商的"最优惠价格"是多少，而是自己享受到的价格实际优惠是多少。与竞争对手同样的价格优惠，说明企业的购买数量优势没有发挥作用。企业拿到比竞争对手更低的价格（或者更多的供货），就可以在成本上（或者产量上）压制自己的竞争对手，这才是企业利用购买数量优势所要博取的真正利益。

2.企业的采购数量占供应商产量的比例越大，企业经营的风险系数越大。一旦这种大供应商突然发生变故，采购企业往往措手不及，有可能造成巨大的经济损失。

例如，浙江某一罐头生产企业，每年向日本出口大量的黄桃罐头，企业的黄桃种植基地设在安徽。有一年，安徽省的黄桃大丰收。巨大的黄桃产量将黄桃市场价格压到每斤五角钱。许多桃农发现种植黄桃赔钱，于是，他们决定砍掉果园中的黄桃树，改种其他果树。当罐头生产企业的老总听到这个消息，当即决定按照每斤1元钱的价格收购基地的全部黄桃。老总的决定意味企业可能多付出几百万元，因此这一决策引起了公司员工的不解。从企业与供应商博弈的目的来说，企业老总提价收购黄桃的行为非常合理。该企业每年按订单出口黄桃罐头具有稳定的外汇收入，一旦基地的桃农将桃树砍掉，没有黄桃原料，企业无法完成出口订单。重新建立新的黄桃种植基地，新桃树至少三四年才能进入结果期。在这期间，罐头出口企业可能遭受巨大的经济损失。

购买标准，是指采购企业向供应商提出的产品质量、规格、包装以及运输等方面的要求。购买标准是企业产品与服务品质的保证。然而，在购买标准方面，企业的购买标准越高，与供应商博弈的优势越小；反之，企业的购买标准越低，与供应商博弈的优势越大。面对采购企业提高标准的困难，供应商通过提高供应价格或者减少供应数量进行应对。于是，采购企业与供应商之间在标准、价格和数量等方面进行一种复杂的博弈。在购买标准方面，采购企业可能遇到的博弈风险是：

1.采购企业盲目提高购买标准，可能换来供应成本的增加，以至于削弱自己产品的价格竞争力。

2.采购企业过高的购买标准，有可能将一些供应商赶出自己的供应体系，反而使自己处于不利的博弈位置。

3.采购企业过低的购买标准，可以换来供应商的价格优惠，却可能增加自己的产品质量风险。

为了避免这些风险，采购企业的决策者首先需要重视自己产品的差异性，购买标准必须保证企业产品差异性的实现；其次，用价格的提高补偿供应商的成本增长；最后，利用数量稳定的优势，与供应商之间结成一种特殊的供应关系。当然，这种博弈需要双方企业的长期磨合，也需要决策者具备耐心和眼光。

购买价格，是指采购企业对供应商产品开出的最高价格。购买价格是采购企业手中一个重要的博弈筹码。采购企业通常利用价格优势博取供应商出货数量的增加，甚至买断供应商的某种特殊产品。这可以沉重打击同行对手的产品、原料或者配件的供应。但是，企业盲目加价必然增长自身产品的经营成本。对于采购企业来说，提高采购价格的行为，如果不是企业缺乏竞争能力的话，一定是企业为了某种特殊的战略目的而采取的暂时策略。企业频繁采用提价的方式拉拢自己的供应商，最终会宠坏自己的商业伙伴。在商业游戏中，善良的博弈行为并不一定带来美好的游戏结果。

购买时间也是采购企业与供应商博弈的重要内容。时间是一种特殊的商业资源，它可以将商业活动分为淡季与旺季，从而演绎成为商业博弈的筹码。在采购企业与供应商的博弈之中，企业商务活动的旺季，意味企业在此期间加大采购的数量，这对供应商有利；企业商务活动的淡季，意味供应商的产品在市场上的需求减少，这对采购企业比较有利。"逢低买进，逢高卖出"这一古老的商业博弈法则，只有在这样一种时间的博弈中才能显示出它的作用。为了借助时间博弈的优势，采购企业通常提前做出采购计划，供应商则提前储备，以应付商业旺季的市场需求。

单纯的购买时间博弈，对企业和供应商都存在一定的风险。这种风险就是库存压力与货物价值的损毁。于是，采购企业和供应商可以继续博弈。比如，当供应商淡季的时候，采购企业适当提高购买数量和购买价格，可以换取供应商在采购企业旺季的时刻对企业的支持。按照对等的原则，当采购企业处于旺季的时候，供应商对采购企业给予一定的支持，这种支持也包括供应数量的增加和供应价格的优惠两个方面。实际上，企业与供应商在季节上的相互支持，也是双方在商业信誉上的博弈行为。

假设没有上述四个方面的购买者优势，采购企业与供应商的博弈机会仍然存在。只是采购企业失去了这种游戏博弈的主导权，供应商控制了游戏的过程。传统的企业战略理论认为，如果与供应商博弈失利，企业可以采取后向一体化经营的战略，通过与供应商在同一市场中竞争，以削弱供应商的博弈势力。这种观点不切实际，也是非常危险的。

首先，后向一体化战略不能成为企业博弈供应商的筹码。企业在供应商面前失去购买者优势，主要分为两种情况：一是企业本身缺少购买者优势，通常一个自身缺少购买优势的企业也没有能力与供应商在同一个市场竞争；二是企业和对手企业同时没有购买者优势，这时，供应商的市场可能受到强大壁垒的保护，企业无法顺利进入供应商的市场。无论出现哪一种情况，企业希望通过后向一体化战略与供应商博弈，可能是决策者在战略上的一种幻想而已。

其次，后向一体化经营是企业与所有供应商之间的一种"市场进入"博弈，这种新的博弈行为充满商业风险。在这场博弈中，采购企业属于新进企业，全体供应商则属于在位企业。它们之间的"进入／分享"博弈只有两种结果：凡供应商的市场是垄断的，企业则没有机会分享供应商的市场利润；凡供应商市场是开放的，企业能够自由进出这个市场，这样的市场没有赢利前景。

最后，后向一体化行为破坏了正常的商业游戏边界，企业面临一种双面竞争的困局。一方面，采购企业一旦失去了供应商的支持与合作，势必增加企业与同行对手博弈的风险程度；另一方面，采购企业在供应商的地盘构建商业关系，缺乏商业伙伴的支持。采购企业在两个市场中都不可能很好生存下去。

从本质上分析，后向一体化战略是企业利用资源优势的市场转向战略。当原有市场无法满足企业赢利要求的时候，企业利用自身的资源优势，可以进入自己的上游市场或者下游市场。其中，后向一体化是指企业进入上游市场经营。一旦完成后向一体化战略，企业就结束了与供应商的合作博弈，与全体供应商进行竞争博弈，实际上是将自己的身份变成一个供应商而已。在正常的情况下，企业原先的主导业务逐渐消退。

当强势的采购企业博弈同样强势的供应商时，采购企业博赢供应商的正确思路，应该是挤压自己的竞争对手的市场份额，恢复采购企业的购买者优势，从而彻底扭转博弈的不利局面。企业不能因为羡慕供应商的利润而兼做一个供应商，也不能为了对付供应商而闯入供应商的市场。在与供应商的博弈中，采购企业后向一体化的手段只能增加风险，而不会减少风险。

　　总之，采购企业与供应商之间的博弈，是双方不断磨合与联合的过程。企业需要通过灵活的谈判，吸引最优秀的供应商成为自己的最佳商业搭档。这样，企业在整体的商业博弈中，可以博胜自己的同行对手，也可以取悦自己的消费者。

第四节　企业与经销商之间的博弈

　　凡是达到一定经营规模，生产企业都没有办法做到"自产自销"。企业借助市场已经形成的销售渠道推销自己产品，这是一种合理的经济行为。对于生产企业来说，这种行为可以提高产品的销售效率，节约产品销售的成本，有利于扩大产量和改进技术，增强企业的市场竞争力。因此，企业愿意主动适应社会分工的要求，通过"借道走路"的方式进入市场竞争，最大化地推销自己的产品。

　　当前是一个"渠道为王"的商业时代。所谓渠道，实际上是指企业与消费者之间的连接环节。拥有渠道者可以控制生产企业与消费者之间的联系。在产品普遍过剩的情况下，渠道已经成为一种宝贵的商业资源。人们积极投资不同的市场渠道，利用各种渠道为生产企业提供产品销售服务，形成不同类型的经销企业。经销企业控制某个市场的渠道，等于控制进入这个市场的关口。从这个意义上来说，市场渠道的控制者，就是市场的真正王者。此时，企业"借道走路"绝不是仅仅留下一点"买路钱"，而是要付出一定的渠道代价。

　　生产企业与经销商之间的博弈，是从企业寻求产品渠道开始的。在这一博弈中，经销商明显占据博弈的优势，企业需要努力展示自己的生产者优势，寻找与经销商合作的机会。所谓生产者优势，就是生产企业给予经销商实在的或潜在的商业利益，其中包含销售利润、品牌、服务、奖励以及股权等一系列好处。在企业与商业伙伴博弈时，如果说企业与供应商之间博弈是一种"友谊赛"，那么，企业与经销商之间的博弈就可以称为"表演赛"。生产企业在经销商面前，尽量展现自身的商业魅力与合作的主动性，通过积极热情的表现，寻求与优秀经销商的紧密合作。最终，只有那些具有明显生产者优势的企业才会被经销商相中，与经销商进行博弈。那些没有生产者优势的企业，只有付出更大的代价，才可能获得与经销商博弈的机会，以至于成为经销商的"打工仔"。幸亏人类社会出现了网络，网络渠道终结了经销商们的持续强势。

现在，企业可以通过网络渠道直接与消费者交易。在实体的商业渠道之外，无论是企业的"官方网店"，还是"马云们"的"网络平台"，网络渠道为企业与消费者交易提供极大的便利。可以预见，网络渠道的力量还会继续增强，进一步削弱实体渠道的作用。网络正在改变"渠道商为王"的商业时代。

一、选择市场渠道

企业选择渠道与选择市场属于同步行为。一方面，企业的每个产品都具有特殊的产品定位，满足特定消费群体的需求；另一方面，消费特殊产品的特定消费群体总是习惯于在相对固定的市场购物。产品的市场在哪里，企业就应在那里的市场中选择渠道。比如，一种在本地销售的产品，企业选择的是当地的市场渠道；一种在全国销售的产品，企业选择的是全国各地的市场渠道；一种在全球销售的产品，企业自然选择不同国家的市场渠道。脱离产品的消费市场，企业决策者思考产品渠道的选择问题是毫无意义的。

在地域性的市场中，产品的实体渠道还可以细分为不同层次的渠道形式，如大型商场、超市、便利店、农贸市场（社区市场）。这时，生产企业选择销售渠道，实际上也是选择产品销售地某个层次的渠道，或者不同层次渠道的组合。例如，可口可乐公司的饮料可以在大型商场、超市、便利店同时销售，就属于一种组合式的渠道选择。

当市场的销售渠道成为经销商手中的商业资源时，企业选择渠道进一步变成挑选经销商的行为。在商业实践中，虽然经销商选择生产企业的机会更多，但是，聪明的生产企业总是在可能的情况下，选择具有渠道优势的经销商。经销商的渠道优势包含三个方面：

1.销量优势。销售某种产品的数量，与经销商拥有的销售渠道和销售经验具有直接的关系，也代表了经销商在当地市场的影响力。通常，一个强势的经销商可以迅速拉动企业产品销量的上升。大型生产企业与强势经销商结缘更是相得益彰，可谓"强强联合"。

2. 市场覆盖率。市场覆盖率代表某种产品在市场中分销的密度。经销商掌控的渠道数量越多，产品在当地市场中的市场覆盖率就会越高，因而企业的品牌影响力就会越大。对于大众消费品的生产企业来说，经销商手中的渠道集中度就是渠道优势。

3. 营销能力。营销是一门科学，专业产品必须在专业的市场渠道销售。同时，营销也是一种艺术，经销商的营销技巧决定产品的推销速度。生产新产品的企业，应该在专业的市场，寻找高水平的经销商，从而提高新产品在市场中的成活率。

从表象来看，生产企业与经销商的关系犹如一种"露水姻缘"，双方的重新选择是随时可能发生的事情。为了与经销商抗衡，避免产品被经销商封杀，生产企业可以尝试新的市场渠道。

其一，自建网店。网络商店没有地域和时间限制，也没有投资数量要求。企业的官方网站以及网络平台上的网店，是一种非常有价值的自营渠道。在未来的商业竞争中，通过网店（站），企业可以与消费者直接沟通，形成 O（Online）2（To）O（Offline）的商业模式。对于一些特殊产品如化妆品、药品、服装等生产企业来说，O2O 商业模式的前景无限。

其二，开设专卖店。在企业与经销商的博弈中，一些生产企业不堪忍受大型连锁卖场的盘剥，决定自己投资开设企业产品的专卖店。在战略上，生产企业开设专卖店属于前向一体化经营。这是生产企业一种无奈和危险的选择，也不是一般生产企业可以玩的商业游戏。然而，对于小型特色生产企业来说，"前店后厂"模式却是一种商业竞争力。

其三，转向新市场。当前市场出现严重过剩，或者经历了重大的市场挫折后，生产企业为了继续生存而转向新市场。比如，企业的产品销售从城市的市场转向农村市场，从大卖场转向社区市场，等等。在新的市场中，生产企业可以与新的经销商展开新的商业博弈，从而为自己的产品谋取新的销售机会。

总之，在经销商控制市场渠道的情况下，生产企业忽略渠道的价值，无疑犯下战略性错误。渠道相当于企业生存的出口，渠道费用是企业博弈经销商的必要代价。因此，渠道博弈是生产企业必须熟悉的商业游戏行为。

二、生产者的优势

与经销商博弈，生产企业在总体上处于不利的地位。这也是目前生产企业与经销商博弈的大环境。经销商比生产企业更挑剔，它们愿意选择与那些拥有生产者优势的企业博弈，以便分享这些生产企业的产品利益。在市场渠道稳定的前提下，"生产者优势"成为生产企业博弈经销商的重要筹码。生产者优势可以分为这样几个方面：

1.生产企业的品牌价值。品牌价值，是指企业因品牌知名度和影响力而获取的一种市场价值。品牌价值以企业的产品质量和服务水平为基础，同时需要企业的资本投入和有效宣传作为成本。在企业博弈经销商的过程中，品牌价值成为企业最显著的生产者优势。一般来说，拥有知名品牌的生产企业总是受到经销商的青睐，品牌的市场排序几乎成为经销商挑选生产企业的顺序。

对名牌的生产企业来说，品牌价值可以降低渠道的代价，具体表现在以下几个方面：

第一，因为产品具有知名度，生产企业有机会选择更多的销售渠道。

第二，因为产品畅销，生产企业可以减少价格优惠。

第三，因为产品的利润稳定，生产企业能够与经销商长期合作。

在企业与经销商的博弈中，经销商不单是品牌价值的分享者，也是企业品牌的弘扬者。聪明的生产企业看到这样的博弈效果，总是愿意让经销商分享更多的品牌价值，换取经销商对自己品牌的支持力度，从而抑制竞争对手的品牌势力。

2.生产企业给予经销商的销售利润。生产企业与经销商之间的利益关系，主要是通过产品价格差额实现的。生产企业以低价提供产品，经销商以高价销售产品，二者之间的差额就是生产企业给予经销商的销售利润（俗称"产销差价"）。销售利润是经销商与生产企业合作博弈的基本条件。一般来说，生产企业提供的价格优惠越大，经销商的销售积极性越高，企业产品在市场上的销量就会越大。然而，当优惠的产品价格接近经营成本的时候，生产企业提供的价格优惠越大，其经营的风险就会越高。最终，那些提供巨大价格优惠的企业为渠道付出了高昂的代价。其中的一些生产企业被经销商榨干了利润之后，却可能遭到经销商的唾弃。

假如一个生产企业缺少品牌价值，销售利润常常成为这个生产企业博弈经销商的主要筹码。在与强势经销商的合作谈判中，聪明的生产企业愿意容忍经销商在价格优惠方面的要求，利用牺牲自己的眼前利润作为渠道代价，博取市场份额的急剧上升，迅速打败市场上的竞争对手。然后，生产企业再利用品牌的市场知名度，压低不合理的渠道代价。在经销商那里，并非品牌价值最大的企业的产品销量最多，产品销量最多的是那些品牌稍差一些，但价格优惠最大的生产企业。说到底，品牌的价值属于生产企业，价格的优惠才属于经销商。

3. 生产企业的服务水平。在商业的世界中，也许经销商才是生产企业的真正"上帝"。企业与经销商的博弈，并不是制服经销商，而是服务经销商的过程。生产企业可以提供的服务包括：全面履行供货合同，旺季时提供额外的供货数量支持，淡季时提供特别价格优惠支持，关键时期提供资金支持，以及提供产品的售后服务等。从长期来说，生产企业为经销商提供销售服务，可以降低经销商的经营费用，增加经销商的利润。这种生产者优势为生产企业赢得大量的博弈筹码，以至于形成一种排他性的渠道合作，从而有可能切断竞争对手的生存渠道。

为此，企业需要投入资本，建立服务的机构，购置服务的设备，招聘专业人员并进行严格培训。只有经过长期的探索和完善，生产企业才能最终形成有特色、高水平的营销服务体系。

4. 生产企业的销售奖励。在企业与经销商合作期间，经销商超额完成（或者完成）销售计划，生产企业按照约定给予经销商一定的奖励，比如，我国商业领域中流行的"销售返点"就属于这样一种生产者优势。从性质来说，销售奖励也是一种销售利润。两者之间的差异是，销售利润是生产企业吸引经销商主动销售自己企业的产品，销售奖励则刺激经销商更多地销售自己企业的产品。对于生产企业和经销商来说，销售奖励是一种双赢的博弈目标，生产企业扩大了产品销量，经销商增加了经营收入。

假设取消奖励或者降低奖励的力度，虽然可以减少渠道费用，但是，生产企业可能失去销量增长的机会。生产企业的决策者应该审时度势，充分利用销售奖励的刺激效应，鼓励经销商对自己企业的支持。这样，旺季可以增加企业的销量，淡季有利于减少产品库存。

5. 生产企业转让一定的股权。为了讨好强势的经销商，生产企业一般会主动向经销商低价出售（或者免费赠送）自己的一部分股票。经销商持有生产企业的股票可以分享企业的生产利润，把生产企业视为自己的企业，积极支持生产企业在市场中的竞争与发展。对生产企业来说，转让部分股权的行为可以赢得强势经销商的长期合作，提高对关键渠道的控制力度。因此，转让股权是生产企业与经销商紧密合作的体现，可以拉近彼此的商业关系。

但是，股权优势建立在企业的竞争优势的基础上，一旦失去了市场的竞争优势，生产企业的股权价值必然流失。由此可见，转让股权是一种强势（或者具有强势潜力）企业才拥有的生产者优势。即使转让部分股权，生产企业也不能放松对渠道的监控。毕竟，股权优势无法替代其他四种生产者优势，经销商与生产企业博弈的目的不是持有企业的股权，而是分享企业身上的商业利益。如果经销商决定实行后向一体化经营，那么，经销商看中的也不是企业的股权价值，而是生产企业的产业价值。

当然，生产企业也可以前向一体化，进入经销商的市场。从生产企业博弈经销商的目的来看，前向一体化行为不能构成生产企业的博弈优势。与所有的社会游戏一样，商业游戏也具有明确的游戏边界。游戏者一旦跨出了边界，就会彻底改变游戏的性质。对于生产企业来说，尽管经销商的利润丰厚，渠道内的商业游戏也不是随便可以玩的。假若强行闯入经销商的游戏地盘，生产企业将会面临一系列的战略风险。

其一，合作博弈变为竞争博弈。在改变游戏边界之前，经销商是生产企业在商业游戏中的紧密合作者。只有依赖经销商的支持，生产企业才能更贴近消费者，也能因此挤压对手的市场份额。当生产企业进入经销商的游戏地盘，原先的紧密合作立刻变成激烈的冲突和竞争。这是一种危险的"双面游戏博弈"，生产企业既要和原来的生产对手竞争，又要和现在的营销对手竞争，因而生产企业的胜算非常渺茫。

其二，浪费企业宝贵的资源。在生产企业进入渠道游戏之前，决策者往往产生一种认识上的误区：只要把经销商身上的一部分价格优惠转让给消费者，促使产品价格明显下降，可以吸引更多的消费者进入自己的专营店购物。这也许只是企业决策者的一厢情愿。消费者总是喜欢在选择机会更多的地方购物，离开主流的销售市场，企业产品的销量自然下降。假设把全部价格优惠转让给消费者，产品的价格大幅下降，生产企业可能拉来更多的消费者。但是，这种行为的商业意义不大，生产企业为专营投入的巨量资本，可以获取的投资价值相当有限。此时，受益的是消费者，亏损的可能是生产企业，经销商和其他生产企业的博弈继续进行。

其三，遭遇生存危机。在进入渠道游戏时，生产企业属于新进企业，全体经销商属于在位企业，生产企业与全体经销商玩的是"进入/分享"的博弈游戏。昔日的朋友已经变成今天的敌人。经销商为了适应新的市场竞争，一般会主动采取市场降价行为，以适应生产企业加入游戏后的竞争环境。生产企业原先看到的丰厚利润开始消失，市场的营利性遭到破坏。在一轮又一轮的降价潮中，生产企业投资形成的自营渠道可能面临生存危机。即使企业的专营店勉强生存下来，专营店要实现经销商原先那样的营利性也是遥遥无期的。

总之，前向一体化并非企业博弈经销商的战略行为。生产企业可以脱离过剩的生产市场进入渠道市场，把自己的商业角色由生产商变为经销商。在日益激烈的现代商业竞争中，生产企业把自己整成一个生产商兼经销商，拉长自己的经营环节，无论怎么说，这都不是明智之举。

与盲目前向一体化的行为相反，在渠道代价高涨的时候，强势的生产企业首先应该检查自己的生产者优势。假若企业在品牌、价格、服务、奖励等方面均保持优势，企业的决策者应该进一步思考生产企业所在的市场是否存在问题。如果生产企业所在的市场出现严重过剩，强势的生产企业可以尝试横向一体化战略。生产企业的横向一体化行为可以减少竞争对手的数量，聚拢和加强自己的生产者优势，从根本上扭转与经销商博弈整体不利的局势。

在与经销商博弈的不利格局中，那些没有能力兼并同行的生产企业，要想继续独立生存下去，也应该做出新的渠道尝试。比如，投资建立自己的网络渠道，以减轻对实体渠道的依赖程度。与大企业不同，中小企业从实体渠道转向网络渠道的风险相对小一些。随着网络市场的成熟，越来越多的中小企业将选择网络渠道作为自己产品的补充渠道，以降低对经销商的依赖程度。

当然，网络渠道无法全面替代实体渠道。购物在本质上是人们的一种休闲活动和社交活动，实体渠道给人们带来的一些购物快乐是网络渠道永远也实现不了的。同样，生产企业的自营渠道，也永远无法替代经销商的渠道，其原因非常简单，生产企业与经销企业的商业分工，已经成为现代商业社会的重要基础。如此看来，生产企业与经销商的博弈将永远持续下去。

第五节　企业博弈的叠加效应

企业的一生，注定是游戏的一生。这是我们基于企业的商业行为做出的判断。作为一种谋取商业利益的社会组织，从诞生的那一时刻开始，企业就必须与社会其他利益主体争夺利益。利益争夺的特征反映了企业行为的游戏性质。无论参与什么样的商业游戏，企业的博弈行为都可以分为三个方面：判断商业优势的"有或者无"，决定经营行为的"是或者否"，收获市场利益的"得或者失"。在企业消失之前，企业的决策者一直重复这些行为，转换在不同的游戏场景之中。不仅如此，企业经营结果也颇具游戏的特点。经过多重的商业博弈之后，企业的决策者们或是兴高采烈，或是灰心丧气，所有的努力如同游戏一样，结果往往超出了人们的预想。

若干年后，昔日的商业生活必定物是人非。企业决策者当年所有的惊心动魄，可能成为学术讨论的案例，也可能成为人们闲聊的谈资，曾经的风云人物早已淡出游戏的舞台，相忘于江湖。

笑谈人生。这个"人生"多数是别人的人生。一旦进入商业游戏过程，每个企业的决策者都像打了鸡血一样，几乎是"逢局必博"，谁也不想轻易输掉比赛。他人眼中光鲜的商业生活，企业决策者们都过得相当不易。要想赢得博弈的成功，决策者首先必须熟悉企业博弈的特点。

1.企业博弈需要漫长的过程。中国有一种简单的儿童游戏博弈——"包袱、剪子、锤"，儿童们站成一圈，根据伸手的不同就可以决定游戏的胜负。与此相比，企业博弈的过程非常复杂。这不是一场博弈，而是企业与消费者、同行对手、供应商、经销商之间的四场博弈。在商业博弈的基础上，企业还面临一些非商业的博弈。两种博弈系统重合在一起，可以进一步加剧企业博弈的或然性。企业博弈行为的复杂性甚至超越博弈理论的表达能力。我们也只能这样来描述企业博弈的复杂性：商业是一种需要特别耐心、高级智慧以及非常幸运的游戏行为。

2.企业需要采取灵活的博弈行为。竞争是企业的博弈行为，合作也是企业的博弈行为。但是，在复杂的商业博弈中，企业不能采取单纯的竞争行为，也不能采取单纯的合作行为，常常表现为一种竞争与合作的组合行为。在竞争与合作的组合过程中，什么样的博弈局势以竞争为主？什么样的博弈局势以合作为主？完全由企业决策者根据当时的博弈格局决定。这里面充满了无数的变化与挑战。为什么军界和体育界的人们退役后，更容易成为商界的精英？这是因为他们适应这种复杂的博弈环境。

3.企业必须面对不确定的博弈结果。企业在与不同的商业利益群体博弈时，哪一场博弈是关键的？哪一次博弈行为是决定性的？哪一种博弈优势是最重要的？在结果出现之前，这些问题永远无法准确回答，以至于每次行动之前，企业决策者都需要努力做出聪明的判断和理性的决定。从整体来看，企业博弈是连续的、几种不同博弈叠加在一起的多重博弈。企业博弈的行为受到许多因素的制约，也受到许多场景的影响，因而企业博弈的结果总是不确定的。

既然企业经营是一种复杂的商业博弈，决策者对于这种博弈的结果就不必太认真，也不能企图成为这种游戏的常胜将军。处于商业游戏之中，博弈者就是玩家。无论是大玩家，还是小玩家，玩家的心态是最重要的。

一、闯关者的游戏

以从事生产的企业为例，我们把企业与消费者、竞争对手、供应商、经销商之间互动的商业活动，统一称为企业的"商业游戏"。这种商业游戏是一个企业挑战四种不同游戏参与者的闯关游戏。企业决策者犹如一位游戏的闯关者，企业的博弈行为相当于企业在游戏中的闯关行为。只有经历四场博弈之后，企业才有可能获得商业游戏的成功。

在商业游戏中，消费者是企业最重要的博弈对手。可是，在通向消费者关口的路途中，企业必然遇到自己的同行对手。企业与对手的博弈目标是相同的：争取与消费者博弈的机会。为了战胜对手，企业分别与供应商、经销商进行合作博弈。幸运的企业在供应商和经销商的帮助下，打败竞争对手，赢得消费者的认可，获取一份来之不易的商业利润。

然而，不是所有的付出都能有收获。人们使用商业游戏的概念来描述企业的商务活动，并非说明商业游戏是轻松和好玩的。恰恰相反，商业游戏的概念代表企业从事商务活动的艰辛、复杂以及不确定性。大多数企业被游戏的对手"玩耍"。只有少数聪明的企业，利用与众不同的博弈思路，才能在商业游戏中获得丰厚的利润。概括来说，企业博弈的基本思路可以分为三种：

1."以合作相互博弈"的思路。这一思路的特点是，企业在商业游戏中尽力展现自己的优势，吸引博弈对手与自己进行商业合作。具体来说，企业以购买者优势换取优质供应商的稳定供货，以生产者优势争取强势经销商的渠道支持，以协同行动换来与对手在稳定的市场中共存，以产品优势吸引消费者的认可。总之，企业充分利用自身拥有的商业优势，诱导那些博弈对手做出有利于企业的市场行为，最终企业与所有博弈对手共享市场中的商业利益。在共享商业利益的过程中，企业与博弈对手之间的利益分歧与冲突在所难免。但是，合作行为可以让企业分享到更多的商业利益。

2."以竞争相互博弈"的思路。遵循这一游戏思路，企业充分利用竞争优势打压自己的同行对手，在取得更多市场份额以及更高市场地位之后，企业拥有更加显著的商业博弈优势。在此基础上，企业凭借采购优势从供应商那里博取最低的供应成本，运用强大的市场影响力降低经销商的渠道费用，利用企业的品牌号召力赢得消费者的忠诚。这些博弈目标主要凭借企业的竞争威力来实现。在企业付出一定的商业代价之后，竞争让企业成为市场中更大的利益分享者。

3."以竞合相互博弈"的思路。竞合的游戏思路是指企业在商业博弈中有竞争也有合作，不是以竞争为主，也不是以合作为主，而是一种竞争＋合作的组合模式。企业在一场博弈中积累的"X"优势，可以成为企业在另一场博弈中的"Y"优势。比如，一个企业利用自己和供应商合作博弈的成本优势，可以在与对手展开价格博弈时占据上风，先前的合作优势变成后来的竞争优势。同时，一个企业也可以利用与对手博弈时所取得的市场份额优势，在商业合作博弈时选择更好的供应商，彼时的竞争优势变成此时的合作优势。在企业博弈的过程中，竞争行为与合作行为转换流畅，浑然一体。

商业博弈应该是合作、竞争还是合作加竞争，精彩的游戏从来没有固定的套路。对于企业的战略决策者来说，没有最好的博弈行为，只有更好的博弈选择。然而，决策者的选择可以决定企业的命运。商业游戏的关口其实不分先后，对于闯关的企业来说，每道关口既可能是游戏的突破点，也可能成为游戏的终结点。

不过，利益的博弈毕竟不是生命的博弈。以命相搏，无论是人类的战争博弈还是动物的掠食博弈，博弈往往是一次性的。商业博弈的成败通常只是利益的多寡问题。对于那些手中还有筹码的商业失败者来说，凭借兴趣和能力，完全可以重新回到商业的博弈舞台之上。

即使这样，也没有人愿意失败。从实践来看，商业博弈的成功最终需要悟性与谨慎。只要决策者善于判断环境的变化，准确分析对手的动机，合理确定自己的行动，企业的博弈总会有所收获。一个人赚得盆满钵满，多数人也有收获，这就是商业游戏的魅力之处。

二、非商业的博弈

商业游戏只是企业游戏生活的主体部分，而不是企业游戏的全部内容。根据本章前面的描述，商业游戏是以商业利益为目标，企业与其他市场主体之间的商业互动过程。超出商业利益的目标，围绕社会利益、经济利益、生活利益，企业还要继续与其他社会主体进行博弈。这些博弈行为不以商业利益为目的，统称为企业的"非商业博弈"。其中主要包括以下三种。

1.企业与政府的博弈。在企业与政府的互动关系中，企业是政府的行政相对人，政府是企业的权益保护者。政府（包含各级政府）拥有的博弈优势主要表现在法律、政策以及行政行为等方面，一个法律公平、政策合理、行为规范的政府显然具有博弈的优势。企业博弈政府的优势主要体现在纳税、就业等方面，那些主动纳税、提供就业机会、对市场稳定具有深刻影响的企业，肯定具有博弈的优势。

从总体来看，企业与政府之间是一种关于社会利益的合作博弈。在这场特殊的博弈中，企业普遍的博弈目标是获得政府的合理保护，比如，安定的经营环境，公平的税收负担，等等。在双方博弈的过程中，企业与政府也存在利益分歧。就长远来说，无论企业还是政府，其博弈的行为都不可违背社会的整体利益。一个稳定和公平的社会环境既有利于政府管理，也有利于企业经营。

强势的企业可以博胜自己的竞争对手，但无法取胜所有企业，更无法取胜整个社会。因此，企业的决策者们与政府博弈时的底线非常明确：企业不可超越社会利益而生存和发展。

2.企业与工会的博弈。工会代表企业劳工的权益，主要包括劳工在工资、福利以及工作条件等方面的权利和利益。当企业利益与劳工的权益发生冲突时，工会主动派出代表与企业商谈，并由此开始双方之间的博弈。

从性质来判断，企业与工会之间是一种关于经济利益的博弈。在企业收入一定的前提下，企业与劳工是经济利益冲突的双方，其中一方的利益份额增大，另一方的利益份额必然缩小。因此，企业与工会之间利益博弈是不可避免的。面对强势的工会组织，企业决策者必须谨慎行事，让出一部分经济利益总比损失所有经济利益更划算。聪明的企业决策者愿意同工会组织的代表谈判，形成一个双方可以接受的和解方案，避免企业员工的罢工行为给企业带来一些无法挽回的经济损失。

3.企业与社区的博弈。在这里，社区是指企业经营所在地的居民生活区。社区给企业提供土地、员工、市场等一系列商业资源，企业回馈社区的是就业机会和公益捐助。在本质上，企业与社区之间的相处是一个人与一群邻居的关系。企业与社区之间的互动是一种关于生活利益的博弈。

在经营过程中，某些企业可能给社区带来不良影响，例如水源、空气、噪音等方面的污染情况，交通繁忙的压力，社会治安的问题，从而干扰了社区居民的正常生活。撇开这种情况，企业与社区之间是一种合作博弈。企业需要社区的支持，社区需要企业的帮助。随着企业效益的提高，企业决策者应该利用公益行为感谢社区的支持，帮助社区改善教育、文化、体育、文娱等方面的生活条件，做一个优秀的"社区居民"，树立良好的企业形象，为企业赢得一种和谐的外部环境。

对于企业来说，上述的非商业博弈不能直接产生商业利益，但是，这些非商业的博弈行为可以深刻影响商业利益的实现以及实现的程度。假若企业在非商业博弈中失败，比如，企业因为遭到政府的查封而歇业，或者因为工会组织的罢工而停业，或者因为经营扰民的行为而受到居民的围攻，这些都可能给企业的商业博弈带来负面影响，甚至造成企业的商业博弈成就前功尽弃，一无所获。由此可见，企业决策者在重视商业博弈的同时，绝不敢忽视非商业的博弈。只有这两种博弈行为都能顺利过关，企业的博弈才算成功。

三、企业战略的灵活性

在长期的商业活动中，企业的战略决策者们普遍具有一种莫名其妙的疲惫感。虽然每个决策者感受疲惫的程度不同，但是，决策者普遍感到疲惫的现象表明，这其中必然存在某种共同的疲惫原因。当描述了企业的游戏和博弈之后，我们可以发现：导致决策者们疲惫的共同原因是企业博弈的过程太长、太杂，从而消耗了他们更多的精力和体力。企业博弈过程具有"又长又杂"的特点，理论上可以称之为"企业博弈的叠加性"。这种博弈叠加性的主要表现在四个方面。

1.博弈角色的变换。在商业博弈中，企业需要先后改变了四种角色，与消费者博弈时，企业是经营者；与同行对手博弈时，企业是竞争者；与供应商博弈时，企业是购买者；与经销商博弈时，企业是生产者。企业博弈的角色不同，因而博弈的具体目标就不同。企业与消费者博弈的目标是赢得消费者认可，与同行博弈的目标是获取交易机会，与供应商博弈的目标是保持稳定的供应关系，与经销商博弈的目标是取得渠道支持。不仅如此，在进行非商业博弈时，企业博弈角色与目标也是各不相同的，作为被管理者的企业希望获得政府公平合理的保护，作为经济利益分割者的企业希望与工会友好合作，作为"社区居民"的企业希望与社区其他居民融洽相处。因为企业集取太多的博弈角色于一身，所以，企业不同的博弈目标之间必然发生冲突和干扰。这种博弈角色不断变换的现象，势必增加企业博弈的设计难度。

2.博弈行为的迭代。企业的商业博弈行为可以划分为四种：企业与消费者的博弈行为，与对手的博弈行为，与供应商的博弈行为，与经销商的博弈行为。这四种博弈行为的特点各不相同，企业与消费者博弈的特点是相互认可，与对手博弈的特点是相互竞争，与供应商博弈的特点是相互合作，与经销商博弈的特点则是紧密合作。在非商业博弈中，企业与政府、工会以及社区的博弈行为特点也各不相同，或者合作，或者斗争。在不同的博弈场合以及不同的博弈格局中，企业决策者需要做出不同特点的博弈行为，竞争，合作，有竞争的合作，有合作的竞争，博弈过程充满各式各样的谈判，以至于经常发生这样的情形：商业的环境稍微变化，企业博弈的行为即刻出现迭代，令人应接不暇。企业博弈行为快速迭代的现象，势必增加企业博弈的控制难度。

3.博弈优势的差异。在商业博弈中，企业的角色和行为不同，博弈需要的优势肯定不同。比如，企业博胜自己的消费者主要依靠产品的差异性、价格灵活性以及服务水平；企业博胜自己的对手主要依靠市场地位、市场份额、资源优势、创新优势、效率优势；企业博胜自己的供应商主要依靠购买数量、购买标准、购买价格以及购买时机的优势；企业博胜自己的经销商主要依靠品牌、价格、服务、奖励等优势。企业进行非商业博弈时，也需要不同的优势。比如，企业对政府的纳税优势，对工会的工作优势，对社区的资助优势。一个企业同时拥有所有的博弈优势肯定是不现实的。即使同一种优势，企业在不同时期的优势表现也存在差异。在游戏活动中，企业需要的博弈优势复杂而且易变，导致每次博弈的效果迥然不同。各种博弈优势的差异，增加了企业博弈的分析难度。

4.博弈系统的重叠。以市场范围作为界限，企业的博弈分为两个博弈系统：商业博弈和非商业博弈。在两个不同的博弈系统中，企业分别扮演不同的博弈角色，采取不同的博弈行为，拥有不同的博弈优势，追求不同的博弈目标。这说明，企业的每一个博弈系统本身已经相当复杂。如果两个博弈系统重叠在一起，所有的角色、行为、优势和目标之间进行跨系统的叠加，每个博弈系统内部的所有因素在经营的不同层面发生相互影响和干扰，企业游戏的结局变得永远也无法准确地判断。两个博弈系统的叠加，增加了企业博弈的预测难度。

企业战略博弈的叠加效应，是指企业的博弈复杂性改变企业战略轨迹的现象。在商业活动中，企业的战略决策者常常发现，历经博弈角色、博弈行为、博弈优势和博弈系统的叠加之后，曾经引以为豪的战略可能完全失去合理性。尽管企业在博弈中的每一步变动都很细小，但是，企业战略执行的最终结果已经面目全非。在长期的战略决策中，企业的决策者可以发现：博弈的不确定性完全可以摧毁战略的一致性。

这种博弈的叠加效应可能给企业的经营带来严重伤害：小企业风雨飘摇，大企业则大起大落。企业的决策者总是战战兢兢，如履薄冰。精心策划的战略为什么会失败呢？有时，人们为此责怪企业的战略决策者是没有道理的。游戏和博弈也许就是这样的：本来你摸了一把好牌，对手偏偏不按常理出牌；反之，你手里只剩下一张差牌，对手却可能提前认输。游戏之所以称为游戏，就是因为游戏的复杂和变化超过了人们的预判，富有挑战性和刺激性。面对商业游戏的失败，企业的战略决策者也只能这样释怀：一切都是游戏，但愿可以重来。

在跌宕起伏的商业博弈中，企业决策者控制商业战略不确定性的唯一办法，就是灵活地制定和执行战略。概括地说，企业的战略灵活性主要包括这样三点：一是在战略目标上留有余地；二是在战略措施中拥有备选方案；三是做好随时改变战略方向的心理准备。

总之，战略只是代表企业决策者的商业预判，而商业环境总是变化无常的，因此，运用企业战略的灵活性应对商业的不确定性，是企业战略博弈的最基本原则。

第七章　战略个性

在企业发展史中，企业总是因某个著名决策者而名扬天下。当著名的决策者离开企业之后，那些曾经辉煌的企业逐渐平淡下来。如果这些企业要想再现辉煌，那一定是企业出现了新的明星决策者。战略决策者是一个企业的灵魂人物，企业的战略体现决策者的个性特征。这种现象可以称之为"企业战略的个性"。企业发展的历史一再证明，决策者的独特思维可以成就企业经营的独到之处，大众化的思维只能产生平庸的企业。

根据第五章和第六章的分析，企业战略在客观上受制于战略逻辑的要求，以及战略博弈的结果。但是，这些都无法改变一个事实：企业战略在主观上是决策者个人思维的产物。由此可以推断，凡是影响决策者战略思维的主观因素，最终都可能影响企业的战略。毋庸置疑，每个人的思维带有偏见或者具有缺陷。可是，企业决策者的个性思维必定成为企业战略行动的指南，或者成功，或者失败。

思维个性是由个人思维活动的特点构成的。每个人的思维特点的背后隐藏着复杂的主观因素。就企业决策者的思维个性而言，性格、天赋、修养和信念，分别代表了心理、智力、阅历、文化等四种不同维度的主观因素，它们共同决定了决策者思维的具体特点，继而决定了企业战略的个性，因此成为企业战略个性研究的主要内容。

战略泛滥的商业时代，企业只有依靠个性的商业战略，才能在混乱的商业竞争中生存和发展。对于企业的战略决策来说，研究竞争对手的战略个性具有重要意义，这一方面可以发现竞争对手战略决策的优点和缺陷，另一方面也可以提高自身的战略决策水平。总之，战略个性是企业生存的必然要求，个性战略是企业成功的普遍法宝。

第一节　战略决策者的性格特征

性格，是指一个人在生活中比较稳定的心理特征。对于人们的性格，我们既不能简单接受"性格决定命运"的观点，也不能盲目相信性格可以分出"好"与"坏"的结论。但是，我们必须承认，不同的职业活动需要不同的性格相匹配。这是因为性格既可以影响一个人的思维状态，也可以影响一个人的行为方式，所以，特殊的职业者需要具备特定的性格特征。

什么样的性格最适合企业的战略决策行为呢？这必须根据企业战略行为的特点来确定。企业的战略决策不同于企业的一般决策行为，战略决策关乎企业未来的生存和发展，涉及企业重大的风险与收益，属于最高级别的企业决策。在我们可以观察到的人的性格特征中，能够满足企业战略决策行为特点的性格要求，应该是决策者自身的果断、坚毅和独立思考。其中，果断性格的人敢于决策，坚毅性格的人愿意努力寻求决策机会，独立思考的人在重大决策面前具有自己的见解。坦白地说，这三种性格只是满足战略决策需要的最重要的性格特征，而不代表战略决策的全部性格要求。

即使这样三种典型的战略决策性格，也不是每个战略决策者都能具备的性格特征。世上没有性格完美的企业战略决策者。每个企业的战略决策者都是经过后天磨炼而成熟的。在企业决策者成长的过程中，个人的性格随着企业战略决策行为可以发生改变。性格的改变是一种痛苦的过程。但经历战略决策的磨炼之后，企业决策者的果断、坚毅和独立的性格可以逐渐显现出来，成为战略决策活动的共同性格特征。

一、果断

对于任何决策活动来说，决策者的果断性格都非常重要。在企业战略决策过程中，果断通常是指决策者对商业环境变化的判断准确，对商业时机的选择恰当、决策思路清晰、决策行为迅速等一系列的心理特征。在影响战略决策活动的心理因素中，果断应该成为企业战略决策者必须具备的性格特征。

从决策行为与人的心理关系角度分析，果断的性格在企业战略决策中的积极作用主要体现为三个方面。

1.果断的性格有利于企业做出最早的战略决策。果断的性格优势首先在于"断"，即快速做出判断。在人才、资源和产品相差不大的情况下，企业之间的经营差距主要来自战略决策者对商机的把握。一个企业抢得先机，就可以占据市场的有利位置，控制市场活动的主要资源，形成对市场竞争格局的影响力。在一个行业内部，先驱企业占有一定比例的市场份额，如果没有明显的经营缺陷，就可能形成一种天然的市场垄断。市场的后来者们也只能感叹时运不济。

在一种商业时机形成的初期，市场往往呈现出一种朦胧的状态。这时的市场需求并不活跃，以至于人们怀疑朦胧的市场是否持久存在，大多数经营者也无法判断市场的发展方向。先驱企业仿佛置身"无人区"，战略决策者们可能惶惑不安。这时，果断的决策者能够分析出市场存在的理由以及未来的发展潜力，敢于做第一个吃螃蟹的人。在20世纪90年代末，马云对电子商务市场的战略决策，显示出他对这一商业市场的发展模式的准确判断。十几年后，商业的才子们只能叹服马云的商业眼光，却无法重新获得马云的人生机遇。为此，马云曾经感叹：有很长一段时间，阿里巴巴的模式都不被人看好。这是又惊又喜的一件事，有时候，不被人看好是一种福气。正是因为没有被看好，大家没有全部杀进来，否则机会肯定不属于我马云。

随着中国商业逐渐成熟，人们对于商业机遇的识别越来越敏感。可以预见，在未来的市场变化过程中，必然有更多的人分享商业机会。这样，每个人可以分享到的机遇越来越少，商业的竞争越来越激烈。即使这样，每个人对商业机会的判断总是存在差异，这种差异性始终与决策者的性格具有某种联系。事实证明，马云的商业眼光总是超前的，在人们羡慕"淘宝"的时候，他已经从"淘宝"中分离出"支付宝"，颠覆了传统的金融业；就在人们惊叹网络商业冲击实体商业的时候，他的商业目光已经开始从IT转向DT。可以预期，马云在全球争夺数据产业的优势肯定也属于一种果敢的战略决定。

2.果断的性格有利于企业做出最佳的战略决策。企业的战略决策经常需要在多种方案中进行优选，可是，其中每一个方案都会有利有弊，有风险也有相应的收益。怎样在相似的方案中挑选独特的方案？在优秀的方案中挑出最优的方案？性格果断的企业决策者可以避免在战略上出现"挑花眼"的情况。

在商业生活中，最难得的不是发现商业机遇，而是识别出什么样的商业机遇属于自己。决策者放弃某些机会，才能抓住合适的机会。当不同方案难以取舍时，果敢的决策者会主动做出有限的选择，即把多个可选方案变为少数备用方案，并在行动方案的确定中，敢于舍弃某些优秀的方案，从而做出最适合自己的战略选择。事实上，在企业战略的决策过程中，没有舍弃就没有办法做出决断。这就是商业生活中"鱼与熊掌不可兼得"的道理。对于深圳万科公司的发展，战略决策者王石的高明之处在于，他认识到：只有舍弃手中的其他商业机会，才能专攻房地产的发展；只有专做住宅地产，才能做个优秀的地产商。最终，万科公司成为中国住宅地产界的标杆企业。在王石的战略决策中，我们可以看到"舍，是一种战略智慧"。

3. 果断的性格有利于企业做出最难的战略决策。在一些大型企业中，战略决策可能是企业凭借自身实力所形成的战略决定。比如，政府出让某块土地的市值上百亿元，投资这样一块土地的价值有目共睹，但中小企业无法竞标这块土地，道理非常简单，中小企业没有资金实力。这时，大型房产企业的战略决策并不需要决策者的果断，此时的战略决策行为可能变成一种按照业务流程进行的程序性活动。

假如商业环境突然变化，或者经营遭遇重大挫折，企业的发展面临重重危机，战略决策者果断的性格开始发挥作用。在危急时刻，壮士断臂可以求生。这种事情说来容易，做到却十分艰难。一是断臂之后能否生存是未知的，更多的人猜想断臂有可能进一步削弱企业的势力；二是断臂是一种痛苦的抉择，企业到底应该放弃哪一部分利益？决策者不容易判断。当美国IBM公司决定卖掉个人电脑业务转向服务商的时刻，公司的决策者就面临这样一种压力。人们普遍怀疑，IBM不做个人电脑，还算一个电脑巨人吗？后来公司的发展表明，IBM成功甩掉个人电脑这个包袱，将公司主导业务由生产转向服务，是一种断然的战略转向。这也是一种艰难的战略决策。

现代商业的环境日益复杂，各种商业机会充满诱惑，企业经营的困难和挑战不断，如果缺乏企业战略决策的磨炼，即使那些天生性格果断的决策者也难免在商业诱惑面前顿足，在困惑的时候出现犹豫。相反，那些性格果断程度不够的决策者，在历经多次艰苦决策过程之后，果断的性格特征也能够逐渐显露出来。

我们还必须看到，企业决策者仅仅具有果断的性格，还不足以保证做出理想的战略决定。企业战略决策是综合多种商业情景的复杂决策过程，自然需要战略决策者拥有多种优秀的决策性格。

二、坚毅

坚毅的性格，通常是指一个人具有坚定的信念，并有毅力完成既定生活目标的心理特征。在企业的战略决策活动中，决策者的坚毅性格与果断性格各具不同的作用。性格果断的优势在于，战略决策者敢于舍弃一些看起来还不错的商业机遇。性格坚毅的优势恰恰相反，决策者能够坚持某些令人怀疑的商业机遇。从 20 世纪 80 年代开始到 21 世纪初，中国处于资本原始积累的过程和市场经济的形成阶段。瞬间产生的商业市场以及突然涌现的商业机遇，造就了许多人一夜暴富的神话。在这一特殊历史时期的商业活动中，果断性格的企业决策者大放异彩。只要决策者敢于迅速决断，商业机遇几乎等于企业的战略机遇，甚至躺在某个机遇里，误打误撞，企业也会轻易成功。正所谓：处于商业发展的井喷状态，"猪也会飞"。然而，随着更多的人参与到商业活动之中，那种遍地黄金（商业机遇）的时代已经结束。从此，商业活动逐渐进入理性发展的阶段，各个行业的经营呈现出稳定状态。这标志着中国企业野蛮生长的时代结束，企业决策者的坚毅性格开始显露其重要作用。

机遇总是偏爱那些有准备的人。当绝大多数的商业机遇已经变成人们正在从事的商业活动时，发现新的商业机遇的希望可能非常渺茫。为了获取商业生活中的宝贵机遇，人们需要搜寻和过滤大量的市场信息，研究消费偏好的深层变化，观察目标行业的竞争特点，分析未来市场的发展潜力。只有像狼一样跟踪目标市场，经过一个漫长的蛰伏期，企业决策者才能发现新商机的端倪。可以肯定地说，现在的商业机遇都是人们潜心挖掘出来的，而不可能是让人们随意撞上的。在发现商业机遇的过程中，坚毅就是企业战略决策者的耐心。

商业机遇只是成就某种商业活动的机会。把一种商业机遇变为自己的商业活动，这需要反复的研究过程。一般来说，企业超越自身能力来勉强实现某种商业机遇，或者过早地参与某种商业机遇的市场开发，都有可能成为某种商业机遇的牺牲品。可是，一旦错过了最佳的市场进入期，企业也无法分享到商业机遇本身所产生的市场膨胀的价值。企业抓住商业的最佳机遇，必须依靠决策者冷静的思考，客观的分析，以及理性的投资行为。坚毅代表了企业战略决策者在商业机遇面前的冷静、客观与克制。

从投资某种商业机遇到获取商业利益，企业要经历一个商业开发的过程。在这一过程中，企业常常面创新商业模式的挑战。真正的商业机遇总是伴有新的商业模式的诞生。无论处于什么行业，大多数的企业和消费者只熟悉当前的商业模式，也习惯接受当前的商业模式。假如某个行业的主流商业模式受到挑战，人们总是首先猜疑新模式的合理性与可行性。在人们怀疑的眼光中，企业决策者应该对自己充满信心，坚持创新模式的探索与完善。例如，互联网行业的主流商业模式是免费服务。对消费者免费的同时，企业如何收获利润？大多数的互联网企业希望利用"烧钱"的方式，烧出一定规模的点击流量，然后利用点击流量资源吸引广告资金的投入来赚钱。日本的社交网站 Line 公司却独辟蹊径，直接依靠出售"社交表情"来获利，并且利用表情交易过程的优势资源与中小企业进行联动广告业务。许多人认为，社交网站的"表情交易"与游戏网站的"装备交易"不可同日而语，很难成为互联网服务企业的利润来源。令人惊异的是，日本 Line 公司的表情交易业务已经从"涓涓细流"变成一条"大河"，作为社交网站的新商业模式传播开来。①

坚毅性格不仅在战略决策过程中发挥作用，而且在战略的执行中也同样具有重要的作用。战略大多是在特定的商业环境中形成的。在企业战略执行一个阶段之后，商业环境可能发生了一些意想不到的变化，比如，客户的消

---

① 金错刀 Zoe：《这个让马化腾嫉妒了 8 年的日本公司，靠表情包卖了 582 亿！》，微信号：ijincuodao，2018 年 12 月 4 日。

费偏好和以前有所不同，竞争对手在市场中的影响力越来越大，供应商不断涨价，经销商对企业产品的热情态度逐渐冷淡下来，企业的促销政策似乎不给力……随着企业经营中出现亏损，企业的某些利益相关者开始责备战略的决策者，员工情绪低落，市场份额萎缩，经营利润下降，人才不断流失，企业开始进入飘摇不定的状态，似乎真的需要怀疑企业当前战略的合理性。在艰难的时刻，战略决策者需要沉下心来，判断商业环境是否发生了根本的变化。只要商业环境的基本特点不变，企业战略仍然具有合理性，坚持下去就是克服战略执行困难的唯一选择。所谓战略定力，主要来自企业决策者在战略决策上的坚定和战略执行上的毅力。

即使企业结束了一个艰难的战略阶段，这也不意味战略决策者的烦恼可以减少。在企业内部，战略决策者的地位非常特殊，人们往往看到了企业战略决策者的权利与风光，却忽视了其风光背后的压力和烦恼。企业的每一次战略决策，都凝聚了战略决策者对社会、行业、市场变化的反复思考与全面研究，都代表决策者对企业发展的一份沉甸甸的责任，都面临企业战略可能失败的风险。这是一种体力与精力的巨大消耗。在一个企业中，除了战略决策者，所有的人都可以享受下班的快乐，但是，企业战略决策者的"下班"，可能就是本人在企业中的"下课"，或者自己商业生活的结束。在付出与收获、家庭与事业之间，企业的战略决策者们常常处于痛苦的纠结之中。生活上，许多决策者已经不需要更多的钱财，却还要继续承受企业战略决策的压力。假如缺少坚毅的性格，一个企业决策者很难走完自己的商业之路。

克服战略困难，实际上是企业决策者人生的一种磨炼过程。企业决策者的坚毅性格，可以看成是其商业战略决策活动磨炼的结果。静静地搜寻最佳商机，默默地顶住各种压力，慢慢地熬过艰难时光，这些可以把一个企业战略决策者从"稚嫩"磨成"坚强"。也可以说，优秀的企业战略决策者是在商业煎熬中熬"成熟"的。

三、独立思考

每天，人们的生活都会出现不同的现象和问题。从一般意义上说，思考就是人们开动脑筋去了解生活现象的本质，以及寻求解决问题办法的过程。独立思考不同于一般的思考行为，独立思考的可贵之处在于"思考的自主性"。具有独立思考习惯的人们，不愿依赖他人对生活现象和问题的既定判断，更不会人云亦云，他们相信自己分析和研究的结论。即使面对某些正确的结论，他们也是经过自我思考之后再接受这些结论。可见，思考是每个正常的人都能做到的行为，独立思考则代表了人们在思考行为中的一种优秀性格。

独立思考的人与独断专行的人有着本质的差别。独断专行的人完全忽略他人的意见和观点。与独断专行相比较，独立思考既有利于做出一种独立的决定，还可以避免一意孤行的决策悲剧。当然，独立思考也不是简单的独自思考。独自思考忽略来自他人的思想资源，这不利于战略的形成与完善。

独立思考是人们自主决策的前提。我们很难想象，一个没有独立思考能力的人，可以成功行使决策的权利，独立做出决策方案。尤其是企业的战略决策，独立思考应该成为这一活动的最重要的性格特征。在企业的战略决策过程中，企业决策者坚持独立思考，可以有效避免战略决策的一些麻烦和灾难。

其一，可以避免外行决策的情形。俗语说，外行看热闹，内行看门道。作为某一商业领域的内行，企业的战略决策者应该熟悉市场竞争的特点，了解对手经营的状况，掌握产业发展的规律。也就是说，战略决策者既可以看清企业经营的症结所在，又能够根据市场的实际情况做出合理的战略决定。可见，最好的企业战略来自企业内部。企业花钱买来的战略方案，只是企业外面的人对企业的一种预估，有可能是一种外行对内行的误导。当然，战略分析有时也会出现"当局者迷，旁观者清"的情况，企业之外的战略顾问可能把问题看得更准确，因而提出的战略方案可能更加有效。但是，对于企业内部形成的战略方案，企业成员在执行战略的过程中具有自信心，而来自外部的战略方案总是会遭遇执行者的怀疑。因此，再好的外来战略也必须经过企业战略决策者的思考和认可，从而为外来的战略方案添加一些内部因素与个性特征。

另外，企业的战略是一个过程。无论是战略的决策，还是战略的执行，企业战略的内容总是不断地被纠正和调整，即使最初来自外部的战略方案，最终也必须由企业的战略决策者和执行者来修正和补充。可以这样说，离开企业决策者的参与和思考，企业就没有自己的商业战略。

其二，可以明确战略决策的责任。在企业的战略决策中，战略思考的责任不是由人的能力决定，而是由一个人在企业中的位置决定的。通常，企业的战略顾问拥有战略思考的能力，却不坐在企业战略决策的位置之上。一旦涉及企业战略风险的决断，战略顾问和战略决策者的责任是不同的。任何战略顾问都不必承担企业战略决策的失败后果。在战略风险面前，战略顾问们可以轻松地提出一连串的应对方案，这些方案可能代表不同的利益关系，涉及不同的业务部门。战略决策者需要经过严谨的分析和缜密的思考，才可以选出其中一个最合理的方案。企业战略决策者盲目接受顾问的方案，无疑是忘记了自己的决策责任。聪明的战略决策者总是愿意广泛听取各方的建议和意见，认真思考不同战略方案的道理与不足，仔细权衡具体措施的合理性及危险性，在保证企业根本利益的前提下，最终做出合适的战略决定。可见，企业战略方案一定是决策者反复推敲和整体平衡的结果。假如没有独立思考的性格和担当的精神，一个人根本无法成长为优秀的战略决策者。

其三，可以防止企业战略的泄密。企业战略是企业采取重大行动之前的谋略，从本质上说是一种"阴谋"，而不可能是一种"阳谋"。只有保持战略的隐秘性，企业才能保证战略的有效性。企业大张旗鼓地制定战略，轰轰烈烈地宣传企业战略，让竞争对手充分了解战略的内容，出现这种情况的原因有两个：一是企业借助战略气势来炫耀自己；二是企业用战略宣传欺骗自己的竞争对手。除了这两个原因之外，公开企业的战略决策过程是一件完全不可想象的事情。作为企业生存和发展的最高机密，多数企业甚至根本没有制定书面的战略，企业的战略地图只存在于决策者的头脑之中，决策者随时都可能对战略的细节进行调整。至于某些研究战略管理的学者提出，企业应该用战略规划统一全体员工，营造企业上下一致的战略氛围，这恐怕只是理论研究者的一厢情愿，而不代表企业战略决策的实际过程。

在大多数情况下，企业战略是由企业决策者提出，或者企业决策层在小范围内讨论形成的。战略顾问们可以提供战略的共性内容，身处市场前沿的企业人员可以提出战略的个人建议，但是，这些内容显然只是形成企业战略的素材。经过企业决策者们的思考加工，战略素材可能被吸收到企业战略方案之中。倘若企业战略的成功简单到花钱可以从企业外部直接买来，那一定会酿成企业战略的灾难。在同行的商业竞争中，企业因为购买顾问机构的战略方案，普遍持有相同或者相似的战略。其结果只能是众人共挤独木桥，个别企业可能侥幸成功，多数企业却因战略雷同而惨败。这就是现代商业活动中出现的"（同类）战略泛滥成祸"现象。

近些年来，全球范围内的企业战略的趋同性，以及由此带来的企业决策者普遍的战略挫败感，引起了人们对于战略的疑惑：企业战略非常重要，但顾问们提供的战略为什么很难奏效？企业战略的实践证实了，成功的战略一定是个性鲜明的企业战略，而战略个性体现了企业决策者对商业独特分析和判断的结果。战略顾问们可以为企业提供战略策划，当然也可以为其他企业提供相似的战略策划。恰恰是战略的相似性，而不是战略本身，给那些战略相似的企业带来了战略失败。为了避免战略雷同的灾难，战略决策者必须重视企业战略的个性化。企业决策者的独立思考是企业战略个性化的重要前提。

对于企业的战略决策者来说，独立思考是多重性格的集合，它代表了决策者对企业战略的严谨态度，对决策过程的认真作风，以及对决策结果的担当精神。更重要的是，独立思考说明决策者具有一定的战略认知能力，因而有信心做出一个成功的商业战略。

第二节　战略决策者的认知能力

人与人之间存在智力差异。人们在生活行为上的智力差异和表现，可以归结为"认知能力"的不同。所谓认知能力，是指人脑对外界信息的采集、加工、储存和应用的水平，代表一个人控制自身行为的智力条件。具体来说，认知能力决定一个人对事物构成特点的观察，对事物变化规律的分析，以及对事物运动过程的把握。因此，一个人拥有良好的认知能力，可以有效地提高自己的思维水平。

企业的战略决策是一种复杂的认知行为，它涉及商业环境的观察，商业利益的分析，商业过程的判断，以及对商业结果的预测等。这是一种高级的智力活动。如果缺乏足够的战略认知能力，一个企业的决策者很难胜任战略决策工作。

企业决策者的战略认知能力主要表现为三个方面：一是学习能力，二是商业智慧，三是职业经验。没有人天生就是企业的战略决策者，人们的战略认知能力主要来自后天的学习行为。但是，学习并不能完全消除人们在智力上的差异，商业智慧是决定一个人的商业认知能力高低的天赋因素。另外，每个战略决策者都有一个成长的历程，职业经验可以导致战略决策者认知能力出现"新老不同"。

总之，企业决策者的战略认知能力是一项综合能力。学习能力、商业智慧与职业经验，分别从三个方面支撑了一个企业决策者的战略认知能力体系。如果盲目迷信其中的任何一个方面，忽视另外两个方面的作用，企业决策者必然做出愚昧的战略决定。进一步地说，如果忽略其中任何一个方面，依靠另外两个方面，企业决策者也可能做出危险的战略决策。因此，企业战略认知能力的三个方面必须是统一的。

一、学习能力

长期以来，人们认为学习就是阅读书籍、获取知识的行为，即学习主要是学生的行为。其实，这是对人类学习行为的一种狭隘理解。从广义上说，学习泛指人们适应生活环境的探索行为。由于人类社会的发展速度明显加快，生活环境日益复杂多变，广义的学习行为越来越重要。

学习能力在整体上可以分为观察能力和模仿能力两个方面。其中，观察能力影响人们的学习过程；模仿能力决定人们的学习效果。根据这一解释，一个拥有超强学习能力的战略决策者，既可以敏锐观察到商业环境的微妙变化，又可以迅速地把商业生活中的时尚用于具体的战略创新过程。具体来说，决策者的战略学习能力主要表现在以下三个方面。

第一，突破战略知识的有限性。互联网时代，"知识"也受到网络的强烈冲击。在互联网出现之前，人类获取知识的渠道狭窄，阅读和教育是人们获得知识的主要渠道。因而"知识"成为少数掌握知识的人参与社会竞争的优势，人们普遍相信"知识改变命运"的观念。当网络在社会生活中普及之后，知识的传播渠道与传播速度完全改变，人们可以轻松地在互联网上获取各种知识，知识手段在社会竞争中的有效性迅速降低。从某种意义上说，"知识"已经成为现代社会的廉价资源。昔日少数人掌握的知识变成今天多数人熟知的常识。这样，企业战略知识的价值局限性开始显露：人们采取相似的战略分析方法，运用类同的战略方案，参与同行的商业竞争，其结果就是战略普遍失效。

企业决策者必须树立终生学习的观念，利用"学习能力的无限性"，克服"知识资源的有限性"，不断获取新鲜的战略知识和时尚的战略观念。在新、旧知识的交替过程中，人们因为相信旧知识而变成生活的守旧派，生活的守旧派由于无法理解生活中的创新行为，最终被生活所淘汰。曾几何时，迈克尔·波特的企业竞争战略被视为企业市场竞争的圭臬。随着波特竞争战略理论的普及，成本领先、差异化以及聚焦战略正在成为人人皆知的战略常识。现如今，雷军的"风口"理论开始成为互联网企业竞争的指导思想。依靠风口理论的威力，小米一类的独角兽企业让竞争对手们望尘莫及。可是，面对网络独角兽企业掀起的商业飓风，波特理论的粉丝们依然无法理解风口理论的道理。这就是新旧战略知识的差异。从长远来看，凡在战略上抱残守缺的企业，必定被商业的创新无情淘汰。

第二，增强战略思维的开放性。当互联网时代到来的时候，人类的学习概念正在发生革命性的变化。在这场学习革命中，"知识学习"的重要性让位于"行为学习"。过去那种依赖知识的积累胜过他人的生存策略，正在失去其作用。取而代之的是，聪明的人们在实践中直接地学习生活并提高自己的思维水平。

在战略决策实践中学习企业战略，这种行为学习能力主要包括两个方面：一是向商业环境学习的能力，这便于决策者掌握消费者的偏好；二是向竞争对手学习的能力，这有利于决策者发现行业的创新之处。企业的战略决策不能闭门造车，决策者的战略思维必须保持开放性。只有充分理解商业社会的前沿变化，企业的决策者才能形成前卫的商业观念。只有运用最新的商业观念观察商业环境，决策者才能发现市场的细微变化以及对手的潜在威胁。总之，一个绝妙的商业战略的构思，来自战略决策者对商业环境的先人一步的感悟，而这种感悟发端于决策者对商业环境本身的学习能力。

第三，保持战略决策的时效性。战略决策的时效性，是指企业战略决策与人类的商业战略创新保持同步性。进入新的世纪，企业战略的创新不断，像订制模式、蓝海市场、虚拟经营、平台运作、免费经济、经营生态……某些战略创新还没有上升到知识和理论的高度，就已经被企业战略决策者熟悉和掌握，并且应用到战略实践之中。这种现象表明，传统的认识路径正在发生变化，即由原来的"实践—认识—实践"的缓慢认识路径，演变成"实践—学习并实践"的快速认识路径。因此，企业战略决策者的学习速度和纠错能力，俨然成为决定企业发展速度的重要条件。在未来的商业竞争中，只有保持敏感和善变，企业才可能长久生存下去。

目前，人类社会正在由"知识型社会"转向"学习型社会"。"学习能力"而不是"知识数量"，特别是人们对环境变化的学习能力，正在成为新的竞争手段。伴随这种社会趋势，企业界正在流行构建"学习型企业组织"。所谓"学习型企业组织"，其核心是注重提高企业整体的学习能力，这当然也包括提高企业战略决策者的学习能力。完全可以相信，企业决策者的学习能力已经成为其战略决策能力的重要组成部分。

二、商业智慧

人类对于商业智慧现象的认识，现在仍然处于模糊和个案说明的阶段。可以肯定的是，人类是地球上的智慧动物，商业的精英们拥有商业智慧。然而，什么是商业智慧？人们至今没有一个统一的标准或者权威的定义。

这种状况并不妨碍我们对商业智慧现象做出某些理论上的描述。从性质上来判断，那些具有商业智力的人应该拥有商业智慧。但是，人的商业智慧不能简单等同于商业智力。确切地说，商业智慧包涵了商业智力的因素，但又超越了商业智力的范围。在商业实践中，具有商业智慧的战略决策不一定是最聪明的商业决定，但事后来看一定是最明智的决定。这样，我们把明智的商业决策行为中所体现出来的智力因素和理性特征，统一称作"商业智慧"。根据这种描述，无论战略决策的内容是什么，一种充满商业智慧的战略应该具有的基本特征是，不求最大，但求最好；不求最快，但求最稳；不求最多，但求最优。商业活动的最大、最快、最多，常常成为大多数企业追求的目标。相比较而言，商业活动的最好、最稳与最优，才是那些具有商业智慧的企业能够实现的境界。

人类的哪些智力因素最终可以成为商业智慧呢？在不同的商业行为中，形成商业智慧的智力因素是不同的。对于企业战略决策行为来说，能够形成"商业战略智慧"的智力因素主要有三个。

1. 商业洞察力。洞察不同于一般的观察，洞察意味着观察得非常清楚。商业洞察力具体可以分为两个方面的内容：一是观察的角度，这是指企业决策者喜欢从特别的视角分析同一个商业问题，因而能够出现"别有洞天"的效果；二是理解的速度，人们发现商业的问题并不等于看见商业的机遇，只有快速地解读商业信号，商业问题的发现者才能真正做到"洞若观火"。两者叠加在一起，那些拥有商业洞察力的战略决策者，就可以看到市场机会的存在，还可以看清行业发展的方向。

2. 商业灵感。作为具有突发性和创新性的解决问题的思路，灵感是一种非常稀有的智力因素。灵感的出现没有逻辑根据，又具有奇迹般的效果。人们经常感叹灵感的神奇，却不能单纯依靠灵感来解决问题。应该承认，企业决策者的商业灵感一定来自长期的思考与实践。在此基础上，一旦受到某种外界因素的启发，长期的商业困惑突然迎刃而解，思考者从而成就了一番商业奇迹。

像市场细分、产品设计、业务流程、商业模式这些商业灵感的易发地带，经常出现商业战略的灵感现象。商业历史上曾经出现的"胶片＋声音"商业灵感，造就了"电影"产品。互联网时代产生的"网络＋零售"商业灵感，创造了"电商"模式。在现代商业竞争中，商业灵感的作用正在被越来越多的企业决策者认可和重视。

当多数决策者被企业经营困扰的时候，那些重视灵感价值的人，比如，英国维珍公司创始人理查德·布兰森，美国微软公司创始人盖茨，却刻意寻找一种轻松的环境，准备接受下一个商业灵感的到来。可以说，商业灵感就是利用一种"妙思"的过程，迸发出一个时代的战略精彩。

3.解构能力。商业生活中的"解构",是指将传统商业活动打散、拆解,并重新组织、构建的行为。传统的商业活动具有自身的合理性,但这种合理性在新的商业环境中可能已经消失,依据这一合理性的商业活动的价值必然出现流失现象。因此,商业解构的行为可以帮助一个企业完成新旧商业活动之间的转换。例如,优秀的中餐馆向来以菜品丰富见长,拥有更多的菜品和口味可以吸引更多的食客。这几乎成为所有中餐企业经营成功的不二法门。但是,经营更多的菜品,中餐企业需要占用更多的资金、人力和空间。把普通菜品撤掉,专门经营几道金牌菜品,专门服务爱吃这几道金牌菜品的食客,从而解构了传统中餐馆"菜品荟萃"的现象。"雕爷牛腩"的成功就是商业解构的经典案例。①

总之,洞察力、灵感与解构能力是企业战略决策活动的主要智力因素。这些智力因素怎样变成企业决策者的战略智慧?我们尚不得而知。但是可以肯定,由"聪明"加上"理智"所构成的商业智慧,深刻影响了某些传奇的战略决策行为。商业智慧在企业战略决策中的作用主要体现在:

其一,在商业混乱中,商业智慧有助于做出适度的战略决策。在这里,商业混乱主要是指人们的商业逐利行为。有利益就争,有市场就抢,这是典型的商业乱象。但是,企业争抢利益的行为必须遵循商业逻辑(参见第五章的内容)。在商业活动中,那些获得商业利益最多的人,一定是愿意与他人分享利益,并首先满足他人需要的人。妄想独占利益的所谓聪明人,常常被他人的商业竞争行为所绊倒。商业利益的分享没有100%,也许,获取60%的利益是最具商业智慧的商业行为。

其二,在商业困惑中,商业智慧有助于做出合理的战略决策。对企业决策者来说,商业的困惑主要是利益的取舍,取什么,舍什么,经常困扰企业决策者的战略决定。显而易见,企业的长远利益高于眼前利益,主要利益重于次要利益。原本明确的利益取舍原则,一旦失去商业智慧,决策者就可能

---

① "雕爷牛腩"的创建者是孟醒。他曾做了许多商业项目,比如,精油、烤串、餐馆、美甲等。"雕爷牛腩"是其中的餐馆项目。"雕爷牛腩"事业成功的秘密是颠覆旧的中餐商业模式,其中的诀窍在于他那种干净利落的解构能力。参见袁媛:《孟醒:70后颠覆者》,《中国经营报》2014年9月1日。

被眼前的利益所诱惑，利令智昏，结果，决策者的战略选择与企业的战略利益背道而驰。利益取舍实际上是一门很深的学问。这种学问被称为"博弈理论"（参见第六章的内容）。"取"是一种本事，"舍"是一门智慧。[①]假若出现"难以取舍"的决策纠结，企业决策者应该明确企业的关键利益是什么，为此必须坚定舍弃那些次要利益。

其三，在商业繁荣中，商业智慧有助于做出本色的战略决策。在企业兴旺发达的时候，人们最容易迷失商业的方向。中国商界有句古话，称"在商言商"。其实，"在商言商"只是体现了一个人在商业中的聪明，"在商言人"才属于一种商业的智慧。从根本上说，评价商业战略成功的最高标准，并非企业赚钱多少，而是商业为自己人生修炼带来的益处，以及为家庭生活和社会环境的改善做出的贡献。因此，单纯的商业精明不算企业决策者的能耐，做到商业与生活的平衡才算真本事。我们从企业家和慈善家比尔·盖茨的商业经历中，可以感悟到人类最重要的商业智慧，即"成于商业，福及社会"。按照这一标准，只有"既成于商业，又福及社会"，企业战略方可体现出商业的本色。

根据前面的分析，企业的决策者拥有商业智慧是非常必要的。这并不是说，只有最具商业智慧的人，才可以做出企业的战略决定。企业的战略决定权来自"人的位置"，而不是"人的智慧"。那些已经坐在企业战略决定位置上的人们应该明白，如果要避免愚蠢的战略决定，就要承认自己可能缺乏某种战略智慧的因子。为此，企业决策者需要不断引入和利用外部智力，弥补自己智慧的不足，尽量消除企业的战略盲区。

三、职业经验

在人类的商业认知能力方面，学习能力反映了一个人适应商业生活的快慢，商业智慧则代表了一个人先天商业悟性的高低，这两种认知能力都无法取代一个人的职业经验的作用。职业经验，是指一个人因为拥有足够的工作

---

① 《汉书·贾谊传》中说："取舍之极定于内，而安危之萌应于外矣。"意思是，取和舍是我们内心做出的选择，但是却能引起外在的安危祸福。

经历而形成的职业技能。人们的职业不同，其职业经验的内容也不相同。企业战略决策的职业经验，也可以称之为"企业战略决策经验"，主要包括企业决策者在战略决策过程中所形成的商业见识，以及拥有的战略技能。在企业战略实践中，职业经验与学习能力、商业智慧一起，构成决策者战略认知能力差异的重要条件。

通常来说，企业的战略决策者既是某一商业领域的从业者，又是这一领域商务活动的战略决策者。企业战略决策者的职业经验既包含决策者对企业产品的经营经验，又包含其战略决策的经验，是两者的有机统一。拥有足够的职业经验，一个企业战略决策者可以形成两种非凡的商业能力。

1.商业直觉。企业决策者的商业直觉，是指超越理性思维而直接认识某一商业本质的能力。商业直觉属于一种潜在的商业意识。在一般情况下，商业直觉的结论不是商业战略决定的根据。当企业无路可走的时候，战略决策者的商业直觉就可能成为企业前行的罗盘。这时，没有充分的理由，也没有经过严密的论证，企业决策者凭借自己的商业直觉做出了漂亮的战略决定。事后人们不由地赞叹"姜还是老的辣"。从本质来说，商业直觉是企业决策者的职业自信与决策勇气的融合，它帮助决策者在传统的商业逻辑思维之外，找到一种看似不可能想到的答案，从而实现一种神奇的商业结果。

2.创新观念。在这里，创新观念是指企业决策者因商业创新而形成的先进商业理念。创新观念与创新理论有所不同，决策者在战略上的创新观念是与决策者个人战略决策实践紧密结合的个人认知能力，推而广之，才可能形成一种新的战略理论观点。在推广和传播之前，商业战略上的创新观念只为企业决策者个人所用。人们往往认为，经验是创新行为的束缚。如果换一个角度来看，能够形成某种经验的创新观念肯定来自实践者成功的创新行为，创新观念是已经成功的创新行为的产物。企业决策者拥有创新观念的意义，是直接将个人成功的实践经验升华为自我实践的指导思想。世界上优秀的企业战略决策者，几乎都拥有独创的商业创新观念。

虽然创新观念和商业直觉都来自企业战略决策的职业经验，但是，创新观念代表决策者一种明确的战略思想，商业直觉则是一种模糊的商业战略思维。商业直觉属于一种"醍醐灌顶"现象，它可能源自他人的一句闲话，也可能因某种商业行为的感悟，甚至仅仅是一种商业灵感。商业直觉往往是可遇而不可求的。相反，商业中的战略创新观念，是一个企业决策者大胆探索和积极思考的产物，也是大多数人通过努力可以做到的，因而创新观念是一种更可靠的战略职业经验。

总之，职业经验的优势在于，它来自个人实践，又与新的个人实践无缝对接，其效果可谓既"老辣"又"新鲜"。具体来说，企业战略决策者的职业经验的作用表现在以下几个方面。

其一，有助于决策者做出成熟的战略决定。企业的战略决策总是围绕某一战略机遇进行谋划。决策者怎样才能准确把握战略时机呢？这绝非一日之功。企业的决策者需要判断行业发展的火候，比如，市场启动的程度，市场规模的大小，市场增长的潜力，这些方面通常都没有精确的商业数据，有时完全依靠决策者的商业直觉来判断。[①] 企业战略决策在时间上的"过"与"不及"，都会影响战略的效果。在合适的时间内，做出合理的战略决定，这是成熟的战略决定的标志。而成熟的战略决策必须建立在决策者的行业经历与决策经验的基础之上。

其二，有助于决策者做出稳当的战略决定。任何战略决定都无法排除风险，企业的战略决策是利益与风险平衡的结果。战略决策忌讳"误打误撞"。然而，初生牛犊不怕虎。在商业实践中，战略决策新手的一个冒险决定，有可能把企业拖入痛苦的绝境。对于企业战略决策的老手来说，职业经验本身包含曾经的失败教训，而商业失败总是伴随实实在在的利益损失。以往的利益损失可以随时提醒决策者危险决定的严重性，决策者不会因贪小利而冒大险。一个稳当的战略决策者既重视利益也重视风险，宁可没有商业收益也决不牺牲企业的身家性命。

其三，有助于决策者做出全面的战略决定。企业的战略决策行为不允许忽略细节，即使战略决定最初只是一种战略上的构想，随着战略的展开，细

①　企业战略决策属于"情景决定"。人们试图采用详细的数据描述商业环境的时候，忽略了一个基本道理：数据无法固定情景的变化。由此推断，大数据框定的商业情景可能扭曲了现象背后的本质。假如放弃对商业情景的猜想，决策者完全依赖数据做出商业战略肯定荒唐之极。

节逐渐出现在战略地图之中，没有细节的战略无法执行。另外，在企业战略行动中，已经决定的战略细节内容也是一直处于变化状态。等到企业战略行动结束，一个全面的战略才最终形成。这期间，全面的战略决定以决策者思考细致为前提，而细致的思考又以决策者职业经验的丰富为基础。那些见多识广的企业决策者，通常不会做出幼稚和片面的战略决定。

总之，职业经验是人们长期职业实践的宝贵财富。对于那些缺乏实践的人们来说，竞争对手的职业经验是一种生存压力。对于一些精致的理论发明者来说，经验则有可能抢走理论的风头。因此，职业经验并不受这些人的待见，他们常常低估经验对于提高认知能力的作用，以至于将经验的应用等同于"经验主义"的错误。

实际上，经验和经验主义是两个概念。人们拥有经验并不一定导致经验主义的发生。然而，企业决策者仅凭以往的成功经验决定战略，忽视学习，不动脑筋，企图一招打遍天下，这属于典型的经验主义。其结果是，企业战略决策的水平逐渐落伍，直到战略出现失败。

从认知能力的角度来看，企业战略就是人们经营企业的"智谋"。一个企业战略所表现出的智力水平，总体上由战略决策者的学习能力、商业智慧以及职业经验共同决定，三者缺一不可。同时，这三个方面也是判断决策者的战略智慧的主要标准。

第三节　战略决策者的决策素养

根据前面分析可知，企业决策者的性格特征与认知能力，是影响企业战略个性的重要因素。除了这两个方面的因素之外，企业决策者的决策素养也是影响企业战略个性的主观因素。如果说"性格特征"决定一个人是否适合做企业的战略决策者，"认知能力"决定一个人在战略决策中的智力差异，那么，"决策素养"决定一个人战略决策的一贯作风。与前两种因素不同，决策者的素养是一种长期和系统的影响因素，它体现了企业战略决策的风格与境界。

在理论上，素养被视为人们不同行为修养的综合结果。通常，"修养"

代表一个人在生活中的修炼与养性，意味着一个人的行为品质达到一定的水平和标准。由于生活行为的不同，人的修养可以分为不同的行为修养，比如，艺术（行为）修养，科学（行为）修养，等等。在人的一生中，不同的行为修养相互作用，相互影响，最终沉淀为某种活动的素养，比如文艺（活动）素养、科研（活动）素养，等等。也就是说，若干单项行为的修养能够综合成为人们从事某种活动的素养。在职业活动中，素养也被称为人的"素质"。

就企业战略决策者来说，其个人的行为修养也可以划分为不同的方面。其中，与战略决策素养直接相关的行为修养主要包括：商业道德修养，战略思维修养，哲学修养。这些修养分别从道德水准、思维水平以及哲学底蕴三个方面，把企业的战略决策活动烙上一种深刻的决策者个性印记，从而构成企业战略决策的独特风格。

每个人的发展潜力都是无限的。但是，为什么大多数人最终走向了平庸呢？一个非常重要的原因是，大多数人只关注生活的眼前问题和直接因素，忽略长期的修身养性。一个企业的战略决策者是否优秀，战略决策者个人的心理状况和智力条件固然重要，但这两种因素在性质上属于战略决策行为的眼前问题和直接因素。从长远来说，企业战略决策的优秀主要取决于企业战略决策者的决策素养。其中，商业道德修养影响个人的财富蓄积，小财靠巧，大财靠德；战略思维修养决定企业的成长是否顺利，只有决策者深谋远虑，企业才能步步为营；哲学修养限定事业的高度，拥有哲学智慧的人们视野开阔，其商业目标远大。总之，素养决定企业决策者的战略思维的境界。在战略决策过程中，决策者的思维境界越高，企业战略的格局越大。

应该承认，每个人都不可能是完美的，性格几乎是天生造就的，天赋也肯定存在差别。但是，生活修养总是能够或多或少地提高一个人的素质，纠正性格的缺陷，弥补天赋的不足。当道德修养、思维修养以及哲学修养综合成为一种决策的素养系统时，决策者的素养必然持续地、全面地和深刻地影响企业战略决策的过程。

对于企业的决策者们来说，商业活动只是人生的一段生活内容。人们评价企业决策者的决策素养，不仅要看他们曾经的战略决策成就，而且还要看他们是否能从商业中全身而退，从而顺利回归个人生活的完美程度。毕竟，商业不是人生的归宿。在人的一生中，创造商业的精彩与退出商业的淡定，都与一个人的战略决策素养有关。①

一、商业道德修养

道德作为评价和约束人们生活行为的一种社会规范，从来就没有形成全社会统一的道德标准和要求。道德现象的一个重要特点是：生活的领域和阶层不同，人们关于一个行为是否道德的标准不同。在商业道德方面，由于商业活动领域的不同，笼统的商业道德进一步分为具体的道德要求，比如说，产品制造者的产品道德，服务提供者的服务道德，战略决策者的决策道德，等等。长期以来，人们谈论商业道德，主要抨击生产行为中的造假行为，或者服务行为中的欺骗行为，企业战略决策行为中的道德要求却被人们普遍忽视。这其中的原因有二：

一是，人们顽固地认为，谋利与行善不可兼顾。俗语称，"慈不掌兵，善不营商"。人们总是认为，无商不奸，没有狠心不能赚钱。在商业生活里，赚钱越多，人们对道德标准的要求越低，似乎赚钱行为可以降低直至撇开道德标准的约束，形成所谓"资本无道德"的现象。

二是，人们不以道德衡量企业的领导者。战略决策者通常属于企业的最高领导者。在企业运营中，只有企业的领导者要求下属做到"德才兼备"，一般来说，下属没有权利评价领导者的德行问题。

如此看来，在企业内部，战略决策者的道德修养没有人质疑。在企业的外部，人们又无须置疑决策者的道德修养。企业的战略决策行为似乎失去了道德束缚。可是，通过分析人类商业活动的历史，我们不难发现，商业财富总是蕴含道德的力量。根据这一判断，作为人们获取财富的谋略行为，企业战略决策应该受到道德规范的约束，德才兼备也是企业战略决策者的素质

① 王芳洁：《李嘉诚的进与退》，《中国企业家杂志》，微信号：iceo-com-cn，2018年3月17日。在2018年3月16日的长和业绩会上，90岁的李嘉诚宣布了自己的辞职决定。"几年前我就说要去旅行，今天我要就去旅行。"商业的进与退，李嘉诚先生堪称典范。

要求。

（一）企业战略决策中的信用原则

企业战略决策的信用，是指决策者在战略行为中的言行一致，企业因此可以取得其他商业主体的信任，从而形成一种商业的支持关系。在商业活动中，见利忘义是经常发生的现象。当企业的战略承诺与商业利益发生冲突，决策者的信用状况必然面临道德考验。这时，企业决策者坚守信用可能损失真金白银，而失去信用则可能导致身败名裂。是选择现在的金钱损失，还是选择未来的信用损害？这主要取决于企业决策者的信用原则。

决策者重视信用，企业可以聚拢社会资源，形成战略的支持力量，甚至可以实现空手套白狼的神奇效果。在企业的战略实践中，决策信用的作用主要为以下几个方面。

1.战略承诺是企业战略的一部分，企业战略的成败依赖于战略承诺的兑现结果。战略承诺是指企业希望成为市场的某种受人尊敬的企业，比如，企业要成为市场中"技术最先进""产品最可靠""服务最到位""价格最便宜"……的一类企业。一旦做出战略上的承诺，企业就要受到消费者的信用检验。假若企业无法兑现曾经的战略承诺，企业在消费者的心目中就会被贴上"骗子"的标签。失去了消费者的信任，企业可能逐渐丧失市场竞争的优势。

2.信誉是企业在市场中的立身之本。当企业无法保持战略上已经形成的信誉，比如，苹果公司的智能手机失去时尚的设计，小米智能手机变得不再便宜，都会给忠诚的消费者（粉丝）带来遗憾、惊讶或者不满，因此可能摧毁企业在市场中赖以生存的根基。在战略行动中，企业丧失合作信誉，比如，在技术研发、产品制造、原料供应以及产品销售等环节，企业都可能存在一些关键的商业合作，决策者经常损害商业合作者的利益，必然伤害企业的商业竞争力。

3.诚实可以保证企业经营和市场份额的长期稳定。企业决策者的诚实可以分为两个方面的道德要求。一方面是指决策者对股东的诚实，如果利用战略决策的便利，损害其他股东的利益，失去他们对自己的信任，轻则得不到他们在战略上的支持，重则可能毁掉一个充满希望的企业。另一方面是指企业对消费者的诚实，一旦产品或服务伤害了消费者，企业表现出的诚恳态度，积极赔偿受害者，主动采取整改措施，才能获得消费者的谅解，修补和维护自己在市场中的商誉。在商业世界中，往往不是最聪明的人，而是那些最诚实的人赚到的钱财最多。

随着中国市场经济的成熟，企业言而无信的奸商行为明显减少，商业的信用水平逐渐提高，坚守信用已经成为多数企业战略决策的基本原则。

（二）企业战略决策中的公平观念

在这里，公平就是企业的战略决策合情合理，不自私也不霸道。处于商业竞争之中，企业依大欺小、恃强凌弱的现象比比皆是。每个人在商业利益面前都可以表现出"私利"的欲望。然而，自私与私利不同。在商业战略决策中，企业的自私表现是，决策者为自己企业的利益而主动损害他人的利益。君子爱财，取之有道。公平美德可以保证企业战略决策的合理性。

1.企业不要利用市场优势，逼迫消费者接受不合理的消费选择。形成市场的垄断局势，应该是企业战略决策者普遍追求的商业目标。道理非常明显，垄断状态下的企业利润率最高。大到全球市场的垄断行为，比如美国微软公司垄断全球市场的个人电脑操作系统，小到商场货架位置的霸占，比如企业买断便利店摆放货品的位置，这些都属于垄断行为。企业垄断某一细分市场，或多或少限制了消费者的自由选择。这时，企业的垄断行为可以走向战略垄断的反面，还有可能成为法治国家清除的违法行为。其实，企业垄断面临的真正危险并非垄断本身，而是企业垄断所形成的商业不公平。一个企业做到市场垄断与消费自愿选择的有机统一，在市场上的表现是"大气"而不是"霸气"，垄断企业完全可以成为商业公平的一种楷模。

2.企业不要利用竞争优势，把对手企业逼进绝望的境地。公平对待自己的竞争对手，这体现出企业战略决策者的修养。特别是当商业竞争变成一种"零和竞争"，企业之间的市场份额出现此消彼长的状态，各种各样的市场混战接连不断，企业生存的迫切性必然加剧市场竞争的残酷性。这时，企业利用自身的强势消灭了自己的主要竞争对手，在战略上就可以抢占更大的市场份额。但是，从短期来看，身处绝境的对手可能失去商业理性，疯狂报复自己的同行；从长期来看，消灭一个具有素质的对手有可能换来一个恶魔般的竞争对手。因此，维护一种公平与和谐的市场环境，实际上更有利于一个强大企业的发展。

3.企业不要利用交易机会，逼走自己的商业伙伴。商业交易总是存在某种机会性。在本质上，所谓交易的机会性是指商业交易对其中的一方更有利。企业利用交易的时机赢取更多商业利益，这种行为本身无可厚非。但是，企业趁机逼迫合作方接受一种显失公平的交易，就可能丧失彼此的和气。中国有句俗话，"和气生财"。当企业决策者逼走了优秀的合作伙伴，从长远来说，企业必将失去一些更好的交易和发展机会。

当然，商业中的绝对公平是不存在的。商业领域所谓的"双赢"，也只是双方愿意接受一种相对公平的交易。人们不必计较商业公平的程度。只要对方是自愿接受，企业的战略决定就可以通过公平品德的考验。

（三）企业战略决策中的社会责任

企业社会责任（Corporate social responsibility，简称 CSR），是指企业在经营过程中必须关注社会的人文与环境，为人类社会的和谐进步作出贡献。在现代文明中，作为社会的"企业公民"，企业应该承担自己的社会责任。

1.企业对消费者的质量责任。在市场交易中，产品（服务）质量是分为不同等级的。从法律的角度分析，企业产品出现质量问题，与消费者发生质量纠纷，企业必须承担法律规定的责任。但是，有些产品质量缺陷与生产的技术水平联系在一起，可能是现有的技术水平所无法避免的质量问题，这就可以考验决策者的社会责任感。具有道德素质的企业决策者不会为商业利益采用一种有风险的生产技术，也不会为了节约成本而降低企业的产品质量，他们把产品做成企业良心的载体。

2.企业对社会的环境责任。企业的经营活动一般会增加社会的环境负担。对于那些明显损害社会生态环境的行为，企业必须承担相应的法律责任。如果企业的经营行为对环境损害是一种潜在的风险，这需要决策者在商业利益与社会环境风险之间做出抉择。具有道德良知的决策者，肯定拒绝投资可能造成环境污染的项目。相反，他们热衷于投资那些环境友好型的项目，努力实现企业盈利与社会可持续发展的统一。

3.企业对员工的生活责任。与员工发生劳动纠纷时，企业和决策者应该承担自己的法律责任。为了企业的长远发展，决策者主动为员工提供培训、生活、健康以及娱乐条件，使员工在快乐工作的同时能够不断丰富个人的生活，实现企业与员工共同分享创造财富的幸福。可以说，这方面的责任伴随企业的一生。

总而言之，企业战略决策者对他人负责，最终也是对企业自身负责。那些具有社会责任感的企业，决不会因为逃避自己的社会责任而投机取巧。在人类的生活中，德高寿长是一种普遍现象。同样道理，那些具有社会责任感的企业一定拥有更长的财富之路。

（四）企业战略决策中的慈善义务

慈善是指人们对社会弱势群体的救助行为。作为创造财富的社会组织，企业具有从事慈善活动的条件，也应该承担自己的社会慈善义务。在战略决策过程中，企业决策者应该关注慈善行为。

1.企业对社会弱势群体的慈善行为。企业不是菩萨。除了重大的赈灾活动之外，企业的慈善行为与其市场行为相一致，这样的慈善行为可以扩大企业的社会影响力，从而促进企业产品的销售增长。例如，美国雅芳公司成立的"雅芳全球妇女健康基金会"，为妇女乳腺癌早期发现与教育工作提供5500万美元的资助。这种资助行为可以在广大妇女中间形成良好的口碑，妇女们在购买雅芳产品时感到一种亲切的关怀，从而拉动了雅芳产品的销售。所谓"低手推销企业产品，高手推销企业形象"，就是这个道理。

2.企业对员工的慈善行为。企业不能指望花钱就可以买到慈善形象。一个热心社会捐赠的企业，倘若经常虐待自己的员工，想必也很难成就一种慈善形象。在慈善活动方面，企业首先不是投资社会慈善事业，而是努力善待自己的员工，比如，改善工作环境，提供员工休息和娱乐的设施，增加员工的工资和福利待遇。企业善待员工的行为，除了源于企业的市场竞争压力外，主要取决于企业决策者的仁慈与善良。

3.企业对消费者的慈善行为。与企业相比较，个体消费者总是属于弱势的一方。企业利用市场垄断地位，囤积居奇，哄抬价格，可以大幅度增加自身的利润收入，却加大了消费者的生活负担，像中国近年来出现的"豆你玩""蒜你狠""姜你军"现象，属于典型的企业和经营者"为富不仁"的行为。

这种企业即使侥幸逃避了法律上的制裁，也难逃社会对企业的道德谴责。

《易经》云："积善之家，必有余庆。"意思是，帮人不求报答，助人不为私利。然而，企业的慈善行为具有明显的功利性。也就是说，企业希望通过慈善获取现实的商业利益回报，回报主要包括：树立企业的慈善形象；融洽企业与社会的关系；增强企业的市场竞争力。从长期来说，慈善行为与企业的经营活动紧密相连，才能构成企业发展的一种战略举措。

由于商业竞争的残酷性，商业活动被视为一种"争利斗狠"的过程，所以人们普遍认为，道德之树在商业世界中是无法长高的。其实，道德并非高深的学问。只要在战略决策中做到公平、守信、责任与仁慈，避免自私、欺骗、贪婪和冷漠，企业战略决策者可以通过商业道德的所有考验，商业道德之树也能长得高大与茂盛。那些拥有商业道德的企业领导者，也能够赢得人们的尊敬。

二、战略思维修养

所谓战略思维修养，是指企业决策者加强战略思维方面的培训行为，实际上就是一种特殊的"思维训练"。世界永远属于思考者。经过战略思维修养之后，企业决策者可以提升自身的战略思维能力和水平。相应地，企业的战略效果可以明显改善。最终，企业凭借决策者的精明战略称雄一方市场。

思维训练与身体锻炼一样，每个人的方法和路径可能是不同的。按照战略思维修养的内容，我们可以从总体上描述战略思维修养的一般过程。

（一）培养战略思维习惯

在日常生活中，习惯是一种不可忽视的行为力量。在有意、无意之间，一种良好的生活习惯可以把一个人带入成功殿堂，反之，一种坏的习惯也可以毁掉一个人的美好人生。对于好习惯的培养，人们只是强调一种良好习惯的重要性，却容易忽视其缓慢形成中的艰辛与代价。依据这种道理，战略思维修养的第一要务，就是企业决策者把战略思考行为培养成为个人的思维习惯。决策者培养战略思维习惯的行为，具体可以分为以下几个方面：

1.企业决策者必须树立战略思维的意识。所谓战略（思维）意识，是指企业的决策者喜欢从战略角度深入思考各种商业问题的思维习惯。优秀的企业决策者一般具有某种特殊的商业敏感性，喜欢深入和全面地分析问题，善于得出与众不同的商业结论。

我们以分析"人类当前商业环境的变化"为例，来说明战略意识的价值。凡是看不到商业环境变化的人，根本就没有战略思维的意识，因而不在我们的讨论范围之内。

如果仍然满足于"人类经济发展正在实现全球化"的观点，这说明企业决策者的战略意识已经开始落伍了。目前，大多数企业的决策者已经认识到：经济全球化演变成全球网络化对传统产业的冲击，人类开始进入"互联经济"的时代。互联经济的本质是，人类借助互联网进行全球范围的商业互动。不管是全球化的支持者还是反对者，人们正在尝试通过网络平台进行全球的商业交易。漠视互联网现象，说明企业决策者的战略意识相当落后。

当前，互联网思维方兴未艾。提前"触网"的一些企业已经享受到网络的益处，抗拒这一潮流的企业将会死得很难看。更多的企业开始主动"联网"，把自己企业的传统业务与网络连接起来，形成各种各样的"传统业务＋互联网"商业模式。显而易见，经济全球化已经被经济网络化替代。

在互联经济潮流面前，优秀的企业战略决策者可能进一步思考这样一些问题：

其一，互联网对人类商业的最大改变是什么？

其二，互联网能够改变人类商业的本质吗？

其三，中国为什么成为全球电子商务的第一？

……

对于第一个问题，只有透过复杂的网络现象，我们才能发现：互联网对商业最重要的改变是提供了快速传递商业信息的渠道。商业信息传播速度的提高和传播渠道的优化，拉近了商业活动中供给者与需求者之间的距离，能够瞬间聚集市场的消费力量，同时消除大量的商业中介。在此基础上，网络垄断企业通过控制网络消费群体作为竞争优势，向商业伙伴索取更低价格的产品或服务，再利用便宜的价格黏住顾客，从而取得持久的市场竞争力。于是，网络书店迅速打败了实体书店。这是人类迄今为止最成功的网络商业范例。所谓网络商业的"神话"也由此产生，并在几乎所有的产业中散漫开来。

对于第二个问题，如果从互联网的乱象中冷静下来，我们不难发现，互联网本身没有产品，也无法自动创新技术，更不能提供温馨的服务体验，所谓的"made in internet"完全是一种想象的商业情景。从本质上说，互联网只是人类商业大树的枝条而不是根基。假若没有产品、技术和服务的支撑，互联网经济就是"无本之木"。人类商业进步的主要表现是，商业可以提供更好的产品与服务体验。对于人类商业的长期发展而言，当前的互联网经济浪潮可能只是昙花一现。人类需要认识互联网经济的缺陷，即在互联网经济"大众型市场＋小众型消费"模式的背后，人类付出了更多的物流成本、资源消耗与环境污染，幻想互联网控制人类未来的商业世界是没有科学道理的。自中国改革开放以来，除人口红利高、环境成本低之外，有人设想"互联网经济"将成为中国下一个世界级的竞争优势，这纯粹是一种本末倒置的幻觉而已。①

在回答第三个问题之前，我们必须明确一条重要的商业逻辑：任何商业模式的流行必然迎合一定的商业环境。中国成为全球电子商务的第一大国，这并不说明电商的成功，也不说明中国电商行业的强大。中国电商的迅猛发展，只是暗合了中国当前社会消费水平以及民众的消费偏好。正是因为中国民众的中低收入水平以及他们急需廉价生活品的消费偏好，刺激了"低档低价"的电商模式在中国的繁荣。等到中国民众收入大幅提高，"新零售"成为商业主流，电商自然会冷落下来，中国商业可以进入一种常态的发展过程。然而，许多实体企业可能无法等到这一天的到来而死去，人们也无法预测电商兴盛的时间有多长，更无法想象"新零售"的具体模式。在网络的裹挟之下，人类商业的所有活动都将处于快速蜕变和迭代的过程。因此，实体企业的战略决策者不能忽视网络的冲击力。

对于当前的商业环境，每个人都可以做出自己的分析，并且看法各有不同之处。战略意识强调人们对商业环境的敏感性，主动探索商业现象背后隐

---

① 董军：《黄陈宏：互联网＋将带来巨大增长空间》，《中国经营报》，2015 年 5 月 18 日。从历史上看，"戴尔可能是互联网思维的鼻祖"，但是，戴尔大中华区总裁黄陈宏认为，戴尔公司的基因里最重要的特质就是"创新"，（商业的）机会不在于简单地加互联网，而是产业的整体升级……

藏的本质，积极思考商业活动蕴含的价值。而商业现象的本质和商业活动的价值，构成企业决策者战略判断的前提。据作者观察，战略意识不足的企业决策者可以分为三类。

一是每天忙于琐事，只顾低头拉车而无暇思考的，这些属于没有战略意识的决策者；

二是具有大众思路，乐意接受普遍真理的，这些属于缺乏独立思考的决策者；

三是满足"灵光一现"，不能持续和反复思考的，这些属于忽视思维谨慎原则的决策者。

由此我们可以得出结论，企业决策者的战略意识，应该是决策者在战略思考中的认识前瞻性、独特性与深刻性的统一。这也是战略意识的重要价值。

2.企业决策者敢于承担战略思维的责任。企业战略思维属于一种特殊的"角色思维"，即企业决策者的战略思维。在战略实践中，企业的决策者即使没有成为企业战略的最初构思者，也一定是企业战略的最终思考者。然而，因为担心战略决策的商业风险，也可能是因为战略的事情重大，有些企业决策者总是把战略的事情往后推，无法及时做出决断，以至于错过了战略决策的最好时机，相机产业的巨头柯达公司如此，手机产业的巨头诺基亚公司也是如此。从责任的角度判断，厌恶思考的人不能成为战略的决策者，思考不力的战略决策者可能耽误企业的发展。

战略思维常常是一种焦虑和煎熬的心理过程。推迟思考那些令人头疼的战略问题并不是解决问题的办法。对于企业的决策者来说，战略思考是责无旁贷的。我们可以通过苏宁公司转型的例子，说明这种"战略思维责任"的深刻含义。

2012年的年末，中国苏宁电器公司的决策者宣布，"苏宁电器"将转身成为"苏宁云商"。在中国的电商风起云涌的时刻，中国家电零售的老大——苏宁，决定由"店商"转型成为一个"电商"。这背后是一种艰苦的战略思考：苏宁继续做一个大型连锁的店商，京东、阿里这些电商巨头不断蚕食传统家电零售企业的市场。家电消费者只是在苏宁的卖场体验产品，却不在苏宁卖场购买产品。如果和电商巨头们死磕下去，苏宁的决策者无法判断双方斗到哪一天才能见到分晓，苏宁能否取得最后胜利更是无从得知。于是，苏宁决策者决定换一种思路，利用自身的优势来争夺电商的市场。然而，从店商模式改作电商模式，苏宁实体零售店的资产价值损失巨大，这有可能是几百亿元的损失。是丢掉几百亿元，还是慢慢丢掉苏宁的整个市场？决策的苦恼在于，苏宁转为一个电商要丢掉几百亿元，继续做一个店商是否一定丢掉整个市场则无人知晓。这期间，苏宁决策者思考的艰难程度可想而知。最终，苏宁决定公司经营由单纯的店商变成"店商＋电商"模式。对于苏宁的发展来说，战略决策者必须在企业利润和企业生存之间做出抉择，在当前痛苦与长期发展之间做出决断，这真是一份沉甸甸的战略思维责任。①

3. 企业决策者拥有战略思维的经验。在成为一个战略决策者之前，企业的决策者一般都经历了战略思维的熟悉过程。这个过程可以分解为学习、模拟和参与等一系列具体的行为。

战略思维不是与生俱来的人类思考技能。对于现代的企业决策者来说，学习企业战略管理的基本内容，分析经典的企业战略案例，掌握企业战略思维的基本步骤和分析方法，这是进行企业战略思维的知识基础。

在此基础上，企业决策者可以模拟战略决策行为，对某些企业战略问题进行"沙盘演练"。比如，面对一个经营项目的"沙盘"，战略思维的练习者可以经常提问自己：

○ 假若我来做这个项目（业务），我该如何更好地应对局面？

○ 这个项目的市场价值和战略着眼点是什么？

○ 这个项目成功的路径和方法有哪些？

○ 这个项目失败的理由是什么？如何补救？

……

企业决策者在战略思维方面的模拟演练，犹如运动员在参赛前的动作练习一样，单调、重复，不断熟习，达到熟练的程度。

在单独做出战略决策之前，参与企业战略决策的过程也是非常重要的，

---

① 邓迪、杨燕：《苏宁云商：线上线下融合之路》，《中国经营报》2016年8月1日。

比如，练习者负责某一具体战略问题的论证，参与集体讨论战略方案的过程，都可以从中获得企业战略思维的经验。大多数的企业决策者都是经历了学习和熟练之后，才真正开始战略决策的生涯。至于后来在成长过程中，企业的决策者如何积累战略决策经验的问题，请参阅第四章的有关内容。

战略思考是一种辛苦的脑力工作。一个人良好的战略思维习惯，不仅来自战略思维的反复练习行为，而且来自决策者在企业经营中的战略思维意识与战略思维责任。从优秀的战略决策者的成长过程来看，企业的决策者只有勤奋与坚持，才能养成一个良好的战略思维习惯。

有时，即使具备良好的战略思维习惯，企业决策者的战略思维水平也未必就能超过别人。生活的成功来自努力，但努力不一定带来成功。尤其在思维领域，成功的战略决策可能与决策者的战略思维方法相关。

（二）总结战略思维方法

凡事都有一个方法问题。无论"事半功倍"，还是"事倍功半"，其实都与一个人的行为方法有关。本书并不热衷探寻"战略思考术"一类的东西。与其总结那些缺乏普遍性的所谓战略思维技术，作者宁愿相信每个战略决策者都拥有自己独特的战略思维方法。

当然，借鉴与探索同样重要。也就是说，企业决策者不必照搬别人的战略思维技术，却可以借鉴"他山之石"的功效。通常，思维技术的借鉴可以分为两种情况：一是生活情景相似，模仿他人思考方法；一是思考内容相似，模仿他人思考过程。显然，与行为方法借鉴不同，借鉴思维方法可能面临更大的风险。思维细节上差之毫厘，思考结果可能谬以千里。说到底，借鉴他人的思维之法也需要很好的悟性。相比较而言，不同商业领域乃至不同生活领域的借鉴行为，可以显示出企业决策者的战略悟性，在此基础上的战略探索可能更顺利一些。

处于同一商业领域，即使决策者成功借鉴他人有效的战略或者战略思维方法，企业的战略行为也容易产生相似性，战略的普遍相似性完全可以摧毁一种商业战略的有效性。因此，战略思维在本质上是一种创新的过程。原创的战略思路更容易取得商业的成功。

既然战略的思维技术并不具备普遍的适用性，作者索性总结一些企业战略思考的辅助办法，以飨读者。在战略思考过程中，这些辅助办法能够帮助企业决策者更容易获得战略思想，也不妨碍决策者凭借自己的方法完成战略思考的过程。

1.战略路线图法。这是一种构思企业战略的辅助办法。就基本内容而言，企业战略＝愿景＋路径。当头脑里涌现出"做企业或项目"的想法时，决策者可以尝试在白纸上写出自己的愿望，并在愿望的旁边填写能够实现这一愿景的路径。这可能是一个不断涂画的过程：决策者不断萌生或者更换新的战略愿景，同时，在已经形成的一个战略愿景的旁边，决策者可以添加不同的实现路径。经过反复对比，仔细权衡，战略的思考者把那些不现实的愿景以及不靠谱的路径划掉，企业战略的愿景和路径逐渐清晰起来，企业决策者的战略构思也开始成熟。据说，美国的西南航空公司和亚马逊公司的战略都是写在一张餐巾纸上的。结果，餐巾纸上留下了两个伟大公司的神奇愿景，以及实现公司愿景的独特路径。

2.战略方案树形图法（也称为"鱼刺图"法）。这是一种关于如何选择战略行动方案的辅助办法。企业战略方案的选择，表现为一个纵向的逻辑决定和横向的优势比较的过程。从纵向来看，企业战略决定的过程就像一棵大树，由根部、树干、枝条和果实四个部分组成。在企业战略这棵大"树"中，"根部"是指"企业的资源与定位"，"树干"是指"战略路径"，"枝条"是指"细分市场的范围"，"果实"是指"竞争的优势"。其中，资源和定位决定企业的战略路径，然后资源、定位和路径决定企业的市场选择，最终资源、定位、路径以及市场环境共同决定一个企业的竞争优势。这种纵向逻辑决定的关系，要求战略思考应该按照由根部到果实的方向，因果关系明确，前后顺序缜密。与树的生长一样，企业战略的形成也同样面临一个横向的比较选择的过程，从根部开始，企业要健康发展，就要选择最有生命力的树根（定位），选择最坚实的树干（路径），选择最有利的枝条（市场），选择最成熟的果实（优势）。在横向比较的过程中，战略思考面临坚守与放弃、创新与整合等一系列选择，明确而坚定的战略选择可以促进企业竞争优势的形成。总之，依靠这种画"树形图"的方法，企业的战略决定行为就变成一个纵横贯通的系统思考过程，战略形成的步骤一目了然，战略方案的产生顺理成章。

3.商业环境网络图法。这是一种如何分析企业战略形势的辅助办法。在这里，"环境"代表企业生存和发展的局势变动。任何企业都无法逃脱商业环境的包围，企业周围的环境因素就像网络一样，交叉、缠绕在一起。为了理顺商业关系，决策者可以企业为中心，把竞争环境的复杂情况变成一种网状的"敌、友、我"关系图，以便明确最新的市场竞争形势。在商业环境网络图上，企业的主导市场范围就是企业的商业边界。在商业边界之内，决策者可以标出哪些企业是对手，哪些企业是伙伴；在边界之外，标出哪些企业是潜在对手，哪些企业是潜在伙伴。在弄清对手（含潜在对手）和伙伴（含潜在伙伴）战略动向的基础上，列出它们各自的优势与劣势。经过深入分析图中"敌、友、我"的关系以及这种关系的变化趋势，企业决策者可以从总体上确定竞争与合作的战略选择问题。

4.经营业务流程图法。这是一种检验企业战略状态的辅助办法。决策者制定经营战略，源于企业生存与发展的需要。怎样发现企业的战略需要呢？观察企业的业务流程图是一个十分重要的线索。战略决策者可以把企业的业务行为依次列在纸上，根据企业发展的需要程度，判断哪些业务环节是有价值的，哪些业务环节是没有价值的。在那些有价值的环节中，哪个环节是企业当前赚钱的关键，哪个环节是企业未来赚钱的关键。（也许现在还没有形成。）在那些没有价值的环节中，哪些环节是企业生存的必需业务，哪些已经成为企业发展的累赘业务？总之，企业的业务流程图相当于一个企业的肢解图。在商业竞争中，企业要保持健康灵活的体态，决策者必须随时调整和改造企业躯体中的不利环节。当企业采取重大战略行动时，变革业务流程成为企业决策者设计和实施战略的必选动作。可见，企业决策者经常审视企业的业务流程图，规划企业理想的业务流程图，是设计企业战略的辅助方法之一。

再三申明，以上四种办法只是企业战略思维过程的一些辅助性的方法。撇开这些通用的辅助办法，每个优秀的战略决策者都拥有自己独特的战略思维方法。相比较而言，辅助办法具有普遍性，仅靠这些辅助办法却不能产生战略；个体方法具有特殊性，他人模仿下来可能就是一种战略笑话。出现这种差异的原因非常清楚，在激烈的商业竞争中，企业决策者总是面对一种特殊的行动过程，任何科学的战略方法都无法直接提供具体的行动方案，"创新"是决策者唯一的选择。

即使我们有幸掌握了他人的战略思维方法，这种思维方法本身并不必然产生奇妙的商业战略。也就是说，不是每个人操刀都可以实现"庖丁解牛"效果的。为什么同样的思维方法产生不同的战略思维结果呢？也许，人们在思维技巧上的差异是其中一个非常重要的原因。

（三）发现战略思维技巧

技巧，即巧妙的技能。生活中的技巧往往就是人们行为精彩的绝招。无论在哪里生活，技巧性的东西总是被人们热捧。靠什么样的技巧才能构思出一个奇妙的商业战略呢？回答这个问题，可能既令人难堪又令人失望，这个问题恐怕连那些商业妙招提出者本人也无法精确回答。因此，对于企业战略思维技巧的探索，以下几个方面可能是重要的观点。

第一，熟能生巧。在社会生活中，运动员是最讲究技巧的一类人群。优秀运动员的一个技巧动作是通过成年累月、日复一日、一次又一次的动作练习才形成的。其中的单调、枯燥、寂寞和忍耐是常人无法想象的。人们惊叹英国足球运动员贝克汉姆在球场上的精彩一脚，却无法模仿他踢足球的技巧。战略思维的技巧也是这个道理。企业的战略决策者需要反复思考企业的战略问题，一直把战略思维变成自身的一种思维习惯，乃至决策层已经形成一种"战略思考的文化"，最终才可能出现所谓的战略思维技巧的现象。一旦决策者或者决策层集体拥有某种战略思维的技巧，企业可以产生一种超级的商业竞争力。

第二，回归原点。一个人如果在丛林中迷路，最好的解决办法是"回归原点"，而不是继续盲动。丛林迷路是人们无法完全排除的现象。迷路时刻，人站在原来的地点不动，危险通常是最小的。企业决策者在战略思维过程中也可能遇到类似的情况。战略思维的原点，就是决策者关于战略的基本逻辑判断。每次战略思考，决策者都好像是在商业丛林中穿行，随时面临迷失战略思考方向的危险。一旦陷入战略迷途，决策者的盲目尝试只能白白浪费企业的资源，有可能把企业引向一条不归之路。这时，企业决策者回归战略思考的原点，重新判断战略愿景的合理性以及战略路径的可靠性，谋定而后动，企业的战略行动才能出现"柳暗花明"的效果。在这个问题上，企业决策者不需顾及面子，也不要计较损失，更不能害怕麻烦。

决策者重新回到战略思考的原点，甚至多次回归思考的原点，是企业战略思维中的正常现象。有一位名叫富歇的法国人曾经说过：人的成功和才能无关，只要谨慎加上少许行动力就足够了。既然人们无法做到神机妙算，决策者的谨慎就是一种战略思维技巧。

第三，保持思维弹性。在战略的推进过程中，企业决策者回归战略思考的原点并非易事。当最终结果还没有出现的时候，战略思考者凭什么要回到思考的原点呢？据我观察，那些在商海中力挽狂澜的企业决策者拥有一种思维的弹性。这种思维弹性不是思想的摇摆不定，而是思维的灵活跃动。战略思维弹性的具体表现是，企业决策者相信自己的战略决断又不迷信既定的战略方案，经常检查企业战略的合理性，分析战略障碍的根源，尽量避免出现思维僵化的倾向，保证战略随着商业环境的变化而变动。

战略是企业重大行动的根据。坚守战略还是放弃战略，决策者的态度往往是企业成败的关键原因。那些在战略上失败的决策者，多数迷信"战略不可动摇"的经典观点，头脑顽固，失去了思维的弹性，结果抱着错误的战略而沉入商业的大海。

第四，请忘掉技巧。每一次的战略思维过程，都是决策者思考企业发展的新探索。先前的商业秘诀，他人的成功范例以及流行的权威理论，都可能成为决策者在战略思考过程中的"思维技巧"，从而困住他们的头脑。创新是一切商业战略的灵魂。从内容来看，企业战略思维就是发现新的商业价值，即发现商业行为的利润来源和获取商业利润的技巧。如果沿用过去的思路，或照搬书本的结论，或模仿他人的方法，这些"曾经成功的技巧"将会影响其对"商业创新"的态度，比如，按照以往的观念，可能认为企业创新的价值太小，或风险很大，或要求过高，或形式怪异，决策者最终有可能轻易地否定"商业创新"的战略意义。

在战略思维技巧方面，"无招"胜"有招"。只有卸下"思维技巧"的束缚，勤奋思考，敢于创新，企业决策者才能一次又一次地发现穿越战略思维丛林的捷径。

商业战略决策成功的本身说明，企业决策者在战略思维中拥有其聪明之处。这种聪明也许就是"战略思维技巧"一类的东西。可惜，他人思维的技巧是借不到的，也是学不来的。多少年来，人们一直被一些时髦的战略理论所迷惑，相信存在"科学的思维公式或者真正的思维技巧"，从而试图绕过艰辛的思维过程，轻轻松松地获得商业战略，结果却可能弄巧成拙，画虎成猫。

从长期来看，企业决策者的战略巧妙是以其见解深刻为基础的，而后者又与战略决策者的哲学修养有关。

三、哲学修养

从个体来说，哲学代表我们每一个人对生活的感悟。除了哲学的理论，世界上每个人的哲学都不可能是完全一样的，正如每个人都走过自己独特的人生道路。

哲学的这一特点是由哲学内容决定的。就个体而言，哲学可以分为生活态度与生活境界两个部分。其中，所谓生活态度的学问，是指一个人对生活以及生活环境的某些固定的看法或者一贯的理解，比如，积极的或消极的，乐观的或悲观的，客观的或主观的，善良的或邪恶的……在哲学理论中，关于生活态度的哲学通常被称为"世界观"，而世界观哲学又被进一步划分为"唯物主义"与"唯心主义"。凡是认为客观（环境）决定主观（想法）的世界观哲学统称为"唯物主义哲学"；相反，认为主观决定客观的世界观哲学则被称为"唯心主义哲学"。

实际上，唯物主义与唯心主义只是代表人们对生活现象的两种不同的思维模式，并不代表人们生活的先进与落后、成功与失败、科学与迷信，因此，唯物主义者和唯心主义者都可以成为生活的时尚派、事业的成功者以及严肃的科学家。另外，人的生活的思维模式不是永远不变的，世上没有人一生都是完全的唯物主义者，也没有人一生都是彻底的唯心主义者，唯物主义与唯心主义的区别只是人们对待某一生活问题的态度不同而已。

作为生活态度的哲学学问，超越了哲学理论中的唯物主义与唯心主义的范围。在理论上，人们可以划分出唯物主义的派别和唯心主义的派别。而在生活中，唯物主义和唯心主义完全可以出现在同一个人身上，又可以出现在同一个人的不同生活问题之中，人们没有必要将自己硬性归为一个唯物主义者，或者一个唯心主义者。是一个唯物主义者还是一个唯心主义者，完全取决于一个人当时的生活态度。

世界观哲学的意义在于，生活态度可以决定人对生活问题的基本判断。正因为如此，一个富豪可能因为算计一点财富而忧心忡忡，一个乞丐却可能由于满足一块食物而幸福满满。人生的幸福与不幸常常在"转念之间"。

哲学的另一个基本内容是关于生活境界的学问，即人们关于什么是理想（性）生活（行为）的判断。对于什么是理性的生活行为或者理想的生活环境，每一代人甚至每一个人都有自身的标准，比如，理性的或盲目的，经验的或规律的，创新的或守旧的，时尚的或保守的……在哲学理论中，关于生活境界的哲学被称之为"方法论"，并被进一步划分为辩证法与形而上学两个哲学流派。抛开哲学理论的标准，笼统地说，凡主张生活行为的规律与变化性的哲学可称为"辩证法"，相反，保持生活行为的刻板与机械性的哲学可称为"形而上学"。

哲学理论家把方法论哲学划分为"辩证法"与"形而上学"两个派别，这种分类可能过于简单。在生活中，我们每个人都追求理想的生活境界，都认为成功必须依赖行为的理性。每个人都有自己生活成功的方面，但不是所有生活方面的成功。一个人在生活中做到完全的辩证法，或者成为一个完全的形而上学者，几乎是不可能存在的现象。实际上，某些理性生活行为表现出"变化性"的特点，而某些"机械性"行为也体现出行为者的理性，理性才是关于生活境界的哲学的核心。

至于某些学者将"辩证法哲学"贴上科学的标签，将"形而上学哲学"贴上非科学的标签，从而进一步提出科学的方法论与非科学的方法论，这些学者可能忽视了哲学与科学的不同。无论个体生活的内容如何，人们关于理性生活的观点，都应该属于方法论的哲学内容。

正是因为人们关于理想生活境界的理解不同，才导致人类生活成功样本的丰富多彩。然而，在追求同样的生活境界时，方法论的差异却可以决定一个人生活（事业）成功的高度。合理的行为更容易实现生活的目标，相反，不合理的行为则可能偏离生活目标。这才是方法论哲学的意义。

就人的一生来说，人生最大的学问，除了生活的状态幸福或者不幸福，就是生活的行为合理或者不合理。一种滑稽却并不好笑的生活现象是，世间的人们拥有自己坚定（顽固）的哲学，各自走过（不）幸福与（非）理性的一生。因此，哲学没有科学与不科学之分，它就是每个人的生存学问。

通常，个人的哲学学问表现为个人的哲学观点。个人的哲学观点则构成自身想法的判断根据。一方面，每个人的想法或行为的背后，总是具有自身的哲学道理；另一方面，哲学观点决定了一个人思考问题的特点不同，以及独特的行为方式。可见，个人生活的成功或失败，最终都可以找到哲学上的根源。哲学是人们思维的基础。这就是哲学学问的价值。

当一个人到成熟的时候，其哲学学问才可能最终形成。一般来说，人的哲学学问形成的标志是：说的话具有一些"哲言"味道，做的事体现出一定的"哲理"。当然，对于生活中的"哲言"或"哲理"，每个人可能都是"各有其道理"。总之，哲学是人们在言行中显露出的生存智慧。生活的"哲（理）（现）象"比理论的"哲学（概念）"更丰富。

从根本来说，真正的哲学学问并非来自哲学课本（理论），而是来自一个人的生活经历与感悟。长期以来，人们误认为哲学就是哲学课本上的内容，误把哲学理论当作人生的哲学学问，追求统一的、科学的哲学答案，从而忽视了个人在生活中的哲学修养。

什么是哲学修养呢？哲学修养是指这样一种生活景象，当一个人在心静的时候，沉思自我生活的道理，以求修正自己的处世态度，提升自身的行为境界，达成内心的生活完美。总的来说，哲学修养可以完善个人的世界观、认识观和价值观。具有良好哲学修养的人，能够变得更加聪明和理性。

令人遗憾的是，这种学问是悟到的而不是学到的。学校的哲学课程可以把我们引向哲学修养，却无法替代自己的哲学修养。古希腊哲学家亚里士多德曾说，哲学产生于"惊异"。其道理在于：没有深刻认识生活，哲学的学问便无从产生。当一个人开始哲学修养的时候，一定是其努力探寻生活真谛的时刻。

　　哲学修养的过程是从感悟一种生活的道理开始，到形成一些哲学观念之后结束。当某一阶段的哲学修养结束的时候，人们总是以为找到了"为什么如此生活"的道理。人生的全部经历没有结束，一个人的哲学修养过程就不能完结。由此可见，一个人有多少次深刻的生活经历，就可能拥有多少次哲学修养。生活中的哲学修养比课堂上的哲学学习更重要。

　　哲学修养虽然重要，但不是每个人都可以进行哲学修养的，也不是每一次哲学修养都可以发现生活的真谛。只有那些追求生活品质又喜欢沉思的人们，才懂得哲学修养的曼妙之处。对于企业的战略决策者来说，哲学修养的价值主要体现在以下几个方面：

　　1.哲学修养决定事业的高度。哲学修养可以改变人们看待生活的眼界与眼光。所谓眼界，就是人们可以在更广泛的空间内来认识某一生活问题，从而能够看清问题的深层本质。比如，对于同样思考获取财富谋略的人们来说，缺乏哲学修养的人在财富面前容易恐慌或者贪婪，其商业战略常常表现出犹豫或者冒险；相反，具有哲学修养的人对财富是理性和淡定的，他们做出的商业战略表现出果敢与稳妥。

　　所谓眼光，是指人们可以在更高的位置思考问题，因而看到问题的长远后果。商业的成败一般是由最初的企业战略决定的。企业决策者为什么选择这样一个行业，这样一种市场，以及这样一些商业伙伴，冥冥之中，是因为他们看到了问题的另一面。这就是俞敏洪为什么可以把英语知识变成商业财富的根本原因，也是马云为什么能够把网络企业做成商业帝国的根本理由。

　　人们总是羡慕那些商业成功者的眼界和眼光，岂不知人的眼界和眼光来自成功者的哲学底蕴。没有哲学修养，即使拼命读书和辛苦做事，人们也很难拥有广阔的眼界和长远的眼光。缺少眼界和眼光，企业决策者无法将自己的事业做得高大。

　　2.哲学观点包含战略的根本道理。哲学修养可以凝聚成修养者的哲学观点，即对生活的具有哲理性的结论。这些哲学观点成为修养者行动的独特原则。

　　战略家也是哲学家。优秀的企业战略决策者通常都拥有独特的哲学观点。例如，当年，韦尔奇在美国通用电气公司内部提出的"数一，数二"

战略，即使在今天仍被人怀疑是否能称得上"战略"。从表面来看，这一战略既简单又平凡，既通俗又浅显。然而，在美国通用电气公司当时庞大的业务体系中，这是增强竞争力，提高资产效益，寻求发展机遇的最有效战略。韦尔奇的这一战略与其本人的"Win（赢）的哲学"是一致的。为了"Win（赢）"，他毫不留情地砍掉那些无法在市场取得领先的事业部，最终将通用电器公司的市值由 130 亿美元提升到了 4800 亿美元。这 经典例子表明，简单与平淡的商业战略背后，蕴含着企业决策者深刻而有效的哲学观点。

3. 哲学智慧有利于破解战略的困难。假若没有经营的困难，我们没有必要将一个商业决策称为"战略"。企业战略的成败，在某种程度上，取决于决策者如何克服战略中的困难。企业决策者怎样克服战略的困难呢？方法、机遇、勇气、毅力，这些方面都是非常重要的。可是，哲学智慧才是帮助人们终结生活困难的最重要因素。当企业在战略上遇到困难时，利用方法，依赖机遇，鼓足勇气以及增强毅力，应该是决策者的必要选择。然而，这些选择必须以智慧为前提。哲学代表人的生存智慧。拥有深厚哲学修养的战略决策者，思考问题的层次和视角与众不同，他们能够看到复杂现象背后的真实本质。一旦发现商业混乱和危险的真实本质，战略决策者就可以看到新的机遇，然后，克服困难的方法、勇气和毅力也就随之产生。

4. 哲学态度有助于快乐经营。认为经营企业是人生的痛苦之事，这个人肯定远离经营活动。经营是快乐还是痛苦？这取决于企业决策者的哲学态度，即生活态度。哲学可以教会人们灵活地看待商业生活现象。我们以"怎样赚钱"为例，具体分析哲学修养对于快乐经营的价值。比如，

第一，赚钱与不赚钱。当企业生意特别红火的时候，决策者忙得要死却可以从中享受赚钱的快乐；当生意冷淡下来之后，决策者闲得发慌却可以享受休假的快乐。其实，无论生意赚钱还是不赚钱，那些具有哲学修养的人都可以从生意中享受经营的快乐。

第二，赚钱多与赚钱少。做企业就是为了赚钱。多赚与少赚只是赚钱数量的差别，多赚并不等于能够享受更多福分，少赚也不意味快乐一定少些。从哲学角度来看，赚钱过程永远比赚钱的结果更重要。

第三，赚钱快与赚钱慢。企业的赚钱速度是由行业周期、市场状况以及时机选择共同决定的。赚钱快时不手软，赚钱慢时有耐心。这说明企业决策者既聪明又洒脱，拥有很高的商业心智。

第四，赚长线与赚短线。一生在一个市场中打拼，说明企业决策者的定力非凡；一生可以在更多的市场赚钱，则说明决策者的灵性较高。人生的定力与灵性，都与人的哲学修养有直接的关系。

除了以上的哲学态度之外，对于赚钱问题，具有哲学修养的人们通常清楚：有些钱不能赚的，有些钱是无法赚的，有些钱是不值得赚的。总之，赚钱的背后充满哲学道理，企业经营之中富有"经营哲学"。哲学修养通过改变人们的生活态度以及调整内心的生活境界，最终影响了企业决策者的战略思维过程。

当然，一切修养行为都不可能达到立竿见影的效果。从长远来说，哲学修养以及前面讨论的商业道德修养和战略思维修养，分别从立心、立身、立业三个角度，对企业决策者的战略决策行为产生深远的影响，反映出一个企业的战略风格。不仅如此，这三种修养还决定企业战略决策者的命运。古人曾说，（品）德薄而位尊，（能）力小而任重，智（慧）浅而谋远，必有灾殃。坐在企业的战略决策位置可能令人羡慕不已，但是做出成功的战略决策需要一个人的商业品德、思维能力与哲学底蕴的综合作用。观察商界某些明星人物的沉溺堕落，可以感受到古人一说法的道理。

关于企业的战略个性问题，我们已经分析了决策者的性格、天赋和素养对于企业战略决策的作用。然而，这种分析似乎还不够完整。在商业实践中，人们可以发现这样一种战略决策现象：起初的战略并不被世人看好，经历长期的挫折之后，人们才看到这个战略的有效性，比如，乔布斯的电脑软硬件一体化战略的最终成功。剖析类似战略决策的历程，我们可以看到，不完全是决策者性格的果敢、天资的聪明以及阅历的丰富，就可以帮助决策者做出一种非常偏执但又非常成功的战略决定。这表明，在性格、天赋和素养之外，也许还有其他因素影响企业决策者的战略思维。

第四节　战略决策者的信念体系

从一般意义来说，信念就是人们确信的生活观念。与这一概念相近的还有信仰、理念等词汇。无论是内生的，还是外输的，作为人们坚信的生活观念，信念具有下列的特点：

其一，它是先验的，信念根植于人的头脑之中；

其二，它是理性的，信念代表某些独特的道理；

其三，它是确定的，信念属于不必证明的真理。

通常，信念具有一些固定的表达格式，比如，"一定是这样""特别喜欢这个""必须那样做"。物质世界原本是统一的，但人们内心的物质世界为什么是不同的呢？这是因为，信念不同，人们认可的世界是不同的。实际上，所谓生活中的事实，只是我们可以接受的事情而已。一旦确信某种事实，人们的情绪可以变成两种状况：一是认定某个道理；二是认准某个死理。无论出现哪种状况，信念持有者怀揣一种强烈的愿望，一直将事情坚持做到成功或者失败，其间的行为不会轻易改变。这就是信念的力量。

一、商业信念体系

根据信念的性质不同，人们的生活信念可以分为宗教信念、政治信念、商业信念等不同种类的信念体系。在同一种信念体系之中，按照信念的地位和作用不同，信念体系又可以划分为主导信念和辅助信念两个部分，它们各自拥有一些具体的信念。

商业信念体系是人们关于商业生活信念的集合。与其他性质的信念体系相比，商业信念直接影响企业决策者的战略决策行为和过程。其中，商业的主导信念可以决定企业决策者为什么要从事一种特别的商业活动。例如，

1.我想用钱解决个人或家庭的幸福。在这个世界上，80%的幸福可以用钱解决。我们也相信，80%的人们因为这样一种信念做了企业。

2.我想做好一件产品（一项技术或一种服务），无论从事的商业活动是什么，热爱某种事业使人乐不知疲。

3.我想证明我有能力。不可否认，商业活动的确能够证明一个人是有能

力的或者是有魄力的。

4.我要承担这种责任。不管这种责任是家族的还是自己的，"责任"让人做企业不敢懈怠。

除了主导信念之外，一个企业决策者还可能拥有某些辅助信念。商业的辅助信念可以解释决策者从事某种商业活动的特点，例如，

1.我想和这些员工（伙伴）长期工作（合作），这是一件非常有趣的事情。决策者因此做出一个长久的企业。

2.我喜欢用自己的钱来赚钱。决策者的企业发展不快但比较踏实。

3.我喜欢抓住这些机会。决策者因此可能变成一个商业的机会主义者。

个人到底拥有多少商业信念，这是一个很难说清楚的问题。但是，通过分析一个人的商业信念体系，能够刻画出企业决策者的鲜明个性，帮助人们解读这个企业的战略独特之处。例如，2016年7月17日，京东总裁刘强东做客中央电视2台的访谈节目，这是刘强东战略思维的一次集中解读。在刘强东看来，自己的商业信念的关键是"草根心态"，这应了《菜根谭》的一句话，"咬得菜根，百事可做"。除了这种主导信念之外，刘强东还拥有一些比较突出的辅助信念，比如，"卖真货""零售就要降成本、提效率、体验好""大伙一起发"等。分析刘强东的商业信念体系，我们可以了解京东公司的战略个性。

二、信念在战略思维中的作用

作为一种心理现象，信念来自人的灵魂深处，它能够控制和影响人们的情绪、欲望和行为。具体来说，信念对战略思维活动的作用可以归纳为三个方面：

1.信念引导战略意图的形成。战略意图代表决策者谋划战略所要达到的目的。战略意图的坚实根据来源于企业条件和商业环境。然而，信念作为一种内心引领的力量，引导决策者产生某些强烈的战略意念，比如，"我们就要做这样的商业活动""我们就要构建这种商业模式""我们就想实现这样的商业愿景"，等等。这时，企业战略可能没有成熟的商业条件，但是，企业的决策者就认准这个"理"，并义无反顾地构思一种非常另类的商业战略。

2010年，亚马逊总裁贝佐斯在普林斯顿大学演讲时提出，自己的商业信念主要可以归结为三点：最重要的发明（成功）都是来自尝试错误；善良比选择更难；选择塑造我们的人生。因为这些独特的信念，贝佐斯在30岁时毅然辞职创办亚马逊，选择网上卖书的创业之路。后来的二十年，亚马逊公司一直没有盈利，贝佐斯却以坚定的商业信念，坚守自己"网上书店"的梦想。为此，他感叹道"我不会为尝试过后的失败感到遗憾"。在贝佐斯看来，坚定的信念是他商业成功的重要因素。①

2.信念可以改善战略思维的主观因素。信念处于人的思想的深层部位，它们不会出现在具体的思维活动之中。但是，信念可以改善思维活动的一些主观因素，像本书前面讨论的性格、天赋、修养等因素，从而间接影响决策者的战略思维活动。

关于人的性格，人们常说"江山易改，本性难移"。如果人的"本性"要"移"，这肯定与人的生活信念改变有关。一般来说，随着生活环境的突变或者年龄的增长，人们可能确立新的生活信念，性格随后悄然发生变化。当性格改变之后，人们往往忽略信念的作用，只把性格改变和时间持续联系在一起，好像年龄改变了人的性格。这是一种认识的误区。实质上，信念改变人的性格特征，性格影响人的思维特点，由此我们可以在战略思维中看到信念的影子。

从表面来看，人的天赋情况的确与信念无关。然而，信念可以改变一个人的智力配置。每个人的智力资源总是有限的，即使有些人天生聪明而有些人先天愚笨。人们因为信念将智力集中到某一思维活动中，其效果就好比"水滴石穿"一样，最终，愚笨的人也可以做出惊人的战略行动。电影《阿甘正传》的阿甘就是一例。

修养代表人的生活行为的完善程度。一个人完善到什么程度，才算生活"完美"呢？这取决于个人的信念。"这才是我要的生活"，"做到这一步就好"……只要没有达到信念的要求，一个人必定还在修养的路上。我们曾

---

① 贝佐斯2010年在普林斯顿大学演讲的文字内容见《新华每日电讯》，微信号：caodi－zhoukan，2017年8月12日。

经分析了企业决策者的商业道德修养、战略思维修养和哲学修养，这些修养行为决定企业战略的一贯风格。然而，由于信念决定了企业决策者的修养程度，所以，信念在更深的层次上引领企业战略决策的整体风格。

以上分析表明，信念和思维虽然是两种心理现象，但是信念可以通过改变人的性格、天赋和修养，间接地影响企业决策者的战略思维活动。

3.邪念误导战略思维进入歧途。重视信念在人的思维中的正确引领作用的同时，人们不可忽视那些不正当的商业信念，即邪念的毒害作用。邪念也是信念。人们通常把信念当作"正理"，把邪念作为"歪理"。在经营企业的过程中，决策者有时出现"认死理""钻牛角尖""狂妄症"的情况。这时，企业决策者可能就处于邪念的控制之下。一般来说，决策者那些邪乎的战略想法主要来自商业邪念，其做出的战略的结局是：轻者走了一条弯路，重者走上一条死路。对于企业的战略决策者来说，下列商业邪念应该引以为戒：

其一，迷恋自我，胆大妄为。企业决策者天资聪明，或者事业鼎盛，都容易陷入一种"想啥成啥"的幻觉之中。这时，失败很快找上门来。

其二，投机取巧，浅尝辄止。过去三十年的中国商业环境，造就了一批又一批的商业机会主义者。撞大运、玩花样、找窍门、造概念、搞忽悠，一些决策者一直处于浮躁的状态，企业红火却不长久。

其三，唯利是图，不择手段。某些企业的决策者信奉"善不营商"的理念，为了利润，他们制假贩假，以次充好，巧取豪夺，囤积居奇，完全以利润论英雄，毫无廉耻，坑害社会。

其四，贪大求全，以快制胜。中国的企业很少掌握世界级的核心竞争力，企业的决策者们普遍热衷"割韭菜"行为，比如廉价的劳动力、丰富的资源、巨大的市场，一茬一茬的"韭菜"被割走，换来企业盲目的多元化以及虚胀的经营规模，企业陷入"十锅九盖"的尴尬境地。

总之，信念在战略思考过程中的作用体现为两种结果：认定一个正理，信念犹如船上风帆，可以推动战略思维之船顺利到达生活彼岸；认准一个歪理，信念能够火上浇油，完全毁掉决策者的商业理想。真可谓：一念天堂，一念地狱。

现在，我们需要对第七章的内容做出总结。战略个性就是企业的战略与众不同。这种个性并不一定导致企业战略的成功，却可以避免企业在战略上的平庸，而平庸是企业战略失效的主要原因。研究企业战略个性的目的，就是探寻那些决定战略个性的因素。企业战略是决策者战略思考的结果。从逻辑上判断，决策者的思维特点决定企业战略的个性。凡是影响企业决策者战略思维的主观因素，最终都可以影响企业的战略个性。

在分析了战略决策者的性格特征、认知能力、决策素养和信念体系之后，我们可以发现，完整说明企业战略个性是一件非常复杂的事情。不仅如此，除了本章已经分析的四种主观因素之外，影响企业战略个性的主观因素可能还包括决策者的家庭背景、学历、性别、民族特征等。我们必须承认，准确回答企业战略个性与决策者某种主观因素有关，这并不是一个容易的问题。

另外，每个人的生活习性都有独特之处。分析企业战略个性时，运用决策者独有的生活习性来解释企业战略特点可能会得出荒唐的结论，例如，巴菲特喜欢吃糖，因而持有可口可乐公司的股票；史玉柱喜欢玩网游，因而成立巨人网络公司。可见，企业战略个性与决策者独特生活习性之间并无紧密的联系。从严谨的原则出发，研究企业战略个性，主要是探索企业战略的特点与决策者战略思维的主观条件之间的决定关系。

毫无疑问，在影响战略思维的主观条件中，性格、天赋、修养和信念是影响决策者战略思考的最重要因素。由此可以得出结论，战略决策者的性格、天赋、修养和信念，可以决定一个企业的战略个性。

第八章　战略思维

随着传统制造业的不断成熟，以及生产行为科学化的推广普及，企业"科学管理"的时代逐渐远去。战略技巧超越生产能力，在企业经营中的作用凸现出来。于是，人类管理企业的历史进入了"战略管理"的时代。

第一节　企业战略理论的困惑

企业战略管理时代的形成，与现代社会经济发展的特点具有密切的关系。第二次世界大战结束后，人类社会开始进入一种相对稳定的历史发展时期。虽然冷战与地缘政治冲突不断，但是，世界各国积极发展本国经济，经济取代政治（军事）成为现代国际竞争的重心。

在这一时期，消费市场持续繁荣，技术发明日新月异，资源供给充沛，交通便利，信息发达，这些都为企业生存和发展提供了广阔的商业前景。与此同时，现代商业的参与者日益增多，人们不断地涌向全球的热点市场，分享商业机会，争夺市场资源。从更多的商业机会到更残酷的商业竞争，社会经济发展带给人们的商业感受可谓有喜有忧，喜的是商业机会很多，忧的是分享机会的人更多。在这样的商业环境中，企业界逐渐形成一种共识：只有依靠战略技巧，企业才能打败众多的商业对手。逐渐地，"战略决定企业成败"的商业理念开始形成，以至于商业精英们言必称"××战略"，商科学生必选一门所谓的"Top Stone"（顶尖石）课程——企业战略管理。

企业战略管理学说的兴盛，完全是由企业战略现象火热引起的。在战略现象的火热与战略学说的兴盛之间，后者就像前者的影子一样，人们感叹企业战略的神奇表现，尝试借助战略管理学说这个影子来理解企业战略的奥妙。当企业战略创造了商业的各种奇迹之后，企业战略管理学说也被人们捧为管理领域的一种理论神话。

然而，人类思想史的常识告诉我们，如果一种理论学说俨然成为神话，那么，我们就有理由怀疑这一学说的合理性。从现象上判断，理论神话充斥了夸张性的表述，但缺乏生活实践的应用价值。目前，企业战略管理学说正是具有这样的特点。一方面，战略管理学说信誓旦旦地告诉人们，战略决定企业的成败；另一方面，这一学说却无法回答，那些神奇的战略是怎样形成的。对于企业的战略决策者们来说，战略管理学说犹如盛开在迷雾中的花朵，美丽却又充满迷幻，中看但不中用。长此以往，企业战略管理学说终将面临严峻的实践挑战。

一、企业战略管理是个伪概念

在企业战略管理的研究中，最严重的学术乱象是，这一领域的学者们对于什么是企业战略先后提出 N 种定义，至今却没有形成一个统一的概念。根据加拿大麦吉尔大学著名教授亨利·明茨伯格的总结，企业战略管理的研究可以归纳为十个流派，每个学派都拥有自己独特的企业战略概念，它们分别是：

　　○ 设计学派——认为战略形成是一个孕育过程。

　　○ 计划学派——认为战略形成是一个程序化过程。

　　○ 定位学派——认为战略形成是一个分析过程。

　　○ 企业家学派——认为战略形成是一个构筑愿景的过程。

　　○ 认知学派——认为战略形成是一个心智过程。

　　○ 学习学派——认为战略形成是一个涌现过程。

　　○ 权力学派——认为战略形成是一个协商过程。

　　○ 文化学派——认为战略形成是一个集体思维过程。

　　○ 环境学派——认为战略形成是一个适应性过程。

　　○ 结构学派——认为战略形成是一个变革过程。[①]

明茨伯格认为，学者们对战略形成过程的认识如同盲人摸象，每个盲人

---

① 亨利·明茨伯格等：《战略历程》，魏江译，机械工业出版社 2012 年版，第 4 页。

都摸到了其中的一个局部，而对其余部分则一无所知。① 当这位著名学者以"盲人摸象"来形容人们对企业战略现象认识的时候，他忽视了这两种现象之间最重要的差异：盲人们分别摸到了大象的象肚、象牙、象鼻、象腿、象耳、和象尾，这些部位可以构成一头基本完整的大象，但是，学者们的十个定义拼在一起，根本就不是一头"大象"（即现实中的"企业战略"）。② 这种学术上的不幸开端，恰好为构筑一种权威的企业战略管理学说体系埋下了隐患。

不管是有意还是无意回避这种学术隐患，多数学者借助"商场如战场"的道理，绕开单独定义企业战略的麻烦，主要强调企业战略管理是一种战略分析、决定与执行的客观过程，即所谓的"企业战略的科学管理过程"。然而，企业战略领域存在一个被学者们普遍忽视却要必须回答的学术问题：企业战略管理到底"管理"什么？如果认为企业战略管理是"管理企业战略"的，那么，企业战略管理就是一个伪概念。因为，无论最初的战略是谁提出来的，战略的形成最终是企业决策者思考的结果，这根本不需要一套客观的管理行为，所以，企业对"战略"的管理行为实际上是不存在的。

再换一个角度，继续解读"企业战略的管理"。如果认为"企业战略的管理"是管理"战略实施过程"的，那么，这就是一种不必要的重复行为。在现代的企业经营活动中，企业的日常管理行为必须围绕"企业战略"展开，企业日常运营实际上就是"企业战略的实施过程"。可见，在企业日常管理之外，企业对"战略实施的管理"完全是多余的。

在整体上，企业的战略过程可以划分为两个方面的内容，即战略的形成和战略的实施。企业战略管理学说的根本隐患是，学者们把企业根本无法管理的"战略形成"与企业不必另行管理的"战略实施"混搭，导致人们想了解的内容（战略是怎样形成的）在理论上没有说明，而剩下的内容（战略是怎样实施的）又是一种不必要的重复。这就是当前大多数企业战略管理教科

---

① 亨利·明茨伯格等：《战略历程》，第3页。

② 究其根源，学者们热衷于从不同的客观角度研究战略现象，忽略从主观角度观察战略，而后者可以为战略研究提供统一的判断标准。

书的基本特点。对于企业战略决策者来说，拥有这样一种战略学问真是既尴尬，又无奈。

事实上，企业战略管理不是一个关于企业管理内容的概念，而是代表一种企业管理时代的概念。自从人类对企业管理进行研究以来，企业管理行为在理论上被划分为两个历史时代。在近代社会，生产活动是企业经营的核心，生产操作的科学性是企业管理的重心，企业通过对生产的科学管理来提高效率和竞争力，因而近代社会的企业管理特点可以概括为"科学管理的时代"。

进入现代社会，企业面临的商业环境的复杂性陡增。这就要求企业决策者必须灵活应对商业的机遇和风险。单凭对生产的科学管理，现代企业已经不足以在市场竞争中胜出，决策者必须统筹利用可以支配的资金、资源、技术、人才以及其他市场条件，运用出色的商业智慧和谋略，方可在表面上非常诱人的市场赚到非常不易的利润。因此，现代企业的管理特征可以概括为"战略管理的时代"。准确地说，企业战略管理就是一个描述现代企业管理特点的概念。除此之外，企业战略管理的概念没有任何实际意义。

二、企业战略管理学说的缺陷

阅读企业战略管理教科书，我们可以发现，现行的多数教科书只是描述企业战略的外在表现，忽略了战略形成是一种持续的思维过程。实际上，正如本书前面的分析，战略不是一种客观的管理现象，而是一种主观的思维现象。即使运用科学的方法分析战略现象，人们也只能说出战略的外在表现，说不清战略的内在本质。道理非常简单，科学目前仍然不能完全解释人类的主观思维现象。

正是因为人们从客观表现的角度研究战略现象，才导致"科学的"企业战略管理学说，在企业战略实践的不断挑战下，将逐渐变得软弱无力。这一学说的缺陷主要体现在三个方面：

1.这个学说没有形成严谨的理论体系。理论体系是指一种理论的逻辑结构。作为一种年轻的管理学说，企业战略管理的专家们很难弄清楚企业战略决策者的真实需要，因而这个领域的大多数教科书倾向构筑一种内容翔实、体系庞大、结构复杂的理论体系。学者们可能认为，这种宏大的理论体系总有一部分内容能够满足战略决策者的需求，然而，他们忽视了这种庞大理论体系本身所带来的严重问题。

一是内容繁杂。动辄几百页的企业战略管理教科书，可谓"史上最厚的企业管理教材"。这类教科书的内容几乎涵盖了企业管理的方方面面。一本战略管理教科书相当于一部企业管理的"百科全书"，让学习者望而生畏。

二是没有理论的核心。由于"企业战略"是不可以被管理的，所以，大多数的教科书在强调"战略决定企业成败"之后，主要描述了企业战略所引起的客观行为，即企业战略的分析过程和战略的执行过程。企业战略（管理）研究的核心问题是，一个好的企业战略是怎样形成的？教科书对此避而不答，只是提供大量的战略模式，供学习者模仿和参考。至于一个好的战略又是怎样被执行的，教科书认为，"战略的成功在于执行力"，却没有回答一个非常现实的战略执行问题：一个好的企业战略怎样进一步完善？这也是企业战略研究的重要问题。

总之，战略管理教科书偏离了"战略形成和完善"这一核心问题，且大量重复企业日常管理的内容，人们无法掌握企业战略理论的真谛。

2. 这种学术的理论价值令人怀疑。大多数教科书的观点是，企业战略管理理论是一门客观而又有价值的管理科学。为了显示企业战略管理的科学性，教科书详细表述了企业战略涉及的系统因素，经过实践证明的战略模式，以及精致的分析工具。可是，这些因素、模式和工具都是静态的东西，企业决策者怎样处理这些复杂因素，借鉴他人成功模式，运用战略分析工具，从而提出一套有效的商业战略？教科书没有回答这些问题。

这些问题通常是由企业的战略顾问们来回答的。本来，企业战略管理应该成为企业战略决策者的学问，却沦为企业战略顾问们的赚钱工具。在战略顾问们向企业兜售自己的灵丹妙药（战略方案或建议）时，他们一般采用教科书中的分析工具，说明战略的有利因素和不利因素，证明战略模式的必要性和可行性。在运用大众熟知的战略语言向企业推销战略时，战略顾问们对其中的一个问题肯定是不解释的。这个问题就是，顾问们是怎样思索出这套战略的？这个问题教科书没有答案，顾问自己也决不会透露。现在看来，思考战略的学问和说明战略的学问根本就不是一回事，企业战略的真正学问并不在战略管理教科书之中。

3.这一理论的实践效果是有限的。在企业战略管理学领域，最感人的两句话分别是，战略决定企业成败，执行力决定战略成败。这两句话的确让人热血沸腾。但是，人们冷静下来，头脑中可能冒出一个问题：到哪里寻求战略线索？这就需要企业战略管理理论的启发与指点。

为此，战略管理教科书提供了大量的参考答案，即企业战略（成功）的普遍模式。可是，企业决策者普遍模仿教科书中的战略模式，造成战略雷同的现象非常严重。比如，条件相同的一群企业竞相采用成本领先战略，成本竞争极易变成价格混战。这除了给消费者带来短暂的价格实惠之外，参与竞争的企业普遍出现亏损。最终，产业发展的后劲不足，消费者对产品的抱怨不断。从这一角度来说，现有的企业战略管理学说是引起战略泛滥成灾的理论根源。

目前，企业战略管理学说正处于窘境之中，一方面，人们赞叹企业战略的神奇；另一方面，人们又感叹战略理论的无用。[1]假如人们对企业战略管理学说的热忱逐渐褪去，这一学说必然走下企业管理思想的神坛。

当然，企业管理的历史已经从"科学管理时代"进入"战略管理时代"，企业战略理论没有消失的理由。无论这一理论是称为"企业战略管理"，还是称为"企业战略"，人类必须拥有这一时代的企业管理思想。展望未来，企业战略研究需要"返璞归真"的精神，即重新回归到"战略是一种思维现象"的本质，将"虚"的战略思想与"实"的管理行为有机结合，通过战略思想的进步促进企业经营水平的不断提高。战略管理时代，就是战略引领企业管理进步的时代。

如果把企业战略学说比喻为一棵大树，经过企业战略实践的不断洗礼之后，企业战略理论必将沿着"企业战略思维"这一新的主干，继续成长壮大。

---

①　伦敦商学院加里·哈默尔教授指出："任何声称自己是战略家的人，都会因为这样一个事实而尴尬不堪，这就是根本不存在战略形成理论！"转引自［英］达维德·索拉、［法］杰罗姆·库蒂里耶：《战略思维与决策》，赵文婷译，中国人民大学出版社2016年版，第4页。

第二节　关于企业的战略思维

企业战略思维，是发生在企业场景中的人类战略思维现象，代表企业决策者思考商业战略的过程。在商业活动中，战略决策者是企业生存和发展的灵魂人物。企业战略思维学说的兴起，标志着人类凭借战略智慧经营企业的时代已经形成。

一、企业战略思维的重要性

商业是一种富有想象力的事业。追求价值、财富和成功，激励人们不断涌进商业领域。在商业世界中，人们愿意选择一种具有价值的商业活动，希望通过商业活动获取一定数量的财富，过上幸福的家庭生活。这应该是人生的一件美好事情。然而，商业又是一个充满竞争的生活领域，其中的困难与风险，随时考验着商业决策者的思考和决断能力，稍有不慎，赚钱的行为可能变成赔钱的行为。商业属于一个成功率非常低的生活领域。[①] 商业的成功主要取决于商业决策者的想象力与思考力，而决策者的想象力与思考力最终凝结为商业活动的战略。

其实，在人类社会的早期，商业战略的现象已经出现。但是，处于农耕社会和早期的工业社会，商业活动的过程相对简单，商业竞争的程度总体较低。这两个方面抑制了战略在人类商业活动中的作用。范蠡与孙武同是中国古代著名的战略家，前者属于商业战略家，后者属于军事战略家。长期以来，由于军事战略的影响力广泛而持久，所以，孙武的名声远远超过商业战略家范蠡。一直到了现代社会，战略才被人们提到商业活动的核心位置。在现代商业活动中，战略为什么能够成为企业经营的核心呢？

1.商业活动充满复杂性。从近代社会跨入现代社会，人类单一的生产活动变成一种复杂的价值创造链条。具体地说，从原料采集、配件供应、产品

---

① 任何竞争都有输赢，而且赢的人少输的人多，这符合"80/20"法则。因此，商业战略的多数结局是失败。可是，人们为什么愿意冒险呢？因为每个人都期盼自己是20%的一员，而不可能是80%中的一分子。即使冒险十次，九次失败，一次成功，商业活动也可能改变人的命运。正是因为侥幸和冲动的心理，促使人们前仆后继地投身商业冒险。

研发、制造包装、渠道营销一直到售后服务，过去的单个企业活动已经变成多个企业的价值链接活动。在绵长的价值链条中，到底哪一种经营行为是最有价值的？到底哪一个参与者是最大赢家？其中充满了商业想象与市场变数。战略成为企业应对复杂商业环境的基本手段。

2. 商业模式变化多端。商业模式体现商业行为的特色。在现代商业经营中，简单的供需和产销已经成为平常的商业行为，大量的社会因素渗透到商业活动之中，从而演化出令人瞠目的商业行为，比如连锁经营、免费经济、游戏购物等。商业行为的复杂性决定了商业模式的多样性，而模式决定企业生存和竞争的优势。战略就是企业构造一种独特商业模式的行动方案。

3. 商业主体严重过剩。在中国，重农轻商的传统观念已经彻底消失。商业正在成为人们获取社会财富的重要渠道，越来越多的人挤进商业领域，以至于经常出现这样的情形：在一个企业把自己的商业战略付诸行动的同时，更多的企业抱着同样的想法并做出了同样的战略行为。商业已经成为一个人满为患的生活领域。商业竞争正在变成一种智慧的较量。战略就是企业决策者商业智慧的集中表现。

4. 商业节奏明显加快。面对商业节奏的快速变化，企业决策者在力图创新的同时，也希望坚守创新的价值。但是，商业创新可以冲垮任何坚固的价值城墙。企业没有长久的成功，只有偶尔的风采，基业长青已经变成企业界的一种梦想。企业因快不死，商业惟新求生。战略就是企业进行创新的尝试过程。

总之，商业活动的竞争越来越激烈，企业生存的技巧越来越高，"战略制胜"正在成为企业管理的时代特征。在战略管理时代，企业战略学构成企业运营的重要学问。可是，这一学问的核心内容不是"管理战略"，而是"思考战略"，理由如下。

第一，企业战略是谋取商业利益的想法。具体来说，战略方案是决策者思考企业生存发展的设想，战略执行是决策者的理想变为现实的过程。在学者们高谈战略的科学管理时，企业决策者应该弄清楚：自己思考的战略在本质上解决什么问题？战略所要达成的合理愿望有哪些？战略想法的价值性在哪里？战略行动的风险性如何？所有这些问题，完全依赖决策者的思维过程，而不是战略的管理过程。现在看来，关于企业战略的学说最初被命名为"企业战略管理"，这本身可能就是一种误解。

第二，决策者的战略想法引导企业的行为。从逻辑上说，先有企业决策者的战略想法，然后才有企业的战略行为。商业行动的精彩一定来自企业决策者想法的绝妙。当然，这不排除某些幸运的成分。如果战略思想出现错误，决策者不能及时纠正这种错误，企业的商业行动就会面临风险，甚至可能走向失败。从这个意义上来看，"战略决定企业成败"是有一定道理的。

第三，决策者的战略思维影响企业的生存与发展。在肯定战略的性质是决策者的主观想法，决策者的战略思想决定企业行为之后，我们很容易接受这样一个结论，企业生存的关键是决策者的战略思维。资源、资本、技术、知识，这些曾经的人类商业竞争力，最终让位于企业决策者的战略思维，没有非凡的商业战略作为统领，资源、市场、技术就无法融合成企业的生存能力，企业发展可能面临致命的危险。现代企业的商业竞争，实际上是企业决策者之间的战略思维竞争。

完全可以肯定，战略已经成为企业经营的灵魂，战略思维应该成为企业战略学的核心内容。在理论上，这两个命题具有内在的逻辑一致性：正是因为战略在企业商务活动中的重要地位，才决定了企业战略思维学说的价值；反过来，只有决策者在战略思维方面独具匠心的谋划，才能形成神奇的企业战略。这两个命题构成本书的立论基础。

二、企业战略思维现象

根据内容的不同，人类的全部生活可以划分为"行为"和"思维"两个基本方面。与行为的直观性比较，思维是一种复杂而又精巧的生活现象，其复杂性主要表现在：一是独特性，每个人的思想都有不同之处；二是个体性，只有 N 个人想到一块了，却从不会发生 N 个人的脑袋加在一起想；三是隐秘性，你站在我的对面，我却不知你脑袋里到底想的是啥。

这些现象决定了企业战略思维的研究充满了挑战与困难。其中最大的挑战是，我们无法从企业战略思维现象中发现规律和技术。即使我们已经非常清楚爱因斯坦大脑的切片结构，我们也无法做到像爱因斯坦那样思考。这是一种没有普遍规律和通用技术的学术领域。基于这一道理，对于企业战略思维现象的探索，本书主要阐述了企业决策者思考战略的一般过程和主要特点，以便人们熟悉企业战略的思维路径，积极思考企业的战略问题。

　　战略思维是企业决策者灵机一动的奇想还是绞尽脑汁的苦思？是山穷水尽的无奈还是图谋霸业的雄心？这些都是无法考证的。作者尝试从发生学的角度，描述一个完整企业战略思维过程所包含的四个阶段。这种描述只是作者从理论上说明企业战略思维发生的一般路径，不能因此肯定每个人的战略思维都是这样一种过程。坦白地说，无论研究者怎样努力，理论的逻辑性也无法完全表达现实的丰富性。

　　从切入战略问题开始，企业战略思维的第一阶段可以称为"战略构思"。在这个阶段，企业决策者以企业（项目）的生存为重心，设想企业谋生的商业市场、利基空间、竞争定位和发展愿景。任何产品（服务）必须对应一种真实的市场需求，发现市场需求是企业战略思维的真正起点。在构思企业战略时，利基空间与市场需求通常构成一枚硬币的两面，企业决策者的战略欲望取决于市场需求的坚实和利基空间的稳定。这枚硬币缺少其中任何一面，比如，没有明确的市场需求，或者没有充分的利润诱惑，都无法唤起决策者思考战略的欲望。至于企业怎样获取利润，除了市场需求和利基空间之外，还取决于企业在市场竞争中的定位优势。一般来说，在需求、利基、定位等内容考虑清楚之后，企业未来的发展前景在决策者的头脑中逐渐显现出来。愿景的形成说明战略构思阶段已经结束，一个企业战略的胚胎开始出现。

　　但是，战略胚胎只是企业战略的种子。起初，企业的战略种子很可能有若干个。这些种子战略能否成熟，必须经过决策者的进一步的论证。"战略思考"是企业战略思维的第二阶段，代表决策者对战略进行论证的过程。在战略思考阶段，企业决策者一方面分析战略的外部环境因素，如社会环境、产业状况、竞争对手；另一方面评估实施战略的内部条件，如企业的资源、组织与能力。在这一阶段，决策者的思考成果并非"战略方案"，而是"战略模块"。战略模块是指搭建战略方案的框架和部件，主要包括企业在商业活动中的战略利益关系、商业模式以及相应的品牌标志。这种模块实际上就是战略想法变成战略行动的条件。战略模块与商务活动相互结合，可以形成一个具体而又明确的企业战略方案。

企业战略思维过程的第三阶段称为"战略思想"，即战略思维形成行动方案的阶段。这个阶段可能是逐渐的状态，也可能是瞬间的情况，它们都代表了企业决策者的战略思维已经结出果实。在企业战略现象中，战略思想与战略方案是一体的，战略思想是战略方案蕴含的主要观点。分析前人的战略方案或者企业的战略轨迹，我们可以发现某些成熟的企业战略思想，即所谓经典的企业战略思想。本书重新梳理了这些战略思想，主要分为三个部分：企业发展战略、企业竞争战略以及企业合作战略。任何有效的战略思想，都是企业决策者根据当前商业情况提出的战略观点。一旦离开当时的商业场景，这种鲜活的战略思想便失去活力。无论写在纸上，还是挂在墙上，已经失去活力的战略思想仅仅具有启发的作用，切勿盲目抄袭。

企业战略思维过程的第四阶段是"战略反思"。决策者对企业战略的反思，与其说这是战略思维的一个特殊阶段，不如说它是战略思维的一种特殊形式。实际上，战略反思贯穿了企业战略思维的整个过程。从最初提出战略构思到战略的深入思考，再到战略思想的确定，其间的战略评估和战略迟疑，属于战略形成过程中的反思行为。在战略行动开始之后，企业决策者的战略思想总结，特别是战略失败后的战略思维方向的调整，属于战略行动中或者战略行动后的反思行为。无论是战略形成之中的"反复思索"，还是战略行动之后的"重新思考"，战略反思的意义在于，它不仅可以完善企业战略的内容，而且可以不断提高决策者的战略思维水平。

作为人类的一种思维现象，企业战略思维必然拥有自己的思维主体。这一思维的主体是企业的战略决策者。也就是说，战略的形成主要是企业决策者辛苦思考的结果。然而，即使付出了艰辛和努力，企业决策者也不一定能够收获一个好的战略。这是为什么呢？解释这一现象，我们需要进一步分析企业战略思维的特性。

企业战略思维的第一个特点是逻辑性。商业活动虽然是以结果论英雄的，但是，商业的成功与失败都有其道理。这种"道理"就是战略思维必须遵守商业活动的内在逻辑，即战略逻辑。本书的第五章分别从产品选择、市场运作以及企业成长三个维度，分别探索了企业战略思维的一些主要逻辑。

事实上，在企业的经营中，每个成功者可能都有自己独特的战略道理。然而，企业决策者敢于挑战商业的普遍逻辑需要勇气就可以做到，违背商业战略的逻辑则必须面对失败的危险。

企业战略思维的第二个特点是博弈性。企业活动在性质上属于一种社会游戏。除了企业之外，游戏的主体还有消费者、对手企业、供应商、经销商、政府、工会组织等。每　位游戏参与者的目标都非常明确：博取最大的利益。本书的第六章分别选择企业与消费者、对手企业、供应商、经销商、政府、工会和社区的博弈行为，试图说明企业博弈的复杂性和持续性。对于企业的决策者来说，博弈如同连续闯关的游戏行为，即使侥幸胜了其中的许多场，也不一定能够胜了全程的游戏。企业博弈的胜败取决于多场博弈的叠加结果。正是因为这种博弈叠加的现象，造成商业活动的不确定性，从而破坏企业战略的稳定性。由此我们可以解释，为什么一个完美的战略可能出现非常糟糕的结局？这就是企业活动的游戏特点以及战略博弈的常见现象。企业决策者克服商业不确定性的唯一办法是，必须保持战略思维的灵活性。

企业战略思维的第三个特点是个性。企业战略是决策者用心思考的结果。从广义上说，企业战略思维是一种特殊的心理活动，果断、坚毅和独立思考是战略决策者必须具备的性格特征。而作为一种长期的心理活动，商业信念能够影响企业决策者的战略意图和战略方向。从狭义上说，企业战略思维是一种特殊的思维活动，决策者的思维水平取决于自身的认知能力，主要包括学习能力、商业智慧以及职业经验三个方面。而作为一种长期的思维（心理）活动，战略决策者的决策素养决定企业的战略风格。

研究企业战略思维的基本过程和主要特点，我们可以得出如下结论：

第一，战略属于人类的思维现象，战略学是关于合理行动的理性思维的学问。战略与战略学属于人类生活的普遍现象和学问。

第二，企业战略思维是指企业决策者思考商业战略的过程。战略思维构成企业战略决策的核心内容。

第三，企业战略思维的过程可以划分为四个阶段，即战略构思、战略思考、战略思想与战略反思，这些相当于企业战略的提出、论证、确定和检查的行为。

第四，企业战略思维的特点可以分成逻辑性、博弈性和个性三个方面，其中，逻辑性是指战略包含了深刻的商业道理，博弈性是指战略反映了灵活的利益选择，个性是指战略代表了决策者的思维优势。一个成功的战略必然拥有底气、运气和灵气。

这些结论有助于人们熟悉企业战略决策的真实过程，也有利于人们了解企业战略思维的复杂性。假如人们进一步了解这些结论的细节，就可以判断自己的战略思维状态，顺利完成战略的思考过程。总之，在战略思维过程中，企业决策者不仅需要"顺势而为"，还要"事在人为"。能够做到两者兼顾的企业决策者，堪称"战略艺术家"。

三、企业战略思维艺术

在企业战略决策实践中，人们很容易发现这样的现象：明明是相似的商业信息，进入不同企业决策者的思维"黑箱"之后，有人做出精明的战略决策，有人却得出愚蠢的结论。这一现象说明，任何宣布为"科学思维"的理论都值得怀疑。与其盲目相信所谓战略的科学思维，我们宁愿相信战略思维是一种艺术。

作为生活独创性的体现，"艺术"一词具有丰富的含义，比如形象的艺术，行为的艺术以及形状的艺术，等等。战略思维的艺术性属于形象艺术的范围。战略思维与战略一样，都可以显示战略决策者在想象过程中的独特创造性。从内容来说，企业战略思维的艺术包括企业决策者在战略思维方面的见解独特、思维敏捷以及构思巧妙等一系列的创造性。这种艺术创造性是科学无法解释的现象。

在人类的思维领域，思维科学同样强调创造性，但是，思维的科学与思维的艺术之间存在明显差异。

第一，"思维的科学"重视抽象思维，"思维的艺术"重视形象思维。多数教科书把企业战略管理视为一种科学，从复杂的战略因素、统一的战略模式、精致的分析工具以及严格的执行程序，战略管理始终保持一种清晰和缜密的特点。具有讽刺意义的是，这种所谓的战略管理科学却无法回答战略是怎样的形成过程。没有一个好的战略，科学的战略管理就无从谈起。

现在，让我们用思维艺术的观点来解释这个问题。商业活动的参与者都是有想法的。商业活动成功的关键，不是你要怎么想，而是你要猜透别人是怎么想的。当然，别人的想法是不会告诉你的，但是，企业战略决策者可以猜想什么样的客户，以怎样的消费动机，形成了对企业产品（服务）的真实购买行为。只有参透这些商业密码，企业决策者才能完成战略思维的过程。至于决策者是如何解读商业密码的，我们一无所知。我们只是知道，好的战略都是有故事（想象力）的。

第二，"思维的科学"重视逻辑的力量，"思维的艺术"重视直觉的作用。在人的思维过程中，逻辑是用来保证思维清晰的。经典的竞争战略理论告诉人们，企业参与市场竞争的战略有三个选择：成本领先战略、差异化战略以及聚焦战略。按照思维的科学原则，三个市场竞争战略不能混合，否则，这三个战略之间发生相互干扰，从而降低企业竞争战略的效果，还可能导致战略的失败。可是，从战略思维的艺术来看，这三种战略本来就是融合的，根本就不存在所谓纯粹的市场竞争战略。比如，采用差异化战略的企业不能忽视成本控制，成本领先战略失去差异就没有出路，成本和差异的竞争都是企业聚焦某一细分市场的竞争。可见，思维科学只能说明竞争战略的条理性，而思维艺术才可以将战略融化为现实的企业竞争力。

在优秀的战略决策者眼里，没有所谓的科学战略，只存在有效的战略。企业战略的形成可能完全是一种商业直觉，就是觉得这样做可能有效，并没有明确的理论根据。走一步看一步。商业直觉混合了决策者的猜想、经验和勇气，却可以引导企业走出市场的丛林。曾几何时，战略专家们嘲笑苹果公司的缔造者乔布斯在战略上的失败，他们说，如果苹果公司放弃经营电脑而专门经营电脑的软件，那么，苹果公司就可以取代微软公司而成为"软件帝国"。但是，乔布斯却一直沉迷于软件与硬件的完美结合，并最终创造了"苹果奇迹"，把微软公司甩到了后面。

第三，"思维的科学"重视结论的普遍性，"思维的艺术"重视结论的独特性。科学思维的原理认为，只要企业的条件相同，那么，企业的战略应该是相同的。多年以来，战略专家们用心良苦，总结商业战略的普遍模式，供企业决策者们学习和参考。但是，结论的科学不等于过程的科学。商业过程的复杂性完全摧毁了那些所谓科学的战略结论。企业采用相似的战略在同一市场竞争，最终酿成商业战略的普遍灾难。①

在思维艺术中，企业运营没有标准的战略。每次战略行动都是一次特殊的生存行为。这一特殊行为构成企业经营的核心，决策者思考如何完成这种行为的过程就是企业战略思维。企业的战略思维不可复制，正如企业的战略行为不能重复一样。战略决策者妄想旧瓶装旧酒，或者旧瓶装新酒，或者新瓶装旧酒，其结果都是行不通的。每次战略行动，企业决策者都要把自己视为一只新瓶，只有装上新酒，才能招来人们羡慕的眼光。这就是战略思维艺术性的魅力。

科学与艺术之间的差异，并非科学与艺术之间的对立。坚持战略思维是一种艺术的观点，并不是否定科学在战略思维中的作用。科学令人敬畏。但是，人类发现"科学"的过程没有任何科学法则可循。即使后来被人们称为"科学的战略"，最初也是一种"特立独行"。反之，一旦"科学的战略"被同行企业普遍运用，最终也将是一场商业灾难。所以，对于企业的战略实践来说，战略的艺术性比战略的科学性更重要。

总而言之，战略思维的艺术是一种以科学为基础而又超越科学的认识境界，体现出一个战略决策者的精湛的思维品质。怎样发现这种战略思维品质呢？绘画的艺术可以通过欣赏作品来感受。评价企业决策者的战略思维艺术时，我们要把其战略思维视为一种完整的精神活动过程，这样，我们可以从战略思维过程的不同角度，感受一个战略决策者的思维艺术。

（一）战略视角的新奇

审美需要一定的视角。欣赏企业战略思维中所包含的艺术，必须注意决策者思考战略的视角。在这里，视角分别是指战略思维的视野与角度。当企业决策者的战略思维被人们称为"艺术"时，他思考战略的视角一定是新颖

---

① 通常，科学的东西无须猜疑。当某一科学战略理论，或者某一成功战略案例出现，企业之间就会流行"战略感染"。所谓战略感染，是指企业在战略上的相互模仿。人们总是相信科学。模仿科学的战略，符合最省力的心理原则。主流的战略管理理论把战略作为科学的观点，导致人们共用一个科学战略，结果，企业在相同市场因相似战略的行为发生相互碰撞，战略的灾难必然发生。

而又奇特的。

战略思维的视野，意指决策者战略思维涉及的商业空间。这种商业空间首先是指企业战略的商业前景。从当前的商业景象推测未来的商业情景，在信息有限的情况下，决策者的商业想象力至关重要。商业前景的想象力主要体现在，人们对某个商业机会潜力的猜测，市场规模的推算以及商务活动风险的估计等方面。在一般情况下，战略思维不需要复杂的数据处理，战略决策者实际上也无法精确计算未来的商业过程。商业前景充满未知、偶然和模糊的情况，然而，凭借某种超乎寻常的商业想象力，企业战略决策者就可以比他人看得更远一些。一个人猜对未来的景象，自然拥有未来的机会。

除了商业前景之外，战略视野还包括现实的商业空间，即战略的商业环境。通常，决策者因为想象商业前景所形成的战略种子，被现实的环境因素一层一层地包裹着。也就是说，战略种子面临层层的问题和困难。企业决策者怎样框定战略涉及的问题？这的确是一种艺术。假若决策者看到战略的问题堆积如山，企业的战略种子就可能被"问题的厚土"埋没；反之，决策者无视战略的关键问题，战略种子就可能随时被"问题的洪水"冲走。在这一过程中，企业决策者必须权衡战略的有利因素和不利因素，借助商业环境的变化，寻求解决战略问题的最佳答案。不为不可为之事，也不为人人可为之事。企业战略思维的艺术在于"只做自己可为而他人却不能为之事"。

战略教科书一直提醒企业的决策者们，战略就是做正确的事情。在商业活动中，正确事情的判断标准就是价值。从某种意义上来说，企业战略思维的艺术就是发现某种商业活动的独特价值。这除了需要开阔的视野之外，思考战略的角度也非常重要。战略角度是指决策者观察和思考战略问题时的着眼点。一般来说，观察问题的着眼点不同，决策者看到的价值不同，决策的信心不同，选择的战略不同。其中的艺术性主要有三点：

1.给自己一个合理的角度。在思考问题的过程中，思考者从来不要否认自己看问题的立场和角度。问题和角度总是对应的。人们观察问题的角度不同，问题的真相就不同。这就是为什么同样的商业危机，有人看到的是"危险"，有人却发现了危险之中的"机遇"。

2.换一个角度。当看不透当前的战略现象时，请换一个角度，决策者保持思维角度的灵活性非常必要。在人们思考的问题与思考的角度之间，问题本身不会切换，思考者如果切换角度，自然就会发现问题的另外一种答案。通常，优秀的战略决策者需要经过多个角度的分析，才可确定某个商业活动的价值。

3.想得一定要美。"想得美"，一般是指嘲笑他人"净想那些不可能的事情"。可是，企业战略的价值恰恰是别人看不到和想不到的。决策者发现商业价值，要敢于想象商业的变化前景。商业生活也是这样的景象：理想还是需要的，万一实现了呢？

总之，战略思维的艺术首先表现在，战略决策者从现实看到了正确的未来。当然，即使决策者对现实的见解和对未来的判断都是合理的，正确的战略结论也只能保持一段时间。商业环境总是处于变化之中。当决定或者改变战略时，企业决策者经常变换思维的视角，可以在更加广阔的范围分析战略问题，能够从非常独特的角度看待战略困难，从而得出与众不同的战略结论。

（二）战略思维的敏捷

思维敏捷，代表企业决策者的思维速度领先商业竞争对手。当评价一个人的"思维敏捷"时，人们可能认为此人的思维速度一定很快。其实，人的思维速度不是想快就可以快的。肢体运动的速度取决于一个人的体能大小，努力增加体能消耗，可以提高运动速度。思维运动与肢体运动不同，思维运动的速度主要取决于一个人的思路是否流畅。从问题中找到问题的答案，思考者必须框定各种问题之间的逻辑关系。逻辑关系相当于思路中的关卡，思考的方向或者方法错误，思考者往往困在问题之中，即使努力也不会得到正确的答案。

优秀的战略决策者面对困难的商业格局，可以做到"快刀斩乱麻"。这就是战略思维敏捷的艺术性。决策者的思维"快刀"如何斩断战略"乱麻"？关键是决策者是否能够破解战略问题中的逻辑关系。在战略思维过程中，企业决策者经常遇到的逻辑关系主要有以下几种：

1.现象与本质的关系。什么是现象？什么是本质？怎样透过现象发现商业的本质？战略决策者每天都要面对的这一问题并不容易回答。商业的价值和本质躲藏在人们熟悉的现象后面，隐而不语。一旦错认了商业的本质，企业决策者就可能犯下战略方向的错误。例如，目前中国的互联网经济火热，许多传统产业的资本决定转投互联网，希望利用互联网来改造或者替代传统产业。其实，中国互联网经济火热只是一种现象，对其本质的认识可以分为两种不同的观点，一是认为网络经济代表人类未来的商业发展趋势，一是认为网络经济火热代表中国当前的"低档低价"的市场需求。企业是投资互联网平台？还是投资实体的技术创新或产品研发？完全取决于企业决策者对"互联经济"的本质的认识。

　　需要注意的是，当中国企业热衷"+互联网或者互联网+"的时候，美国企业正在电脑硬件方面寻求突破，韩国的软件技术迅速崛起，日本在机器人方面称雄世界，德国在制造业4.0方面努力争先。中国企业不必走他人之路。但是，"互联网"是商业的表象而不是商业的本质。满足于互联网商业的繁荣，不愿追求实体技术与产品的突破，这应该引起中国企业家的反省。仅靠"网卖"，中国的商业没有希望。①

　　2.原因与结果的关系。原因和结果代表事物发展的前后逻辑关系。如果颠倒商业事件的因果关系，战略思维就会形成一种本末倒置的判断。例如，当中国白酒产业结束"黄金十年"之后，白酒企业的决策者们自然思考一个问题：中国白酒衰落的真正原因是什么？是反腐败？是价格虚高？还是塑化剂的影响？其实，反腐之后的白酒企业可以重新选择消费人群，虚高的价格可以降低，白酒中的塑化剂可以消除，这些都不是白酒衰落的真正原因。白酒衰落的真正原因是，（高度）白酒逐渐不能满足现代人的健康消费需求。

---

　　① 从历史来看，网络产业是个人电脑产业进一步发展的结果。人类在个人电脑产业中出现的"创造性的毁灭"，在网络产业中又一次上演。当年，**IBM**公司创造了个人电脑产业模式，将微软和英特尔公司推向巅峰，自己却退出个人电脑的产业，剩下的电脑生产企业则苦苦挣扎。今天，中国的网络商业也出现了两大巨头，一是拥有平台优势的阿里公司，一是拥有物流优势的京东公司。即使这样，两大巨头也面临危机，比如，比"淘宝"还便宜的"拼多多"，比"京东"更极致的"小米"，拼多多和小米几乎是在两大巨头身边成长起来的。这说明，网络产业是一个没有赢者的领域，所有的优秀企业都处于赢的路上。网络商业是一种无休无止的残酷竞争游戏。

如果认清这个原因，娃哈哈公司的决策者就不会投资150亿去搞白酒项目。[①]

3.必然与偶然的关系。战略选择一定要立足必然，尽可能排除偶然性的情况。在事物发展的过程中，必然代表了事物发展的确定趋势，偶然则代表了一系列的不确定趋势。战略过程与人生道路一样，人们往前奔的时候都是冲着前面笔直的必然之路，但是，往后一瞧，走过的路却充满了弯道（偶然）。商业的必然就是"赚钱"，而赚钱的机会总是充满偶然性。在处理必然与偶然的关系时，战略高手总是利用偶然的机遇促成必然的事情。例如，蒙牛乳业公司的创业者们，在没有奶源和市场份额的情况下，单凭全国高温液体奶的诱人市场机会，创建"蒙牛"的品牌。在全国高温液体奶的市场进入红海竞争的时刻，他们中的一部分人陆续离开蒙牛乳业公司，创建养奶牛的事业，为乳业公司提供鲜奶原料。看到牧业公司发展的需求，又有人开始建立牧草公司，为养牛企业提供牧草。无论做"蒙牛"液奶，养奶牛，还是种牧草，他们利用的都是一些偶然的商业机遇，却遵循了企业赚钱的必然性。[②]

除了上述的逻辑关系之外，在企业的战略决策过程中，决策者还要面对主要与次要的关系、现实与可能的关系、整体与局部的关系、内容与形式的关系、共性与个性的关系等。这些关系犹如战略思维中的密码，思维敏捷的决策者可以利用某些关键的程序，迅速破解商业的密码，抢先做出商业战略的决定。

（三）战略布局的巧妙

每一次成功的战略行动，企业决策者总能收获一种独特的战略思想。这相当于决策者完成一件思想作品。抛开个体战略思想的具体内容，企业战略

---

① 宋文明：《再度进军白酒业 娃哈哈苦寻"最后一块拼图"》，《中国经营报》2013年9月30日。

② 宜家公司的战略决策者英瓦尔·坎普拉德就是利用良好的反应，创造了一家伟大的企业。因为住在家具生产商附近，他决定做卖家具的生意。由于当地竞争者联合抵制，他的反应是生产自己的家具。桌子不能放进车子里，他的反应是制造一个平板包装。顾客需求太多，他的反应是启动自助服务。参见［英］麦克斯·麦克奥：《战略书》，凌定胜译，电子工业出版社2015年版，第24页。

思想的艺术性通常包含两个方面：

1.战略的灵活性。企业战略思维不求唯一答案，它属于一种非线性思维。线性的战略思维强调严密的逻辑对应关系，其结果是形成一个被奉为神灵的战略方案。相反，企业战略思维的艺术性在于，企业的战略总是粗线条的，或者是隐藏在决策者头脑中的一种战略地图，甚至可能只是一种关于战略的想法。随着企业战略行动的深入和战略因素的增加，企业的战略方案实际上一直在补充、调整和修正。直到企业的战略行动完成，一个漂亮的企业战略才完全展现出来。这就是非线性的战略思维过程。企业决策者不为既定的战略所困，战略思维、战略规划与战略执行齐头并进。等到商业的天空划出一道耀眼的闪电之后，人们豁然开朗：真是一个绝妙的战略决策！在人们欣赏这种战略标本的艺术性时，企业的战略决策者心里明白：其实，我自己也没想到结局如此漂亮。

2.简单的魅力。战略思想在艺术上必须满足"简明扼要"的特点。剖析商业历史中的战略案例，作者惊讶地发现：商业战略竟然如此简单！无非就是这样三条：企业的市场定位是什么？与对手的行为差异是什么？胜算的优势是什么？战略的功夫就在于这三条是否明确、有力。企业决策者将复杂问题简单化，这是一种思维幼稚的表现。战略简单的魅力是指"战略简练"，企业决策者将复杂的战略问题归化为几点"要领"，既保持战略目标的准确又拥有战略行动的弹性。因此，战略内容的简单一定是决策者在战略上深思熟虑的结果。

相反，复杂的战略却代表战略思考的肤浅与懒惰。从表面来看，包含全部细节的战略便于执行，然而，突然发生的商业变化很容易击碎这种僵硬的战略方案。大道至简。战略上做到简单有效，实际上是非常不简单的。①

在生活中，艺术是一个人能力超凡的表现。企业战略思维的艺术，实际上是一个企业决策者战略思维能力的超常发挥。这种超常的战略思维能力主

---

① 企业决策者的战略技能，就是利用简单的数字击中复杂问题的要害，或者，提出简约的模式获取稳定的商业价值。复杂化与简单化是战略决策的两种极端错误。在本质上，战略思考属于情景决策，数字和 APP 只是辅助性的。因此，战略决策是一种化繁为简的艺术过程。企业决策者过分依赖数据和 APP，可能掉进数字陷阱，也可能被 APP 误导。

要包括商业洞察力、想象力与决断力。正是这三种能力决定一个人的战略思维与众不同，就像划破天空的闪电一样，千千万万个决策者都在努力思考企业的战略问题，却只有少数人才有机会划破商业的天空，成就一道靓丽的闪电，创造出自己的战略思维艺术。

即使没有划出一道靓丽的"战略闪电"，那些拥有战略历程的企业决策者们，可以有幸感受战略过程的真实景况。在企业战略领域，主要行为不是"战略管理"，而是"战略思维"；在战略思维过程中，重点内容不是"思考步骤"，而是"思考能力"；在战略思维能力方面，核心问题不是"思维的科学性"，而是"思维的艺术性"。但愿后来的企业决策者们能够感悟到这其中的道理。

结束语

这是一部阐述企业决策者如何思考战略问题的理论书籍。

不知从什么时候开始，人们厌恶各种各样的理论，有些人甚至认为"理论＝无用"。形成这一错误认知的根源在于，人们没有正确理解理论与实践的真实关系，因而看不到理论的魅力和价值。实践代表人类的生活行为，理论则是人们总结的生活道理。按照通常的理解，两者之间的关系是，实践产生理论，理论指导实践。但是，理论指导实践必须转一个"弯"。这个"弯"就是，理论首先影响行动者的想法，然后，行动者的想法引导自身的实践。

当理论家们宣扬某种理论的时候，这种理论显然无法涵盖所有的行为现象。反之，当行动者在理论中查寻行动方案时，自然找不到行动的标准答案。这两种情况都遇到了理论走向实践过程中的转弯问题。大多数人正是因为没有看到这个"弯"的存在，盲目地将理论和行动进行简单对接，结果，或者理论尴尬，或者行动困惑。

理论指导实践的真实情况是：理论告诉人们某种生活的真相，启发实践者形成合理的想法，绝不是理论直接指导实践者的具体行为！

换句话说，无论理论多么重要，最终是一个人的想法控制和引导了自己的行为。当一种大胆的想法变成一次重要的行动时，谨慎的决策者总要进行一番谋划。战略代表了人们对重要行为的谋划过程。这是人世间所有战略现象的共同本质。凡是人们的行动有章法，我们都可将其归结为"战略现象"。战略广泛存在于人类生活的各个领域，除了战争之外，经济、政治、文化、体育……甚至个人的社交、职业行为中，都可能出现战略现象。与此相对应，人类不仅拥有"战争战略"，而且拥有"经济战略""政治战略""职业战略"等各种各样的战略形式。广泛存在的战略现象和丰富多样的战略形式，为战略研究提供了广阔的"战略领域"。从整体来看，战略的学术研究可以分出一些基本方向。

从战略类型的角度，战略学可以分为军事战略、商业战略、政治战略等战略行为研究。世上没有放之四海而皆准的普遍战略。生活领域不同，战略类型不同。比如，军事战略是打败敌人，商业战略是搞好自己。

从战略历史的角度，战略学可以分为军事战略史、商业战略史、政治战略史等战略历史研究。每一种战略行为都拥有自己独立的文化传承。实际上，商业战略文化与军事战略文化一样历史悠久，人们没有必要从《孙子兵法》中获取商业战略的根据。

从战略过程的角度，战略从形成到实现的过程，涉及许多因素、条件、行为和阶段，战略学因此可以分为战略环境研究、战略思维研究、战略执行研究等战略应用研究。在战略领域，选取任何一种战略类型，选择任何一段战略过程，进行战略现象的具体研究，例如，企业战略（战略类型）＋战略思维（战略过程）＝企业战略思维，都可以形成一门实用的战略学问。

以上三种方向的战略研究，各自拥有众多的战略学术科目，它们共同组成庞大的战略学术体系。作为这一学术体系的基础和核心，战略无疑是一个非常重要的概念。虽然人类关于战略的定义无数，但是，战略的本质是人们在行动中的一种思维现象。只有站在思维的角度，人类才可以正确解释各种复杂的战略现象。

战略思维具有独特的研究价值。任何战略都发生在人们的思考之后，代表人们对未来行动的主观猜想。无论战略的类型如何，战略总是体现人们慎重思考的理智。无论战略的内容怎样，战略必须经过构思、论证、成熟和检验的思维过程。作为一门重要的战略学问，战略思维研究主要探索战略思考的过程和特点，其研究对象是一种主观的思维现象。

长期以来，战略的主观现象一直被"科学的战略研究"所忽略，学者们热衷于探讨战略是一种"客观的过程或者科学的结果"，希望发现战略的规律和战略的技术。可惜，这种研究偏离了战略的真实本质，也无法提供令人信服的战略学问。

一般来说，理论研究主观现象的任务是揭示"真相"，研究客观现象的任务是总结"规律"。然而，与总结规律的理论相比较，揭示真相的理论毫不逊色！这是因为，掌握规律，人们可以自由生活；了解真相，人们则可以自主生活。

对于人类来说，战略思维的普遍真相仍然是一个秘密。现在唯一可以确定的是，战略随人们的想法改变而改变，只要行动没有完全成为事实，战略就是行动决策者的一种持续思维过程。战略的全部奥妙可以概括为：战略决策者凭借独特的思考过程，幸运地猜中了行为的正确方式。人们不必为一次战略的成功就沾沾自喜，也不要为一次战略的失败而萎靡不振。

把战略思维的研究视角转向企业场景，人们可以形成一种特殊的战略思维学问——企业战略思维。这一学术研究选择的战略类型是"企业战略"，截取的战略过程是"企业战略的思维路径"，形成的战略学问是"企业决策者思考战略的基本过程和主要特点"。一句话，企业战略思维理论阐述企业决策者思考战略的真实情景。

当今的商业生活中，战略已经成为企业运营的核心。成功的企业家一定是出色的战略思想家。可是，绝妙的战略思考永远是精彩商业背后的秘密。迄今为止，企业战略思维研究没有发现战略思考的技术，更遑论战略决策的规律。人们研究企业战略思维，只能像"围棋复盘"一样，总结战略思维过程的经验和教训。这种现象表明，揭示企业战略思维真相的学术研究富有挑战性。

回顾企业战略思维研究的历史，我们很容易发现：宣扬战略规律和技术的理论比比皆是，探讨战略真相的理论却寥若晨星！前一类可以称为"洗脑"理论，后一类则可称为"启蒙"理论。洗脑的战略理论总是宣称规律和技术可以帮助人们轻松思考，结果逐步变成人类的文化垃圾。相反，启蒙的战略理论关注战略的真相，她们却可以像恒星一样，镶嵌在人类浩瀚的思想星空，发出璀璨的智慧星光。

总之，理论是发现真理的光亮，思维才是人们认识真理的眼睛。伟大的企业家从来不是根据流行的战略理论，而是凭借自己独特的战略思维，做出英明的战略决定的。

责任编辑：赵圣涛

责任校对：吕　飞

封面设计：王欢欢

图书在版编目（CIP）数据

企业战略思维／任厚升著．—北京：人民出版社，2019.10

ISBN 978－7－01－021118－3

I. ①企…　II. ①任…　III. ①企业战略－战略管理　IV. ① F272.1

中国版本图书馆 CIP 数据核字（2019）第 160335 号

企业战略思维

QIYE ZHANLÜE SIWEI

任厚升　著

人民出版社 出版发行

（100706　北京市东城区隆福寺街 99 号）

北京中科印刷有限公司印刷　新华书店经销

2019 年 10 月第 1 版　2019 年 10 月北京第 1 次印刷

开本：710 毫米 ×1000 毫米 1/16　印张：20.25

字数：300 千字

ISBN 978－7－01－021118－3　定价：69.00 元

邮购地址 100706　北京市东城区隆福寺街 99 号

人民东方图书销售中心　电话（010）65250042　65289539